中华文化大博览丛书

空前绝后的
帝陵臣庙

胡元斌 编著

中国出版集团 现代出版社

图书在版编目（ＣＩＰ）数据

空前绝后的帝陵臣庙 ／ 胡元斌编著． -- 北京 ： 现
代出版社，2017.8
ISBN 978-7-5143-6460-6

Ⅰ．①空… Ⅱ．①胡… Ⅲ．①帝王－陵墓－介绍－中
国 Ⅳ．①K928.76

中国版本图书馆CIP数据核字(2017)第211535号

空前绝后的帝陵臣庙

作　　者：胡元斌
责任编辑：李　鹏
出版发行：现代出版社
通讯地址：北京市定安门外安华里504号
邮政编码：100011
电　　话：010-64267325 64245264（传真）
网　　址：www.1980xd.com
电子邮箱：xiandai@vip.sina.com
印　　刷：天津兴湘印务有限公司
字　　数：380千字
开　　本：710mm×1000mm　1/16
印　　张：30
版　　次：2018年5月第1版　2018年5月第1次印刷
书　　号：ISBN 978-7-5143-6460-6
定　　价：128.00元

习近平总书记在党的十九大报告中指出："深入挖掘中华优秀传统文化蕴含的思想观念、人文精神、道德规范，结合时代要求继承创新，让中华文化展现出永久魅力和时代风采。"同时习总书记指出："中国特色社会主义文化，源自于中华民族五千多年文明历史所孕育的中华优秀传统文化，熔铸于党领导人民在革命、建设、改革中创造的革命文化和社会主义先进文化，植根于中国特色社会主义伟大实践。"

我国经过改革开放的历程，推进了民族振兴、国家富强、人民幸福的"中国梦"，推进了伟大复兴的历史进程。文化是立国之根，实现"中国梦"也是我国文化实现伟大复兴的过程，并最终体现在文化的发展繁荣。博大精深的中国优秀传统文化是我们在世界文化激荡中站稳脚跟的根基。中华文化源远流长，积淀着中华民族最深层的精神追求，代表着中华民族独特的精神标识，为中华民族生生不息、发展壮大提供了丰厚滋养。我们要认识中华文化的独特创造、价值理念、鲜明特色，增强文化自信和价值自信。

如今，我们正处在改革开放攻坚和经济发展的转型时期，面对世界各国形形色色的文化现象，面对各种眼花缭乱的现代传媒，我们要坚持文化自信，古为今用、洋为中用、推陈出新，有鉴别地加以对待，有扬弃地予以继承，传承和升华中华优秀传统文化，发展中国特色社会主义文化，增强国家文化软实力。

浩浩历史长河，熊熊文明薪火，中华文化源远流长，滚滚黄河、滔滔长江，是最直接的源头，这两大文化浪涛经过千百年冲刷洗礼和不断交流、融合以及沉淀，最终形成了求同存异、兼收并蓄的辉煌灿烂的中华文明，也是世界上唯一绵延不绝的古老文化，并始终充满生机与活力。

中华文化曾是东方文化摇篮，也是推动世界文明不断前行的动力之一。早在五百年前，中华文化的四大发明催生了欧洲文艺复兴运动和地理大发

现。中国四大发明先后传到西方，对于促进西方工业社会发展和形成，起到了重要作用。

中华文化的力量，已经深深熔铸到我们的生命力、创造力和凝聚力中，是我们民族的基因。中华民族的精神，业已深深植根于绵延数千年的优秀文化传统之中，是我们的精神家园。

总之，中国文化博大精深，是中华各族人民五千年来创造、传承下来的物质文明和精神文明的总和，其内容包罗万象，浩若星汉，具有很强的文化纵深，蕴含着丰富的宝藏。我们要实现中华文化的伟大复兴，首先要站在传统文化前沿，薪火相传，一脉相承，弘扬和发展五千年来优秀的、光明的、先进的、科学的、文明的和自豪的文化现象，融合古今中外一切文化精华，构建具有中国特色的现代民族文化，向世界和未来展示中华民族的文化力量、文化价值、文化形态与文化风采。

为此，在有关专家指导下，我们收集整理了大量古今资料和最新研究成果，特别编撰了本套大型书系。主要包括巧夺天工的古建杰作、承载历史的文化遗迹、人杰地灵的物华天宝、千年奇观的名胜古迹、天地精华的自然美景、淳朴浓郁的民风习俗、独具特色的语言文字、异彩纷呈的文学艺术、欢乐祥和的歌舞娱乐、生动感人的戏剧表演、辉煌灿烂的科技教育、修身养性的传统保健、至善至美的伦理道德、意蕴深邃的古老哲学、文明悠久的历史形态、群星闪耀的杰出人物等，充分显示了中华民族厚重的文化底蕴和强大的民族凝聚力，具有极强的系统性、广博性和规模性。

本套书系的特点是全景展现，纵横捭阖，内容采取讲故事的方式进行叙述，语言通俗，明白晓畅，图文并茂，形象直观，古风古韵，格调高雅，具有很强的可读性、欣赏性、知识性和延伸性，能够让广大读者全面触摸和感受中国文化的丰富内涵，增强中华儿女民族自尊心和文化自豪感，并能很好地继承和弘扬中国文化，创造具有中国特色的先进民族文化。

绝代王陵

气势恢宏的帝王陵园

黄帝陵

　　黄帝陵是中华民族始祖黄帝轩辕氏的陵墓，位于陕西省延安黄陵城北的桥山，山体浑厚，气势雄伟，山下有沮水环绕。山上有千年古柏，四季常青，郁郁葱葱。而轩辕黄帝的陵冢就深藏在桥山巅的古柏中。

　　黄帝陵古称"桥陵"，为我国历代帝王和著名人士祭祀黄帝的场所。

　　据记载，最早举行祭祀黄帝始于公元前442年，自770年建庙祀典以来，黄帝陵一直是历代王朝举行国家大祭的场所，有"天下第一陵"的美誉。

为了纪念共同的祖先

远古时期，在我国河南禹州生活着一个有熊部落。黄帝是这个部落的首领，他本姓公孙，是我国远古传说伏羲和女娲之孙，少典之子。他生长于姬水，也就是后来的陕西武功漆水河之滨，因此改姓姬。有说黄帝因为居住在轩辕之丘，就是后来河南新郑的西北，所以以"轩辕氏"为号。也有说因他发明了轩冕，故称之为轩辕。

轩辕黄帝画像

传说黄帝一生下来没多久便能说话。到了15岁，已经无所不通了。公元前2697年，20岁的黄帝便成为有熊部落的首领。黄帝成为部落首领后，有熊氏的势力得到迅速发展，并

形成了一个独立的部落。

■ 黄帝陵现代建筑

轩辕建立了我国第一个王朝，被称为"黄帝王朝"，他的部落不再称作有熊国了。因为黄帝有土德之瑞，土色之黄，故称"黄帝"。

在他带领下，有熊部落在上古时期姬水一带成为较为文明的部落，有熊部落也被称为黄帝部落。

在当时，古老的氏族制度已日益瓦解，各氏族部落之间为争夺领地、扩充势力经常相互侵伐，暴虐百姓，天下纷乱。

在此情势之下，黄帝一方面大力训练军队，将本部落军队和统归黄帝领导的以虎、豹、熊、罴等为图腾的各部落人马训练成一支号令严明、训练有素、战斗力强的勇猛之师，用以讨伐那些破坏部落联盟规则、相互侵伐的部落，迫使他们归顺于黄帝部落。

另一方面，黄帝在部落内推行德政，爱护百姓，教化万民，积极发展畜牧农业生产，发明了打井、做

伏羲 又称宓羲、庖牺、包牺、牺皇、皇羲、太昊、苍牙等，是华夏民族的人文始祖，受到中华儿女的称赞和共同敬仰。传说他发明创造了八卦，创制了历法，教民渔猎和驯养家畜，创制婚嫁仪式、始造书契，发明陶埙、琴瑟乐器，任命官员等。

杵臼、造弓箭、服牛乘马、驾车、造舟船等技术。

黄帝的妻子嫘祖养蚕缫丝、染制五彩衣裳、制扉履。黄帝的史官仓颉创造了文字，臣子大挠占日月、作干支，乐官伶伦发明乐器。据说世界上第一只锅，是黄帝本人制作的，很快，人们就学会和推广用锅煮饭烧菜了。

黄帝部落的活动范围也日渐扩大，从发祥地陕西北部逐渐向东进入黄河中游流域地区。此后逐渐东进，后来定居于河北涿鹿附近。

在黄帝领导的部落进入黄河中下游地区的同时，西方以炎帝为首的炎帝部落和南方以蚩尤为首的九黎族部落也进入了黄河中下游流域。

传说炎帝族发祥于陕西岐山东面的姜水附近，该部落沿渭水东下，再顺黄河东进入河南西南部，后到达山东地区。炎帝族首领炎帝也是少典的儿子，黄帝

史官 我国历代均设置专门记录和编撰历史的官职，统称史官。各朝对史官的称谓与分类多不相同，但主要的可分记录类和编纂类两者。史官刚刚出现时这两者分别不大，后来演化出专门负责记录的起居注史官和史馆史官，前者随侍皇帝左右，记录皇帝的言行与政务得失，皇帝不能阅读这些记录内容，后者专门编纂前代王朝的官方历史。

■ 黄炎结盟

的兄弟，姓姜，号神农氏，生得牛头人身。

■ 三祖堂壁画蚩尤像

炎帝族与黄帝族世代互通婚姻。炎帝族部落在其进入山东地区的进程中，与从南方北上的九黎族部落相遇，双方发生了长期激烈的冲突。

传说九黎族首领蚩尤长着4只眼睛6只手，人身牛蹄，头上生着锐利的尖角，耳旁鬓毛硬如刀剑，以石头和沙子当饭吃。蚩尤武功高强，还能呼风唤雨。他共有81个兄弟，人人铜头铁额，个个凶猛无比。

炎帝族在与九黎族激烈的冲突中失利，被迫退向北方，向居住在涿鹿地区的黄帝族求援。黄帝闻讯后，便与炎帝族联合，准备抵御蚩尤的进攻。

在当时，蚩尤部落已掌握了铜的冶炼技术，他们开山洞采集矿石，打造戈、矛、戟、弩弓等各种兵器，因此具有强大的战斗力。

一次，蚩尤带领81个兄弟，指挥大量军马，气势

戈　我国先秦时期一种主要用于勾、啄的格斗兵器。流行于商至汉代。其受石器时代的石镰、骨镰或陶镰的启发而产生，原为长柄，平头，刃在下边，可横击，又可用于勾杀，后因作战需要和使用方式不同，戈便分为长、中、短三种。

■ 三祖堂壁画"合符
釜山"

指南车 又称司南车,是古代一种指示方向的车辆,也作为帝王的仪仗车辆。指南车起源很早,历代曾几度重制,但均未留下资料。直至宋代才有完整的资料。它利用齿轮传动系统和离合装置来指示方向。在特定条件下,车子转向时木人手臂仍指南。指南车的自动离合装置显示了古代机械技术的卓越成就。

汹汹地向黄帝军队发起了进攻。

双方人马在涿鹿原野上展开了激烈厮杀。正当双方人马酣战时,蚩尤施展本领,造起弥天大雾。黄帝及其人马顿时迷失在大雾之中,大家不辨方向、敌我不分、自相残杀,蚩尤趁机进攻。

正在危急之时,黄帝的臣子风后制造了指南车,车上立一木人,手指着特定的方向,无论车子如何旋转,木人手始终指向同一方向。黄帝统率大军依靠指南车的指引,冲出了大雾的包围。

后来,黄帝命臣子应龙选一适当地形,准备以水攻击蚩尤的大军。不料蚩尤抢先从天上请来了风伯和雨师,纵起漫天的狂风暴雨扫向黄帝大军。

黄帝的军队被打得队形大乱、四散奔逃,陷于一片汪洋之中。黄帝大惊,连忙招来自己的女儿天女魃从天上下凡助战。

天女魃降落到地面，施展本领，将狂风暴雨和遍地洪水一扫而光，黄帝大军才转危为安。黄帝立即命令大军乘势转入反攻。大家士气大振，向蚩尤部队猛冲，势如破竹，杀得蚩尤人马丢盔弃甲、大败而归。

为防止蚩尤反扑，黄帝开始驯养猛兽助战。他将猛兽饿上几天后，又命军士穿上蚩尤部的服装去逗弄它们，等它们被激怒后，便丢一些小动物。久而久之，猛兽一看见穿蚩尤部服装的人就冲上前去撕咬。

黄帝利用猛兽最终战胜蚩尤，天下重归太平。各部落一致推举他为天子。从此，黄帝成为中原地区部落联盟的首领。

黄帝战败蚩尤后，建立了部落联盟，定居在桥山。他发现桥山一带的人们，有的栖居于树，有的与兽同穴，既不文明，又不安全。

黄帝便教化桥山人们在临水靠山的半坡上砍树造

风伯 又称风师、箕伯或飞廉，也就是风神。传说风伯是蚩尤的师弟，是人面鸟身的天神，专门掌管着八面来风的消息，能运通四时的节日气候，是我国古代传说中掌管天气的神灵之一。

雨师 也叫萍翳或者玄冥，是我国道教传说中掌管雨的神灵，左手时常带着一条小龙。传说雨师能随意控制降雨，掌管着全部水源，是我国古代传说中掌管天气的神灵之一。

中华第一陵

黄帝陵

■ 三祖堂壁画"嫘祖养蚕"

轩辕黄帝雕像

屋，离开树枝和洞穴搬进新屋。又把桥山改名为桥国。

　　桥山人们住进房屋后，日常生活方便多了，但他们经常砍伐树木，没有几年，桥山周围的树林全被砍光了。就连黄帝曾多次下令禁止砍伐常年不落叶的柏树，也被砍伐得一棵不剩了。

　　就在这时候，一场暴雨袭来，山洪突然暴发，洪水像猛兽一般从山下猛冲下来，把几十人和黄帝得力的大臣共鼓、狄货全都卷走了。黄帝悲痛万分。

　　雨过天晴，黄帝亲自带领大臣们上山查看，发现凡是树林被砍光了的山峁，不仅挡不住水，连地上的草也被冲得一干二净了。

　　黄帝看见漫山遍野都是洪水过后留下的沟沟洼洼，心情十分沉重，他对群民说："今后再也不能乱砍树木了。如果再乱砍下去，野兽也没处藏身了。到那时，我们吃什么？穿什么？"

　　众臣觉得黄帝说得有理，都问他该怎么办。黄帝说："我愿和大家一齐上山栽树种草。"说罢，黄帝就自己带头栽了一棵小柏树。臣民们都学黄帝的样子，纷纷栽树种草。不几年，桥国的山山峁峁林草茂密，一片葱绿。人们都很感激黄帝。从此，植树造林便成了我们中华民族的一个优良传统，世世代代一直延续下来。

黄帝担任部落联盟首领后，对那些不服从命令的部落，率兵四处亲征。他的足迹东至大海，北到河北，南至长江流域，西达甘肃。经过多年的征战，黄帝终于统一了中原。

黄帝以仁德治理天下，任用风后、常光、力牧、大鸿四大臣辅政，管理朝政，安顿万民。由于黄帝的努力，中原地区获得了统一。涿鹿大战之后留在中原地区的九黎族部落民众，与炎黄两族融为一体，成了华夏族。

所以，我们中国人便把黄帝奉为始祖，我们常常把自己称为炎黄子孙。黄帝为我们中华民族创造了丰富灿烂的中华文化。

黄帝时期产生的重创造、自强不息的精神，在黄帝以后成为中华民族的共同精神财富。为了纪念这位传说中的共同祖先，后人还在陕西黄陵县北面的桥山上建造了一座黄帝陵。

阅读链接

据说黄帝活了118岁。有一天，在他东巡期间，突然晴天一声霹雳，一条黄龙自天而降。黄龙对黄帝说："你的使命已经完成，请你和我一起归天吧！"

黄帝自知天命难违，便上了龙背。当黄龙飞越陕西桥山时，黄帝请求下驾安抚臣民。人们闻讯从四面八方赶来，个个痛哭流涕。

在黄龙再三催促下，黄帝又跨上了龙背，人们拽住黄帝的衣襟一再挽留，却没有成功。黄龙带走了黄帝之后，只剩下了黄帝的衣冠。

于是人们就把黄帝的衣冠葬在桥山，起冢为陵。这就是传说中黄帝陵的由来。但也有人说，黄帝去世后就安葬在桥山。

秦代修建与祭祀黄帝陵

黄帝去世后，人们选择了桥山之巅，将他深深埋进黄土里，希望"黄帝灵魂升天，精神永远常在"。

历代帝王将相乃至平民百姓都到此拜谒，这就是中华儿女拜谒的中华第一陵，即黄帝陵。

矗立在中原黄土高原之上唯一长满几万株千年松柏的山，名叫桥山。

其实，桥山顶上由于干旱等原因，原来没有树木，是光秃秃的一片。人们在黄帝陵前祭供的食物，常被飞禽走兽抢食一空。

看到这种情况，人们心里很不安。有位名叫青山的老人，便在黄帝陵周围栽种了很多树，想

陕西黄帝陵

■ 轩辕黄帝的陵园

用树的枝叶把陵墓遮挡起来。青山老人整天挖坑、栽树，忙个不停。时间一长，被九天玄女发现了，她便回到天宫把此事禀告了玉皇大帝。

玉帝说："青山老人对黄帝一片赤心，天宫早已知晓，只是他独自一人栽树，何年何月才能栽满桥山呢？"说完，玉帝就命令九天玄女把天宫收藏的常年不落叶的柏树籽都撒在桥山上。

第二年春天，整个桥山沟沟岔岔，山山峁峁，都长出了绿莹莹的柏树苗。

青山老人看见满山都长出了柏树苗，非常高兴，于是，他就整天在山上给树苗培土、除草。日积月累，年复一年，一棵棵柏树长得根深叶茂，整个桥山变成了葱绿一片。

不知又过了多少年，青山老人已年过百岁，虽然

九天玄女 简称玄女，也叫九天娘娘、九天玄女娘娘或者九天圣母，是我国古代神话中的女神仙。传说九天玄女是玄鸟变化的，长着人头的鸟神，是一位法力无边的女神，也是正义之神。

空前绝后的帝陵臣庙

陕西黄帝陵

陈抟（871—989），也叫睡仙或希夷祖师，是我国宋初时著名的道教学者。传说他继承了汉代以来的相术学传统，并把清静无为的思想、道教修炼方术和儒家修养、佛教禅观归于一流，因此也是我国太极文化的创始人和宋代理学的奠基人。

胳膊腿已不灵活，但每天仍然坚持上山护林。就在这时候，桥山来了一个名叫拾怪的恶霸，他凭着自己有10个儿子，暗偷明抢，胡作非为，无恶不作。

拾怪发现桥山柏树长得又粗又大，便起了歹心。他带领两个儿子明目张胆地上山砍树。

青山老人发觉后，急忙就来阻止。拾怪父子三人蛮不讲理地说："满山遍野都是树，我们砍几棵有何不可？"

青山老人说："祖陵地上的树，谁也不许砍！"

拾怪根本不听这一套，指挥儿子继续砍树。青山老人上前把树身紧紧抱住。拾怪挥起一拳，就把青山老人打倒在地。年迈之人，哪经得起这样的拳打，眼看着青山老人两眼一闭死去了。

这个时候，正好陈抟老祖从桥山的上空经过，见拾怪打死了护林老人青山，急忙返回天宫，告知王母娘娘。

王母娘娘从南天门上往下一看，不由得怒从心头起，随手拔下头上两支金簪，往下一抛。拾怪的两个儿子随即惨叫一声，便倒在血泊中了。

原来两支金簪在空中变成了两把锋利的宝剑，直插拾怪两个儿子的胸前。拾怪不知宝剑的来由，以为有人在暗算他们父子，一气之下，便放火烧山了。

王母娘娘发现桥山树林起火，立即请龙王降雨。霎时大雨倾盆，很快就把烈火扑灭了。桥山柏树经过这场灾难，不但没有绝种，反而变得更加繁茂了。

所以民间有这样的传说："桥山古柏，棵棵都是神树；谁要乱砍，全家都要遭殃。"

有个好吃懒做名叫赖顺的人，偏偏不相信。有年冬天，雪下得有1米深，赖顺冻得实在受不住了，便偷偷跑上桥山，把山上的柏树枝偷砍了一担，挑回家里当柴烧。

谁知点火以后，柴只冒浓烟，不起火焰。赖顺用

剑　古代兵器之一，属于"短兵器"。素有"百兵之君"的美称。古代的剑由金属制成，长条形，前端尖，后端安有短柄，两边有刃的一种兵器。剑为具有锋刃之尖长兵器，而其大小长短，端视人体为标准，所以须量人而定。我国在商代开始有制剑的史料记载，一般呈柳叶或锐三角形，初为铜制。

■陕西黄帝陵

飞檐 我国传统建筑檐部形式之一，多指屋檐特别是屋角的檐部向上翘起，如飞举之势，常用在亭、台、楼、阁、宫殿或庙宇等建筑的屋顶转角处，四角翘伸，形如飞鸟展翅，轻盈活泼，所以也常被称为飞檐翘角。飞檐是我国建筑民族风格的重要表现之一，通过檐部上的这种特殊处理和创造，增添了建筑物向上的动感。

口越吹，浓烟越大，最后把他呛得跌倒在地，两眼直翻，口吐鲜血，气断身亡。

邻居们闻讯赶来一看，原来赖顺烧了桥山柏树枝，怪不得落了个如此下场。从此以后，再也没有人敢随便砍伐桥山的古柏了。

就是有的孩子偶尔把落在地上的枯树枝拾回家当柴烧，也会受到家中老人的严厉责骂，非叫孩子把拾回的枯树枝送回桥山不可。桥山古柏就这样一代一代地保护下来了。

我们中华民族祭祀活动源远流长。早在春秋战国时期就有了祭祀黄帝的活动。

据有关史书记载，战国初期，公元前422年，开始恢复祭祀黄帝。这是轩辕黄帝在历史上第一次由神的地位改为人的祖先。

秦统一六国后，开始大规模修建黄帝陵园。同时规定天子的坟墓一律称"陵"，一般庶民坟都称作"墓"。黄帝陵古称"桥陵"。是因为，沮河水由西向东呈半圆形绕此山而过，东边有河，西边亦有河，就像水从山底穿过，故此山名叫桥山。陵因山而得名，叫"桥陵"。

通往黄帝陵的神道，也叫磴道，石头铺就。该石磴道共229级，长250

■ 陕西黄帝陵

米，宽2.53米，途中有道弯4处，面积不等的平台26处。石磴道两旁有1.08米高的护栏，370个高1.34米的柱头分别雕有各种形状的石雕。

■ 黄帝陵内"夸父追日"纪念景物

后经过重修，石磴道就由陵道和神道两部分组成，总长455米，宽5米，其中陵道长260米，神道长195米。全用花岗岩条石铺筑。石磴道采用形断而意连、曲不离直的手法构建，共277个台阶。

陵道两侧古柏参天，翠色长驻。陵道尽头，就是陵区。陵区四周，顺依山势，修有绵亘不绝的青砖围墙，高1.6米，涂以红色，象征至尊至伟。墙头为红椽绿瓦，古色古香。

封土前方有一祭亭，飞檐起翘，气宇轩昂。陵园区内选用5000块大型河卵石铺砌，巧妙地象征着中华民族的五千年文明史。

黄帝陵陵园内北端为轩辕桥，宽8.6米，长66米，

石雕　造型艺术的一种。又称雕刻，是雕、刻、塑3种创制方法的总称。指用各种可塑材料或可雕、可刻的硬质材料，创造出具有一定空间的可视、可触的艺术形象，借以反映社会生活、表达艺术家的审美感受、审美情感、审美理想的艺术。石雕的历史可以追溯到距今一二十万年前的旧石器时代中期。从那时候起，石雕便一直沿传至今。

空前绝后的帝陵臣庙

■ 轩辕黄帝陵园

九五之尊 是我国古代的一种形容帝王的说法。古人认为九是最大的奇数，有尊贵之意，五在奇数中处于居中的位置，有调和之意。这两个数字组合在一起，既尊贵又调和，象征至高无上的帝王。宫廷中常见"九五"的实用例证，最多表现在建筑的开间数上，如天安门、午门等主要门阙都是面阔九开间，进深五开间，以符卦象。

高6.15米，全桥共9跨，有石梁121根，桥面设护栏，栏板上均雕有古典图案花纹。

桥山古柏，倒映池中，与白云蓝天交相辉映，为黄帝陵平添了无限灵气。轩辕桥北端为龙尾道，共设95级台阶，象征黄帝"九五之尊"至高无上的寓意。

北面为诚心亭。面阔5间。进深1间。祭祀官员至此须整饰衣冠，静心净面，方可进入大殿祭祀。再北为碑亭，面阔5间，进深1间，卷棚顶。亭内立有"祭黄帝陵文"和"黄帝陵"碑石。

在轩辕庙内一块约1米见方的青石上，印记着黄帝的脚印。凡是来黄帝陵谒陵拜祖的人，几乎都要到轩辕庙院内看一看黄帝的脚印。

关于黄帝的这双脚印，还流传着一个故事：相传黄帝时期，没有衣帽，更没有鞋袜，人们不是用树叶遮体，便是以兽皮缠腰。

黄帝也和其他人一样，腰间缠着兽皮，光着脚板，长年累月奔走各地，为民造福。每到冬天，天寒地冻，黄帝出外奔走时只好光着双脚。

后来，有人给黄帝做了一双木屐，穿起来虽比光着脚板走路好多了，但行动却有些不便，他出外巡察，或上山狩猎仍不能穿。

有年冬天，黄帝出外回来，脚冻烂了。穿木屐不方便，黄帝身边一位名叫素雀的人偷偷用麻布给黄帝缝了个布筒。

黄帝在脚上试了试，太短小了，根本穿不上。即使如此，黄帝也不见怪，还表扬了素雀的创造精神，素雀却十分难过。

有一天，素雀去河边担水，发现黄帝独自一人从河滩走过，留下了深深的脚印，素雀仔细一看，心里

祭祀 是华夏礼典的一部分，更是儒教礼仪中最重要的部分，礼有五经，莫重于祭，是以事神致福。祭祀对象分为3类：天神、地祇、人鬼。天神称祀，地祇称祭，宗庙称享。祭祀的法则详细记载于儒教圣经《周礼》《礼记》中，并有《礼记正义》《大学衍义补》等书进行解释。

019

中华第一陵

黄帝陵

■ 黄帝陵黄帝脚印

陕西黄帝陵全貌

亮了。原来黄帝的脚特别大，如果按脚印做，鞋就不会再小了。

于是素雀担完水，取来石刀，在黄帝脚印四周的胶泥上划了四方格，晒干后，捧回家，放在石板上，然后按尺寸做成了一双软木作底、麻布作帮的高筒靴子。

黄帝试穿后，很满意。他十分珍爱这双靴子，平时舍不得穿，只是遇到节日或开庆功会时才穿。而这块石板就被保存下来了。

阅读链接

黄帝陵内有古柏14棵，其中的一棵特别粗，树枝像虬龙在空中盘绕，一部分树根露在地面上，叶子四季不衰，层层密密，像个巨大的绿伞。这棵柏树相传是黄帝亲手种植的，被称为"柏树之王"。

传说黄帝在乘龙升天，飞经桥国上空时，还特意让巨龙停下来，再看一眼自己亲手栽下的这棵柏树。

他临行时，又随手把人们送给他的干肉块扔下来，落在自己栽种的柏树上。传说后来黄帝亲手种植柏树的树干上长的24个疙瘩，就是那时黄帝扔下的肉块变的。

历代加强修建与祭祀

　　刘邦建立大汉后，规定天子陵旁必设庙。汉朝初期就在桥山西麓建起了"轩辕庙"。整个陵园，南北约210米，东西约72米。陵园有两个门，分立东西两侧。

■ 黄帝陵守护神

■ 黄帝陵"汉武仙台"

空前绝后的帝陵臣庙

　　从东门进入陵园区，有一棂星门，门两旁是仿制的汉代石阙。从西门而入，步行数步，左侧是一座高24米的夯筑高台，台旁立一石碑，上书"汉武仙台"4字，为后来明代嘉靖七年（1528）闰七月所立，落款为"滇南唐琦书"。此台距陵墓45米，两条石砌曲径通向台顶，四围古柏环抱，台顶高达林梢，有"登台一次，增寿一年"之说。

　　此台始建于公元前110年。汉武帝刘彻勒兵10万，号称18万大军，北征朔方，凯旋后，他看到高大雄伟的黄帝陵，立即停兵祭祀。同时为了使自己长寿成仙，他又令兵士于此起20米高土筑台，后人称祈仙台。祈仙台距陵墓45米。

　　据说，汉武帝修建起九转祈仙台的第二天，旭日东升。于是汉武帝命令18万大军列队，分布在马家山、印台山、桥山，三山军队面向黄帝陵，俯首默祭。军乐四起，满山旌旗迎风飘展。

　　汉武帝卸下盔甲，挂在一棵柏树上，独自登上祈仙台祈祷，保佑汉室江山永保平安，自己也想早日成仙，像黄帝一样变龙升天。而被汉武帝挂过盔甲的这棵柏树，周身上下，斑痕密布，纵横成行，柏液从中流出，似有断钉在内，枝干皆然。

这就是桥山柏中独一无二的"挂甲柏"。每到清明时节，这棵古柏枝干上流出的柏液就会凝结为球状，像挂满了珍珠宝石一般闪闪发光，晶莹夺目，经阳光反射后尤为壮观。

在汉武仙台之旁，在桥山之巅，便是黄帝陵冢。陵冢位于桥山山顶正中，为土冢，扁球状，直径为16米。土冢下部筑方形墓台，以烘托陵墓的神圣感。方台与圆冢相结合，上圆下方，具有"天圆地方"与"天地相合"的象征意义。唐代宗时期，又对轩辕庙进行了历时两年的重修扩建，并栽植柏树1140多棵。

969年，因沮河水连年侵蚀，桥山西麓经常发生崖塌水崩，威胁庙院安全，地方官员上书朝廷，宋太祖赵匡胤降旨，将轩辕庙由桥山西麓迁移桥山东麓黄帝行宫。这就是后来人们拜谒的轩辕庙。

■ 黄帝陵"挂甲柏"和"皇帝手植柏"

丙申 为干支之一，顺序为第三十三个，是我国传统纪年农历的干支纪年中一个循环的第三十三年就是丙申年。干支纪年是我国古代的一种纪年法，即把十二地支按照顺序组合起来纪年。

黄帝陵千百年来流传在当地民谣说：

汉朝立庙唐扩建，到了宋朝把庙迁，
不论谁来做皇帝，登基都不忘祖先。

蒙古族问鼎中原建立元朝后，曾经颁布过一道森严的保护黄帝陵庙的法令。

1325年，泰定皇帝也孙铁木儿收到陕西中部县的状子一案，状告轩辕庙保生宫火烧一案。泰定帝大怒，立即召集宫内文武官员上殿议论。泰定帝说：

黄帝轩辕氏，乃我中华民族元祖，不论汉、满、蒙、回、藏，还是苗、瑶、彝、黎、藩，都要敬护我元祖陵寝，如有人放火烧宫，破坏陵庙，实属不赦。

■ 黄帝陵内黄帝石刻像

泰定帝说罢，由他口授，命身边文官，用汉字写了一份圣旨，立即派臣骑日夜兼程，送往陕西中部县。

在明朝的时候，明朝廷也十分重视黄帝陵的祭拜。

大明开国皇帝朱元璋，在1371年，他委派身边重臣管勾甘带上他亲笔写的祭黄帝"御制祝文"前去黄帝陵祭祀。朱元璋还规定，今后祭黄帝祭文必须由皇帝本人执笔，并将每次祭陵"御制祝文"刻石留存。

在距黄帝陵约200米的道旁，有一座竖立的下马石，上面写着"文武官员至此下马"，意思是"不论大小文武官员，到此必须下马"。这块石碑是明太祖洪武年间由皇帝朱元璋设立的，目的是用来提醒前来谒陵拜祖的人，在祖先陵前一定要庄重严肃。

古代山路崎岖，谒祖祭陵者多骑马坐轿，但行至此处，均下马落轿，整理衣冠，平静心情，恭行至陵前。

黄帝陵前立有一块石碑，上书"桥山龙驭"4字，意为黄帝驭龙升天之处。落款为"大明嘉靖丙申十月九日滇南唐琦书"，就是1536年书写的。

■ 黄帝陵前的下马石碑

1682年，清圣祖康熙亲笔用满文写了一份祭黄帝祭文。身边大臣看后，建议康熙译成汉文，康熙皇帝接受了这个建议。汉满文字一并刻在一通石碑上，后来立在轩辕庙碑廊里。

有一通古碑上书"古轩辕黄帝桥陵"，是清代陕西巡抚毕沅在1776年所立，后碑石遗失。

后来，黄帝陵又进行了大整修，目标是以黄帝陵、黄帝庙深刻的内涵为基础，通过整修使之成为弘扬中华民族文化，增强民族精神凝聚力的圣地。

同时保护好文物古迹和古柏林，为古柏林的生长提供良好环境。还有就是让建筑与山川水势相结合，

巡抚 又称抚台，我国明清时期的官名，主管一省的军政和民政，是代表着地方的军政大员之一。巡抚要巡视各地的军政、民政大臣，以"巡行天下，抚军按民"而得名。

龙角柏

融陵、山、水、城于一体，体现出了"雄伟、壮观、肃穆、古朴"的气势。

在整修过程中，吸收了传统思想的精华，追求汉代更古朴和更粗犷的建筑风格，并使所有建筑风格形象力求统一。

整修以黄帝陵、轩辕庙为重点，总体结构包括庙前区、庙宇、功德场及神道、陵区和外围景观等区域。形成了祭祀谒陵完整的建筑结构形态。其中庙院广场以五千年文明文化的系列石雕石刻加以点缀。

整修黄帝陵是全体炎黄子孙智慧的结晶和力量的凝聚点，增强了人们对先祖的崇敬和对文明古国历史文化的自豪感。

空前绝后的帝陵臣庙

阅读链接

轩辕庙对面有条小山沟，名叫暖泉沟。传说有一年，黄帝之妃嫘祖因常年养蚕缫丝和制作衣服，劳累过度，终于卧床不起，很想能喝到白水家乡的泉水，因为那里的泉水清澈、甘美，喝了提神。

这消息被桥国人们知道了，大家决心把白水泉水引到桥国，让嫘祖在病中能喝到家乡泉水。人们都自愿投入到开渠劳动中。

此事感动了龙王，龙王用爪一划，就把白水到桥国的地下水渠开通了。从此，桥国泉水味道也变得和白水泉水一模一样了。更使人惊奇的是，桥国泉水不但日夜涌流，而且还变得冬暖夏凉，所以人们把它称作"暖泉"。

炎帝陵

炎帝陵坐落于株洲炎陵的鹿原陂，被称为"神州第一陵"，是中华民族始祖之一炎帝的安息地，也是炎黄子孙寻根祭祖的主要场所，"神州第一陵"的主要建筑有炎帝陵殿和神农大殿等。

在我国历史传说中，炎帝开创了华夏原始农业，是农耕文化的创始人。是他创造了木制耒耜，教民耕种，提高农作物产量；是他遍尝百草，为人医病，是中草药的第一位发现者和利用者……

总之，炎帝一直受到我们炎黄子孙的无比敬仰，因此对他的祭祀也从未间断过。

农业与医药之神的炎帝

大约在5000年前的西秦大地上，生活着一支部落叫有娇氏。其首领女儿有娇氏，名叫女登，嫁给有熊氏部落首领少典为正妃。

女登生了一个孩子取名叫石年，石年因为在姜水一带长大，也就

炎帝神农氏画像

是后来的宝鸡一带，所以有"姜"姓之称。

小石年长大后，他担任了有娇氏部落的首领。他以火德称氏，因此被称为炎帝。

有一天，有一只周身通红的鸟儿，衔着一棵五彩九穗的谷粒飞在天空，当鸟儿掠过炎帝的头顶时，九穗谷掉到了地上。

■ 炎帝陵炎帝塑像

炎帝看见了，就把穗谷捡起来埋在土壤里，后来就长出了一棵苗，不久苗又结了穗。炎帝就把谷穗放在手里揉搓后放在嘴里，他感到很好吃。

炎帝从中受到启发，他想要是把谷粒埋到土里，年年种植，年年收获，这样人们的食物就会源源不断，人们的吃食问题不就解决了吗？

但在那时，五谷和杂草长在一起，哪些可以吃，哪些不可以吃，谁也分不清。炎帝就一样一样地尝，一样一样地试种，最后从中筛选出了菽、麦、稷、稻等五谷。

炎帝为了教人们种庄稼，他就用石片在地里敲着、走着、喊着："草死，苗长。"草就死去了。

后来，人们变懒了，在天热时，大家就用绳子把石片吊在树上，便坐在树下敲着、喊着。但是草也不死了。

正妃 也叫大妃、嫡妃或者元妃，是我国古代时期君主用来称呼尚未封后的嫡配夫人的称号。只有君主的正室妻子才能被称呼为正妃，正妃也是嫔妃之中地位最高的称号。

火德 是金德、木德、水德、火德、土德的五德之一，五德也就是金、木、水、火、土的五行。以五行中的火来附会王朝历运的称为火德。

■ 炎帝陵神农大殿

　　人们学会用石片铲草了，但是草一铲去，地就被晒干了，而且铲草很费力气。有的人铲草劲使猛了，石片铲子就断了。人们只得把断了的石片翻过进行扒草，这样使着比铲还得劲，从此便有了锄。

　　炎帝教会了人们种植五谷后，他又教人们打井汲水，对农作物进行灌溉，这样收成就越来越好了，也逐渐满足了人们的吃饭要求。

　　炎帝又发明了耒耜，教人种五谷，解决了民以食为天的大事，为人类由原始游牧生活向农耕文明转化创造了条件。

　　随着五谷的大量种植，人们的食物逐渐有了剩余。于是，炎帝又把野生的猪、狗、羊、牛、鸡等进行人工饲养，既作为人的肉食，又驯其畜力服务于人，由此又出现了畜牧农耕。

　　炎帝逐渐发现，人们在采集活动中经常误食某些动植物，会发生呕吐、腹疼、昏迷甚至死亡等现象。他同时还发现，人们吃了某些动植物，却能消除或者减轻身体的一些病痛，或解除因其他食物而引起的中毒现象。在渔猎生活中，炎帝又发现，吃了某些动物的肢体、内脏，能产生特殊的反应。

那时候，五谷和杂草长在一起，药物和百花开在一起，哪些植物可以吃，哪些植物可以治病，谁也分不清，人们只能靠打猎生活，但是天上的飞禽越打越少，地上的走兽也越打越稀，人们只好饿肚子。同时，人们苦于无医无药，生疮害病时只能受着病痛的煎熬。

人们的疾苦，炎帝看在眼里，疼在心头。怎样为人们治病呢？他冥思苦想了三天三夜，终于想出了一个办法。

第四天，炎帝带着一批人，从家乡随州历山出发，向西北大山走去。他们走哇走哇，腿走肿了，脚起茧了，还是不停地走，整整走了七七四十九天，来到一个地方。只见高山一峰接一峰，峡谷一条连一条，山上长满了奇花异草，大老远就飘出香气。

大家正往前走，突然从峡谷里窜出一群虎豹蟒蛇，把大家团团围住。大家挥舞鞭子，向野兽打去。可是打走一批，又来一批，一直打了七天七夜，才把野兽都赶跑了。那些虎豹蟒蛇身上被鞭子抽出的一条条或一块块伤痕，后来就成了它们皮上的斑纹。

大家觉得山里太险恶了，就劝炎帝回去。但他摇摇头说："不能

炎帝陵炎帝大殿

回！大家饿了没吃的，病了没医的，我们怎么能回去呢？"

炎帝说着领头进了峡谷，来到一座茫茫大山脚下。这山半截插在云彩里，四面是刀切崖，崖上挂着瀑布，长着青苔，溜光水滑，很难爬上去。大家又劝炎帝算了吧，还是趁早回去。

炎帝摇摇头说："不能回！大家饿了没吃的，病了没医的，我们怎么能回去呢？"炎帝站在一个小石山上，对着高山，上望望，下看看，左瞅瞅，右瞄瞄，打主意，想办法。他站的这座小山峰就是后来的"望农亭"。

炎帝想着想着，突然他看见几只金丝猴顺着高悬的古藤和横倒在崖腰的朽木爬来爬去。他灵机一动，把大家喊来，叫人砍树木，割藤条，靠着山崖搭架子，一天搭上一层，从春天搭到夏天，从秋天搭到冬天，不管刮风下雨，还是飞雪结冰，都绝不能停工。

就这样整整搭了一年，搭了360层，才搭到山顶。传说，后来人们用的脚手架，就是学习炎帝的办法。

■ 炎帝陵建筑

炎帝陵风景

炎帝带着大家攀登木架上了山顶，他亲自采摘花草，放到嘴里尝。为了防备虎豹狼虫，为了能在这里尝遍百草，他为人们找吃的，找医药，又叫大家在山上栽几排冷杉，当作墙壁防野兽，并在墙内盖茅屋居住。炎帝他们当时住的地方就是后来的"木城"。

白天，炎帝领着人们到山上尝百草。晚上，他把百草详细记载下来，哪些是苦的，哪些是热的，哪些是凉的，哪些能充饥，哪些能医病，他都记得清清楚楚。

有一次，炎帝把一棵草放到嘴里一尝，突然一头栽倒。大家慌忙扶他坐起，可是他已经中了毒，不会说话了，只用最后一点力气，指着前面一棵红亮亮的灵芝草，又指指自己的嘴巴。

大家慌忙把那红灵芝放到嘴里嚼嚼，并喂到炎帝嘴里。炎帝吃了灵芝草后，毒气解了，头不昏了，又能说话了。

人们担心炎帝这样尝草太危险，都劝他还是下山回去，但他仍然摇摇头说："不能回！大家饿了没吃的，病了没医的，我们怎么能回

■ 炎帝陵大殿

茶 我国南方的嘉木，茶树的叶子制成茶叶后可以泡水饮用，有强心、利尿的功效，是一种保健饮品。茶的口感甘甜，清新醇厚，香味持久，是我国各地普遍受欢迎的一种饮料，同时也是世界三大饮料之首。茶是我国人民对世界饮食文化的贡献。

去呢？"说罢，他又接着尝百草。

炎帝尝百草时，随身带着一只能看到人五脏六腑、十二经络、帮助他识别药性的獐鼠。有一天，獐鼠吃了巴豆，腹泻不止。

炎帝把獐鼠放在一棵青叶树下休息，过了一夜，獐鼠居然奇迹般康复了，原来是獐鼠吸吮了青树上滴落的露水解了毒。

炎帝摘下青树的叶子放进嘴里品尝，他顿感神志清爽，还甘润止渴。他就教人们种这种青树，这就是后来的茶树。

炎帝因为教人种植五谷，并发明农具，以木制耒，教民稼穑饲养等，逐渐被人们称为"神农氏"，他对中华民族的生存繁衍和发展做出了重要贡献。作为中华民族第一个由渔猎转入农耕的氏族部落，神农氏族开创了我国的农业文化。

炎帝神农氏以身实践和探索的精神，能分辨什么植物可以吃，什么植物不可以吃，亲尝百草，以辨别药物作用。他撰写了人类最早的医学著作《本草》，奠定了我国中医学的基础，也开创了中医学文化，因此被人们称为"医药之圣"。

随着农业的出现，人们的劳动果实有了剩余，炎帝便设立了集市，让人们把吃不完、用不了的食物和东西，每天中午拿到集市上去交换，从而出现了我国最原始的商品交易市场。

炎帝还教人们用麻织布，让人们穿衣。那时，人们本无衣裳，仅以树叶、兽皮遮身，直到炎帝教人们用布做衣服后，人们才开始穿衣，使人类由蒙昧社会向文明社会迈出了重大一步。

炎帝还发明了五弦琴，用来给人们娱乐。他削桐为琴，结丝为弦，这种琴后来叫神农琴。

据记载，神农琴"长三尺六寸六分，上有五弦，为：宫、商、角、徵、羽"。这种琴发出的声音，能道天地之德，能表神农之和，能使人们心情十分舒畅。

炎帝还削木为弓，以威天下。他发明了弓箭，能够有效防止野兽的袭击，能够有力打击外来部落的侵犯，能够保卫人们的生命安全和劳动成果。

中医 也称汉医，是我国传统医学，是研究人体生理、病理以及疾病的诊断和防治等的一门学科。中医以阴阳五行作为理论基础，将人体看成是气、形、神的统一体，通过望、闻、问、切，四诊合参的方法，使用中药、针灸等多种治疗手段，使人体达到阴阳调和而康复。

035

■ 炎帝陵一角

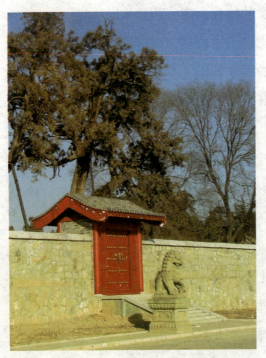

■ 炎帝陵一角

炎帝又制作了陶器，他发明器皿、陶盆和陶罐，用来改善人们生活，解决人们的生活用具问题。

在陶器发明前，人们加工处理食物只能用火烧烤，有了陶器后，人们就可以对食物进行蒸煮加工，还可以贮存物品和酿酒。陶器的使用，改善了人们的生活条件。

为了促使人们有规律地生活，并按季节栽培农作物，炎帝还立历日，立星辰，分昼夜，定日月，月为30天，农历十一月为冬至。

炎帝和黄帝还结为联盟，共同打败了九黎族蚩尤，他们两人在自己部落里的威望都很高。炎帝管理自己部落时，治理很有方法。他不求回报，不贪天下之财，一心只想使人共享幸福。

他以德以义，不赏而民勤，不罚而邪正，不忿争而财足，无制令而民从，威厉而不杀，法省而不烦，炎帝部落的人们都很尊敬和爱戴他，想推举他做黄帝和炎帝联盟的新首领。

与此同时，黄帝的治理也非常贤明，于是他也被自己部落的人们推举为联盟新首领。这样一来，黄帝和炎帝就不得不相互较量决出胜负，这场决战就是著名的阪泉之战。

冬至 又称"冬节""长至节"或"亚岁"，是我国农历中一个重要节气，也是中华民族的一个传统节日。冬至是二十四节气中最早制定出的一个，时间在每年阳历12月21日至23日，我国北方大部分地区在这一天还有吃饺子的习俗，南方则吃汤圆、吃南瓜。

开战之后，黄帝率领熊、罴、狼、豹、貙、虎六部军队在阪泉之野与炎帝摆开战场，六部军队各持自己的崇拜物为标志的大旗，黄帝作为六部统帅也持一面类似"大纛"之旗，列开了阵势。

炎帝在黄帝没有防范的情况下，先发制人，以火围攻，使得轩辕城外浓烟滚滚，遮天蔽日，黄帝用水熄灭火焰，并率兵将炎帝赶回阪泉之谷，嘱手下士兵只和炎帝斗智斗勇，不伤其性命。在阪泉河谷中，黄帝竖起七面大旗，摆开了兵法中的星斗七旗战法。

炎帝火战失利后，面对星斗七旗战法，无计可施，就回到营内，不再挑衅。黄帝仰慕炎帝的医药和农耕技术，决心与他携手创建文明国家。他在炎帝营外摆阵练兵，千变万化的阵法层出不穷，星斗七旗阵，让炎帝看得眼花缭乱，在长达3年多的操练中，黄帝各部的战斗力逐渐增强。

炎帝则利用山崖作屏障，只是观望阵势，不主动出战。黄帝在3年多的时间内，一边以星斗七旗战法练兵进行掩护，一边派兵日夜掘进，将洞穴挖到炎帝阵营的后方。突然有一日，黄帝兵将突然蹿出，偷袭了炎帝阵营，捉住了炎帝。

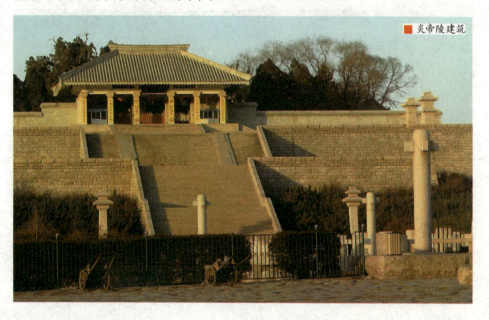

炎帝陵建筑

道统 儒家传道的脉络和系统。儒家道统分为认同意识、正统意识、弘道意识3个方面。"道统"一词最早由南宋思想家朱熹提出的，但道统说的创造人却并非朱熹，而是千百年来众所公认的唐代儒家学者韩愈。

炎帝心服口服，他没有听从属下的建议要求再战，而是主动说服部下归附了黄帝。黄帝做了联盟首领，炎帝则主动要求分管农业。

黄帝把联盟治理得非常好，炎帝与黄帝也配合得非常好，在他们的领导下，农业经济得到了很大发展，极大地推动了社会的发展。

炎帝在神农时代开创了丰富多彩的原始物质文明和精神文明，由此而形成的炎帝文化与黄帝文化融合为炎黄文化，成了中华文化的源头。

炎帝和黄帝本为兄弟，只是后来分家治理不同的地域罢了，家族的第一原则就是合族，而不是依靠战争征服。炎帝晓明大义，最后将小宗归为大宗，所以从黄帝开始，人们便尊黄帝、炎帝为人文始祖，是华夏道统的象征。

黄帝与炎帝两个部落渐渐融合成了华夏族，两人都是我国民族、文化、技术的始祖，传说他们以及他

■ 炎帝陵炎帝石像

们的臣子、后代在上古时创造了几乎所有重要的发明。

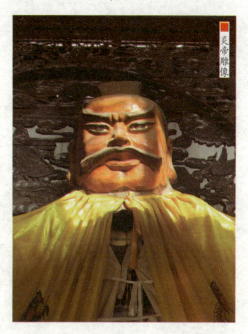

炎帝雕像

炎帝精神主要是探险精神和奉献精神，以及敢为人先的创造精神。炎帝精神使最早的华夏民族在与自然和社会斗争中，摆脱了愚昧和野蛮，能够追求先进、文明与和平，这种精神使华夏民族获得了高度的团结和统一。

炎黄文化博大精深，绵延不衰，培育了一代又一代的中华儿女，激励着一代又一代炎黄子孙为了中华民族而奋斗不息。炎黄子孙都有着对自己伟大民族和共同祖先的认同感和自豪感，炎黄文化已成为维系炎黄子孙团结友爱的巨大精神力量。

阅读链接

相传，炎帝有一次梦见天堂栽着一种称为"稻"和籽叫"谷"的植物，但是，他不知怎样才能把稻谷种取回来。

有一天，他问身边的狮子狗说："你知道该怎样去天堂找谷种吗？"狮子狗点了点头就到天堂去取谷种。但是，稻谷有天神把守。狮子狗就悄悄地洗了个澡，然后跑到谷堆上打了个滚儿，把稻谷沾在身上，回到人间。

炎帝把谷种播种到地里，不久就长出了禾苗，并结出谷粒。经过反复栽培，越种越多，后来就成了人们的主要食物。

人们为了感谢狮子狗到天堂盗取谷种的功劳，所以每当过"尝新节"，首先就要祭祀炎帝，然后再给狮子狗一碗新米饭和一块粉蒸肉吃，最后才是自己"尝新"。

气势恢宏的神州第一陵

炎帝与黄帝建立联盟后，炎帝除了分管农业发展外，他继续游历各地，遍尝百草，为民治病。有一天，炎帝来到后来的湘赣交界处，他遇上了70多种毒草，误尝断肠草，最终殒命了。

炎帝去世后，人们将其用棺木装殓，驾船北上，准备送到炎帝故土安葬。但船行到洣水畔的鹿原陂时，突然倾翻，不能再行了。

■ 陕西炎帝祠

■ 炎帝陵牌坊

　　原来这里曾经是天庭里太上老君养神鹿的地方。后来，由于天庭的需要，太上老君把养鹿场迁出天庭。太上老君看到人间美好，特别是这里的人们勤劳、淳朴、善良，就打算造福人间。

　　他就把一批神鹿留在了此地，于是这里就叫"鹿原陂"了。从此，这里森林茂密，绿草茵茵，百花四季常开，神鹿成群迷雾重重，犹如人间仙境。

　　炎帝尝百草路过此地时，他发现此地奇花异草很多，就经常在此地采药、炼药、配药、验药，并给这里的人看病、治病。

　　他还用图形或特殊符号把药的形状、性质、用途以及病例一个一个地记载了下来，用来造福百姓。传说，他的很多药方都是太上老君赏赐的，因为炎帝在鹿原陂的所作所为感动了太上老君。

　　炎帝也很留恋这个地方，当棺木行到此处时，他

　　神鹿 是我国古代神话传说中神仙们最常见的宠物之一，神仙们下凡时经常骑着鹿出现。据说鹿本来是没有角的，是后来玉皇大帝赐给鹿一对龙角，鹿因此龙角而延长了寿命，因此我国古代认为鹿是一种高贵吉祥的动物，是有神力的。

■ 炎帝陵远景

重檐　我国古代建筑经常出现的建筑形制，是在基本型屋顶重叠下檐而形成的。其作用是扩大屋顶和屋身的体重，增添屋顶的高度和层次，增强屋顶的雄伟感和庄严感，调节屋顶和屋身的比例。有重檐庑殿、重檐歇山和重檐攒尖三大类别。

就不愿走了。人们见此地山环水绕、气象不凡，更因为当地人们的挽留，就在此地安葬了炎帝，并修建了炎帝陵。

炎帝陵坐落于株洲的鹿原陂，当时只是一个简单的陵墓。在洣水河的一湾名叫斜濑水的地方，向东如黛的水墨青山间，纵深绵延一个盆地。

那狭长的盆地之中突兀隆起方圆大约1千米的翠微高原，陂上陂下，浑然一体的两栋重檐翘角的高大楼宇，金碧辉煌，气势恢宏，这里便是炎帝陵。

斜濑水边，圣陵西侧，一方摩崖石刻"鹿原陂"3个大字，这是后来清道光年间炎陵知县沈道宽手书，笔力千钧，思接千载，传递着深深的寻根谒祖的民族感情。

在陂下，便是后来经过修缮的炎帝陵殿。在陂上，便是后来建的公祭区，主体建筑为神农大殿。炎帝陵殿，矗立着炎帝神农氏金身祀像；神农大殿，耸立着炎帝神农氏石雕祀像。

两座炎帝神像尽管风格迥异，意蕴却是一致。炎帝赫赫"八大功绩"，为神农大殿左、右、后3面墙上巨幅石雕壁画内容：

始种五谷以为民食、制作耒耜以利耕耘、遍尝百草以治民恙、织麻为布以御民寒、陶冶器物以储民用、日中为市以利民生、制弧剡矢以御侵凌、居樹造屋以安万民。

陵墓千百年来一直有成百上千的白鹭守卫。每当夕阳西照、彩霞满天的时候，就会有成群结队的白鹭从四面八方飞向炎帝陵，降落在参天古木之上。白鹭为什么会世世代代为炎帝守陵呢？

传说炎帝逝世后，不但人间处处哀痛，就连飞禽走兽也都为之悲伤。飞禽们听到噩耗后，立即召集百鸟商讨，如何报答炎帝的大恩大德。因为是炎帝教人们种五谷作为食物后，才使它们得以休养生息并免遭捕杀的。

百鸟决定派出代表前往吊唁炎帝，就让一队白鹤和一组大雁作为飞禽的特使，前往参加炎帝丧礼。白鹤、大雁受命之后，身披白孝服，口念哀悼词，日夜兼程，不停不歇，朝着治丧的地方飞去。

因为天高地阔，路途遥远，白鹤、大雁飞了很久才飞到白鹿原。而这时，炎帝的灵柩早已安葬完毕，它们责备自己没有赶上葬礼，就在炎帝陵

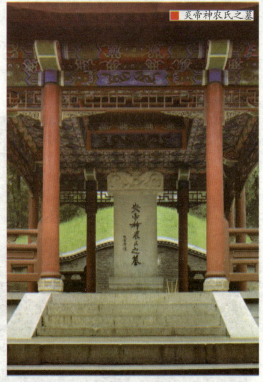
炎帝神农氏之墓

太仆寺 官名，始置于春秋，秦、汉沿袭，为九卿之一。是我国古代负责管理安排皇帝出行所使用的车马的最高机关，同时也负责对皇宫之中所有官用马匹的牧养、训练、使用和采购等的管理。分设为天、地、春、夏、秋、冬六官。

前天天哀哭。

　　它们这样虔诚的哀痛感动了玉帝，玉帝下旨给它们正式取名为"白鹭"，并命它们作为天使守卫炎帝陵。所以，炎帝陵的白鹭总是特别多。后人见此奇观，曾作诗歌颂。诗道：

口碑同赞神农业，乔木轻摇太古春。
白鹭护陵花锦簇，苍梧云气共嶙峋。

神农功德同天地，鹿原有幸葬炎帝。
千古遗风说到今，白鹭虔心守炎陵。

　　我国历朝历代对炎帝陵的维护和修缮都很重视。在汉代，就开始了对炎帝陵的祭祀。

　　967年，宋太祖钦命在炎帝陵前立庙。同时诏禁樵采、置守陵户。此后历朝历代，对炎帝陵祭祀、修

■ 炎帝陵远景

茸不断。

1186年，衡州守臣刘清之鉴于炎帝陵的炎帝庙比较小，于是奏请朝廷，要扩大规模，重建炎帝庙。

在宋代以后至元代近百年间，朝廷只有祭祀炎帝陵的活动，而没有诏修炎帝陵庙的记载了。到了明代，有关炎帝陵庙的修茸史书记载颇详，较大规模的修茸就有3次：

第一次是1370年，明太祖朱元璋即位后，便诏命遍修历代帝王陵寝，由此炎帝陵庙也得到了一次全面修茸。

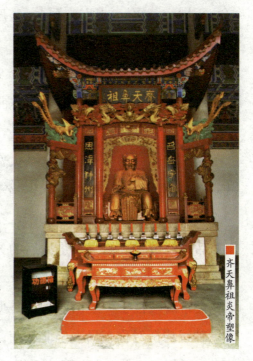

齐天鼻祖炎帝塑像

第二次是1524年，由酃县知县易宗周主持。这次是在原庙旧址上拓宽兴建，基本上改变了旧庙原貌。

第三次是1620年。酃县县令派人于路旁募款，发起重修。新庙规模虽因循旧制，但庙貌大为改观。

到了清代，对炎帝陵庙的修茸有据可查的有9次。1647年，南明将领盖遇时部进驻炎陵，屯兵庙侧，炎帝陵庙遭到破坏。之后，当地官民士绅及时进行了补茸，但当时的修茸未能完善。

1696年，清圣祖康熙帝派遣太仆寺少卿王绅前到炎帝陵告灾致祭。王绅见陵庙破损严重，就回朝廷奏请修茸，康熙帝准奏。由酃县知县龚佳蔚督工，整修一新，但是未能恢复前代规模。

1733年，知县张浚动用国帑，按清王朝公布颁行的古帝王陵殿统一格式重建，陵庙也统称陵殿而正其名。

这次修建，奠定了炎帝陵殿的基本形制，形成了"前三门、行礼亭、正殿、陵寝"的四进格局。整座陵殿为仿皇宫建筑，气势恢宏，体现了我国古代建筑的传统特色。

1837年，是清朝最大的一次修复炎帝陵，由知县俞昌会主持、当地士绅百姓募资捐款所进行的一次重修。重修工程自孟夏开始，年底竣工，费时8个月有余。

这次重修后的炎帝陵殿，高大宽敞，金碧辉煌，庄严肃穆，蔚为壮观，各附属建筑，依山傍水，错落有致，与主殿相辉相映，形成了一个统一的整体，也为炎陵山增添了无限秀色。

后又经过多次修缮，重修后的炎帝陵殿，规模较前稍有扩大，整个建筑占地面积3836多平方米。

炎帝陵殿位于炎陵山西麓，是炎帝陵景区的主体景点，沿陵墓南北纵轴线均衡对称布局，坐北朝南，南临洣水，南北长73米，东西宽40米，面积2936平方米，建筑面积903平方米。

陵殿外修复了咏丰台、天使馆、鹿原亭等附属建筑。整个建筑金碧辉煌，重檐翘角，气势恢宏，富有民族传统风格。

空前绝后的帝陵臣庙

黄帝陵咏丰台

陵园保持了浓郁的建筑风格，红墙黄瓦，古木参天，庄严肃穆，气势恢宏。陵殿分为5进：

第一进为午门，拱形石门，高4米、宽2.6米，门前为边长50米的朝觐广场，左右分列为拱形戟门和长方形掖门，门扇均为实榻大门。

午门正中，有一块汉白玉石碑，前嵌盘龙龙陛，取名龙盘虎踞，是天下一统、江山稳固之意。石碑的左右分立雄健的山鹰和白鹿花岗石雕。

■ 炎帝陵午门

关于这两座石雕，还有一个故事。相传炎帝的母亲叫女登，有一天晚上，她梦见天上的太阳落在怀里，感到又温暖又舒服。一年零八个月后，女登生下一个红球，红球在地上滚了几滚之后裂开，中间坐着一个胖乎乎的男孩，他就是后来的炎帝。

有一天，女登和大家一起去采果实，便把孩子放在一块大石头上，让孩子晒太阳。谁知孩子睡醒后，感到又热又饿，便哇哇大哭起来，哭声惊动了山中的生灵。

这时，岩鹰飞了过来，为孩子遮阴扇凉。接着，山鹿也跑过来，为孩子喂奶。孩子歇阴纳凉，吃着鹿奶，甜甜地睡着了。此后，每当女登离开孩子时，鹰和鹿都会过来照顾。因此，人们认为鹰和鹿也是炎帝

午门 我国古代所有的建筑物都是非常讲究八卦方位的，尤其是皇家的陵墓。陵殿尤其要布局工整，不能犯忌讳。由于用十二时辰象征方位，午就相当于陵殿的南方。古代皇族认为南字音同难，不吉利，因此都把南门称为"午门"。

空前绝后的帝陵臣庙

庑殿 又称四阿殿、五脊殿，庑殿建筑屋面有四大坡，前后坡屋面相交形成一条正脊，两山屋面与前后屋面相交形成4条垂脊，是我国古代建筑中最高形制的一种形式，象征着至高无上，是我国古建筑中的皇家建筑专用的建筑形式。

的母亲。

炎帝去世后，为了纪念炎帝的3位母亲，人们就雕刻了石鹰、石鹿，安放在炎帝墓冢左右，和炎帝同等祭祀。

967年修建炎帝庙时，就将石鹰、石鹿移放在主殿前方的左右两侧了。

第二进为行礼亭，是炎黄子孙奉祀始祖的地方。这里采用庑殿顶，前后檐各四柱落脚的3开间长方亭，面宽14.03米，进深5.53米，亭高8.33米，正上悬挂着一块写着"民族始祖、光照人间"的匾额，亭前嵌双龙戏珠龙陛，取名双龙起舞，是盛世逢年、天下太平之意。

亭中设置香炉、烛台，供人们进香祭拜行礼之用。行礼亭左右为卷棚硬山式碑房，收集了历代告祭文残碑8通。

第三进为主殿，殿前的龙陛为汉白玉卧龙浮雕，卧在炎帝陵前，似走非走，取藏龙卧虎、皇权至上至尊之威。陵殿门额高悬着一块写着"炎黄子孙、不忘始祖"的匾额。

陵殿是重檐歇山顶，面宽21.16米，进深16.94米，占地358.5平方米，殿高19.33米，由30根直径0.6米的花岗岩大柱按四排前廊式柱网排列支

■ 炎帝陵前的石狮

撑，上下檐为单翘昂头五彩斗拱，正脊檐角饰鳌鱼兽吻。

殿内天花饰以金龙和玺、龙草和玺、龙凤和玺及旋子式、苏式等彩绘，共绘彩龙9999条。陵殿之中有须弥座神龛，里面

■ 炎帝陵石刻

供着炎帝神农氏的金身祀像，祀像的两手分执谷穗、灵芝，身前是药篓，左右为木雕蟠龙边柱。

第四进为墓碑亭，采用四角攒尖式屋顶，檐角高翘，高7.1米，长宽各6.4米，亭内也有一块汉白玉墓碑，写着"炎帝神农氏之墓"。

第五进为墓冢，墓冢封土高5.58米，进深6.64米，宽28.9米，墓前的石碑为清道光七年（1827）知县沈道宽所书的。

在墓碑亭两侧，有拱门道路可通往御碑园。园内古松参天，气象万千。

碑园的东西两侧是碑廊，全长84米，壁上镶嵌明清御祭文碑51通，自宋代以来的历史时期有代表性的记事碑5通，共56通。其中保存最久的御祭文碑是1371年，朱元璋登基时的告祭文碑。

御碑园的中心是九鼎台，台面外圆内方，圆台直径18米，方台9.999米。主台上有9尊花岗石方鼎，每尊1.2吨。九鼎是我国古代最高权力的象征，寄寓了祖

匾额 匾额是古建筑的必然组成部分，相当于古建筑的眼睛，把我国古老文化流传中的辞赋诗文、书法篆刻、建筑艺术融为一体，集字、印、雕、色的大成，以凝练的诗文、精湛的书法、深远的寓意，指点江山，评述人物，是我国独特的民俗文化精品。

■ 炎帝陵九鼎台

国统一、民族昌盛之意。

在炎帝陵殿中轴线东侧的是神农大殿，面宽37米，进深24米，高19.6米，由大殿、东西配殿、连廊和两个四方亭组成，大殿外廊挺立着10根高浮雕蟠龙石柱，高5.4米，直径0.8米，蟠龙栩栩如生。

大殿中央座立炎帝石雕祀像，一手拿谷穗，一手握耒耜，雕像高9.7米，座长8.9米，宽4.7米。雕像两旁立有一对联石柱，上面写着：

到此有怀崇始祖；
问谁无愧是龙人。

九龙戏珠 在我国古代传统观念中，九是非常尊贵的数字，龙也是最祥瑞的神兽，因此九龙意为龙生九子，是至高无上的福气。古人认为珍珠光辉灿烂，很像从东方升起的太阳，四大神兽中龙又代表着东方，因此龙戏珠也有崇拜太阳的意思。

神农大殿的左、右、后3面墙是大型广东红砂岩石雕壁画，画高5.2~7.9米，总长53米，总面积321平方米，壁画内容为歌颂炎帝十大功德。

大殿平台的踏步间，是一块高浮雕九龙戏珠御路石，长3.2米 宽2.8米，厚0.7米，由福建青石整石雕制，重约17吨。

神农大殿以南是祭祀广场。祭祀广场南端的两侧和大殿平台的边上，是双面雕刻百草图案的花岗岩栏板，主要是纪念炎帝遍尝百草、发明医药的雕刻。

二级平台正中，立有一只高浮雕九龙戏珠的石制圆形香炉，高0.98米，直径1.2米，为公祭敬香或焚帛书用；两边立有一对整石雕琢的福建青石香炉，高3.9米，直径1.5米，单重24吨，堪称中华之最。

祭祀大道的东边是圣火台，台高40米，台中央立有高3.9米，体积为31立方米的褐红色点火石，正面刻有1.5米高的朱红象形体"炎"字。

台面3层呈宝塔形，每层高0.6米，直径分别为9米、6米、3米的梯形圆台，底层铺设花岗岩石板，外护正方形花岗石栏板，边长100米，取天圆地方之义。

■ 炎帝陵炎帝石像

炎帝陵圣火台

在圣火台上可远眺炎帝陵殿、神农大殿的全貌，能够领略炎陵山恰似卧龙饮水之势。

陵区内还有龙珠桥，由3座拱桥组成，中间是主桥，宽6米，两边是边桥，宽3米，桥栏板雕刻的是古代乐器图案，分别为琴、筝、竽、笙、笛、箫、云板、编钟、月琴和琵琶。

还有一个朝觐广场，是个正八边形的广场，中轴距离48米，按"乾、坎、艮、震、巽、离、坤、兑"嵌入了"八卦"图案，是纪念炎帝发明了"重八卦为六十四卦"。

阅读链接

相传神农氏炎帝因误食断肠草而毒发身亡后，跟着他一起采药的胡真官，按照他生前交代的死后葬在南方的嘱托，决定将炎帝的遗体安葬在资兴汤市。

举行葬礼的那天有很多人来送葬，几十个运送遗体的人，坐10条木排，溯洣水而上。沿河户户点火，表示哀悼。

当木排到了鹿原陂，人们正准备上岸改走旱路时，忽然天上乌云滚滚，河里跃出一条金龙向炎帝遗体点头哀吟。接着"轰隆"一声，江边的一块巨石开了坼，一个大浪将炎帝遗体卷进石头缝里去了。送葬的人个个吓得不知如何是好。

天上的玉皇听到这个消息后大怒，认为炎帝神农氏劳苦功高，不应该葬在水里，大骂金龙不知好歹，决定要处罚它。

于是把金龙化为石头，龙脑变成龙脑石，龙爪变为龙爪石，龙身变为白鹿原，龙鳞变为原上的大树，永远护卫炎陵。

炎帝文化在各地的遗存

　　陕西宝鸡为炎帝故里，这里是中华民族的发源地之一。远在5000年前的上古时期，以神农炎帝为首领的姜姓部落就生活在这里。后来人们为了祭祀炎帝，就在他的出生地修建了炎帝陵。

　　这里的炎帝陵位于宝鸡渭滨神农镇境内的常羊山上，为炎黄子孙

■ 炎帝故里

■ 炎帝祠正门

寻根祭祖的主要的场所。按照"八世炎帝"的说法，第一世和第二世炎帝都生于此，葬于此，第八世炎帝葬于炎陵。只按照一世的说法，那么炎帝只存在于宝鸡。

宝鸡的炎帝庙大殿面阔5间，左厢房里展出有炎帝的生平及传说故事，右厢房的墙壁上悬挂有各界人士的题词。正殿面积400平方米，高12米，为清式庑殿。殿堂正中为炎帝坐像，像高4.5米，目光炯炯，庄重慈祥。

殿内两侧墙壁上分别绘有关于炎帝的大型壁画，分别为常羊育炎、浴圣九龙、农业之神、太阳之神、医药之神、炎帝结盟，讲述了炎帝的生平和功绩。

在殿堂南面，便是一条笔直的通往后山顶的小道，炎帝陵就在这后山顶上。小道沿山路蜿蜒而上，

诗词 是我国以近体诗和格律词为代表的传统诗歌，诗起源于先秦，鼎盛于唐代，词起源于隋唐，流行于宋代。诗词蕴含了成熟的艺术技巧，严格的韵律要求，语言凝练、章法绵密、情感充沛。

共有999级台阶。

这里的炎帝陵是个庞大的圆形陵墓，四周松柏成林，墓前通道两边为历代帝王塑像。炎帝陵的墓冢周围用青石砌筑，墓碑上刻有"炎帝陵"的字样。陵后为颂扬炎帝功德的诗词、楹联和绘画作品的碑林。

在山西的高平，也有一座炎帝陵，俗称"皇坟"。这座炎帝的陵墓，传说在轩辕氏黄帝时就已经有了。陵后有庙，谓之五谷庙。五谷庙的创建大概在宋代。

据明朝嘉靖年间《续修炎帝后妃像增制暖宫记》碑记载：

炎帝神农氏陵庙，历代相传，载在祀典，其形势嵯峨，林木深阻久矣，吾邑封内之胜迹。

■ 炎帝祠大殿

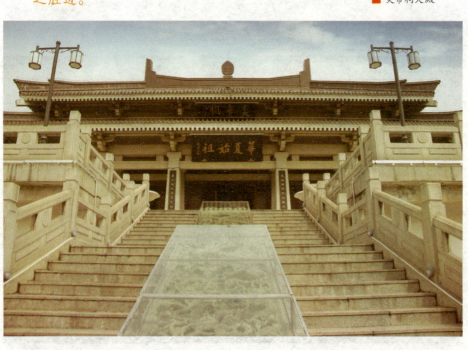

在1475年的《重修炎帝行宫碑》记载：

> 神农炎帝行宫盘基在故关里村前，肇基太古，无文考验，祠在换马村东南，见存坟冢，木栏绕护，然祠与宫相去凡七百余步矣。

据《高平县志》记载：

> 上古炎帝陵相传在县北四十里换马镇，帝尝五谷于此，后人思之乃作陵，陵后有庙，春秋供祀，现石桌尚在。

明朝皇帝朱元璋八世孙朱载堉在《羊头山新记》一文中写道：

> 山之东南曰故关村，村之东二里曰换马镇，镇东南一里许有古冢，垣址东西广六十步，南北袤百步，松柏茂密，相传为炎帝陵，有石栏石柱存焉，盖金元物也。

空前绝后的帝陵臣庙

炎帝陵香炉

炎帝祠门兽

庙院内有一柏树，根周长6米。据此推断，五谷庙至少有上千年的历史。该庙坐北面南，建筑规模宏大，周有城墙，分为上下两院，在其中轴线上，分列为舞台、献台、山门、南道、正殿。原来庙院内碑石林立，约有四五十通碑。后仅存正殿5间，东西厢房十几间。

在东厢房的后墙上，有"炎帝陵"石碑一通，是1161年所立。石碑的后面有一个甬道可通墓穴，墓内有盏万年灯，长年不熄。

炎帝陵殿的正殿面阔5间，进深6椽，悬山式屋顶，琉璃脊饰，为元代所建，明代时曾进行过较大维修。屋顶正中脊刹上，正面刻有"炎帝神农殿"，背面刻有"大明嘉靖六年"的题记。

殿内神台高约1米，刻有龙、麒麟、鹿、花卉等浮雕图案，雕刻精美。殿内神台上原有暖阁，塑有炎帝及其夫人后妃像，后来塑像不在了。东西两边的山墙上绘有精美的壁画，壁画的内容是神农种五谷、制农具、尝百草等。

每年的农历四月初八，是炎帝陵、五谷庙的祭祖节，周围的村子

■ 炎帝陵风光

会举行盛大的庙会，会期将近一个月。有句民谣"走扬州，下汉口，不如五谷庙里当社首"，就是形容当时庙会的盛况。在历朝历代，当地人每逢岁时都会致祭炎帝陵。

在河南的商丘，也有个炎帝朱襄氏陵，朱襄氏为上古帝王之一，就是指的炎帝。根据《辞源》的注解："朱襄氏炎帝之别号。"根据《柘城县志》记载："朱襄氏之陵在县城之东，久淤。"

相传，朱襄氏炎帝初在"朱"地施政时，这里经常刮怪风，大风起时天昏地暗、飞沙走石、天干地裂、草木枯黄、五谷不收。自然灾害危及人们，使人无法生息，甚至面临灭顶之灾。

朱襄氏炎帝忧心如焚，决定为民除害，降服恶魔，拯救万民。于是他令手下以柘丝、良桐为原料，制作了一把五弦瑟。

当黄风搅天、拔禾折树之时，朱襄氏炎帝便凭高端坐，拨动瑟弦，瑟声激越，声振高空，怪风渐息，顷刻间天空便彤云密布，下起大雨，百草萌发。从此风调雨顺，年年丰收，仓廪俱满。人们安居乐业，繁衍生息。

朱襄氏炎帝在朱邑主政很久，做了大量好事，深孚众望。《柘城县志》有记载：

殁后葬于城东15里，其墓如丘，称朱堌。

据说朱襄氏炎帝去世后，朱邑全境人人添土，墓大如丘，民心所寄。此墓虽多次遭洪水淹浸、冲刷，却依然如故。到了明成化年间，这里有了人家，就慢慢形成了一个小村落。

这个炎帝陵陵墓呈圆形，黏土结构，陵高10.9米，周长158米，直径50米。墓周边用青石叠砌，高1.5米，墓四周用青石砌成高50厘米的台阶，意为"天圆地方"。陵墓规模庞大、气势恢宏，陵前有"炎帝朱襄陵"碑刻一通，香池一个，碑楼4座。

有一年夏季，众街坊在树下乘凉时，发现一头猪在朱襄氏墓前拱食，拱出了一块黑乎乎的东西，众人拾起细看，都为之惊讶。原来是

■ 炎帝陵

一尊观音菩萨雕像。

此事传到官府，县官就在朱襄氏墓前修了一座寺院。大殿、山门各3间，东西厢房数间，规模颇大，香火弥盛，始称观音寺。因庙在朱襄氏陵前，后称朱塪寺。

传说明惠帝朱允炆避难逃至仵家集的时候，经常到陵前的朱塪寺烧香祭祖，并在陵前亲植皂角树一棵，后来那棵树一直枝繁叶茂，亭亭如盖。

炎帝的文化遗存在全国还有很多，总之，炎帝是中华民族的始祖之一，是中华大帝之一，是农业之神、医药之神，他的陵墓无论在哪里，都永远值得人们祭祀，都是我们炎黄子孙寻根问祖、谒陵扫墓的神圣之地。

空前绝后的帝陵臣庙

阅读链接

据说有一天，神农的女儿花蕊病了，浑身难受，神农就连忙让女儿吃下一把药草。没想到，花蕊吃完药之后居然生出一只浑身翠绿的小鸟来。

这只小鸟欢蹦乱跳，还会说话，一直叫着神农的名字，飞到他的肩上不肯离去。

神农渐渐发现，这只鸟善于辨识药材，就带着这只鸟走深山，钻老林，采集各种草药、树皮、种子果实喂给它吃，渐渐地，神农弄清了不同药草之间的组合效果。

后来，小鸟死了，神农氏十分难过，为了纪念它，就用木头雕刻成小鸟的样子带在身上，走到哪就带到哪，从不离身。

大禹陵在浙江绍兴东南山清水秀的会稽山麓，是4000多年前古代治水英雄大禹的葬地，是一处集陵、祠、庙于一体的古建筑群，高低错落，各抱形势。

大禹陵坐东朝西。前为禹池，面对亭山。附近有禹庙，在禹陵的东北面，坐北朝南，是一处宫殿式建筑。

禹祠位于禹陵左侧，为二进三开间平屋，祠前一泓清池，悠然如镜，为"放生池"。史籍记载，夏启和少康都曾建立禹庙，千百年来，人们崇敬大禹治水精神，缅怀其功德，祭祀经久不断。

大禹陵

治理洪水的传奇英雄

夏禹王像轴

远古时期，天地茫茫，宇宙洪荒，人们饱受海浸水淹之苦。当时的帝王尧开始起用鲧治理洪水。

鲧带领人们筑坝修堰，费了9年工夫，也没把大水制伏，因而被流放羽山，也就是后来山东蓬莱的处罚。也有典籍记述鲧被诛杀于羽山。

舜继承尧的帝位后，洪水仍然是天下大患，舜就命令鲧的儿子，同时也是当时已成为夏部族首领的禹继续治理洪水。

禹，名文命，字高密，号禹，禹是夏后氏首领，传说他是颛顼帝的曾孙，黄帝轩辕氏第六代玄孙。他的父亲是鲧，母亲是有莘氏女修己。

■ 大禹陵壁画

　　禹接受任务以后，率领伯益、后稷等一批忠实的随从，跋山涉水，顶风冒雨到洪灾严重地区进行勘察，从冀州开始，踏遍大地进行实地考察，了解各地山川地貌，摸清洪水流向和走势，制定统一的治水规划，在此基础上才开始治水。

　　禹视察河道，发现自己的父亲鲧治水无功的原因，主要是因为没有根据水流规律而因势利导，而只是采用了筑堤截堵的办法治水，这种办法的缺点是，一旦洪水冲垮堤坝，便会前功尽弃。

　　因此，禹决定改革治水方法，变堵截为引流，大胆改用疏导和堰塞相结合的新办法。按我国最早的国别体著作《国语·周语》所说，就是顺天地自然，高的培土，低的疏浚，成沟河，除壅塞，开山凿渠，疏通水道。

　　禹亲自翻山越岭，蹚河过川，拿着工具，从西向

伯益 也叫伯翳、柏翳、柏益、伯鹥或大费，是我国民间祭祀的"社神"。传说伯益4岁就成为禹的老师，后又被尧选作大禹治水的第一副手，根据治水所见所闻写成奇书《山海经》，因治水有功，被舜授予一面奖旗。

■ 绍兴大禹陵壁画

东，一路测度地形高低，树立标杆，规划水道。他带领治水的人们走遍各地，根据标杆，逢山开山，遇洼筑堤，以疏通水道，引洪水入海。

经过13年的努力，禹开辟了无数的山，疏浚了无数的河，修筑了无数的堤坝，使天下的河川都流向大海，治水成功，根治了水患。

有传说认为，当年的水灾都是因为天上的水神共工造成的。共工是个坏水神，性情凶狠，处事蛮横，专与华夏之民作对。他经常在心血来潮时，施展神力，呼风唤雨，用洪水伤害天下的人们，把人间弄得一片汪洋。

禹找到共工，劝说他不要再呼风唤雨和发洪水坑害人们。但是共工根本不听禹的好言相劝，还反驳说："我发我的水，和你有什么关系？"

禹只好水里来，水里去，顶风冒雨，察看地形，

共工 我国古代神话中掌控洪水的水神，与驩兜、三苗、鲧同为四大凶神，性格冲动暴躁，是个胆壮气粗却脾气耿直的神灵。传说共工曾撞断了用来给天地之间支柱的不周山，震得天空的日月星辰都变了位置，大地上的河流都改了走向。

寻找黄河向东的出路。

共工一看禹一心要治住洪水，疏导黄河，顿时火冒三丈，几乎将自己的全部神力都使了出来，于是，中原一带的洪水四处漫溢，到处横流，洪水更大了。

禹东奔西跑，费尽了力气，地上的水却越聚越多，黄河水也是四处漫延。因为共工捣乱，黄河没法疏导了。禹忍无可忍，决心带领人们驱逐共工。

禹把随他治水的应龙、黄龙、白龙、苍龙都叫来，并鼓励人们一起出战。由于共工四处作恶，早就声名狼藉，大家一听说禹要赶走共工，纷纷前来参战。禹带着大家在水中拦住共工，双方厮杀起来，整整大战了一个月。

禹带着人们轮流上阵，共工渐渐疲惫不堪，败下阵来，仓皇而逃。但大禹穷追不舍。共工眼看自己在劫难逃，便向禹下跪，发誓永远不再侵犯华夏，再也

065

夏朝天子陵

大禹陵

 绍兴大禹陵壁画

不发水行恶了。禹心一软,放走了共工。

禹率领大家赶走共工后,一鼓作气,把洪水排完,又马不停蹄地把黄河疏导到东海,并用太行山的石头在黄河两边筑起又高又厚、十分坚固的堤岸。这样一来才治理好了水灾。后来,春秋时期的著名思想家孔子,曾颂扬禹治水的功德说:

我简直找不到他的一点缺点,他的官室简陋却没有想到改善,而是尽全力平治水土,开凿沟洫,发展农耕,鼓励人们从事劳动。

禹治水成功,除了方法正确,另一重要原因就是他一心为公,有吃苦耐劳、身先士卒、不畏艰险、锲而不舍的精神。

后来战国末期思想家韩非所著《韩非子·五蠹》记述禹"手执耒锤,以民为先"。说他手拿治水工具,亲自参加劳动,给参加治水的人做出了好榜样。

由于禹常年奔波在外,人消瘦了,皮肤晒黑了,手上长满了老茧,脚底布满了血泡,腿上的毛磨光了,连束发的簪子和帽子掉了也顾不上收拾。

人们见了纷纷心痛流泪。因此,后来嵩山一带还流传着许多

■ 大禹三过家门而不入故事壁画

■ 绍兴大禹陵壁画

大禹治水的动人故事。

传说为了完成治水重任，禹与涂山氏女娇新婚不久，就离开了妻子，又重踏上了治水的道路。后来，他第一次经过家门时，听到他的妻子因分娩而呻吟，随后还有婴儿的"哇哇"哭声。人们劝他进去看看，他怕耽误治水，没有进去。

第二次经过家门时，禹的妻子正抱着他的儿子启朝爸爸挥手，让儿子叫爸爸。此时正是治水忙碌的时候，禹虽然看到了妻儿，他也只是挥手打了下招呼，就继续忙着去治水了。

禹第三次经过家门时，他的儿子已经10多岁了，跑过来使劲把禹往家里拉。禹深情地抚摸着儿子的头，告诉儿子，水灾尚未治理好，没空回家，就又匆忙离开了，还是没进家门。

禹在外13年，没回过一次家。禹三过家门而不

孔子（前551—前479），姓孔名丘，字仲尼。生于东周时期鲁国陬邑，即今山东省曲阜市南辛镇。春秋末期的思想家和教育家，儒家思想的创始人。孔子集华夏上古文化之大成，是当时社会上的最博学者之一，被后世统治者尊为孔圣人、至圣先师、万世师表。孔子和儒家思想对我国和世界产生了深远影响。

■ 大禹陵风景区

入，正是他劳心劳力治水的最好证明。

关于禹的神话故事还有很多。嵩山还有个传说，说禹治水时，要在介于太室山和少室山之间的轩辕山打出一条疏洪泄流的通道，他顾不得回家，便与妻子涂山氏女娇约定，以击鼓为号，把饭送到山上。

由于轩辕山山坚石硬，禹想用神力开山，他就摇身变成了一头大熊，运用功力，一会就掀掉了半座山。当他正干得起劲时，一块崩裂的石头砸到了皮鼓，禹的妻子听到鼓声，误以为是禹发出的信号，便连忙烧火做饭。

当女娇拖着怀孕的笨重的身体到山上送饭时，她东张西望却不见禹的踪影，只看到了一头威猛的大黑熊在奋力挖山，把她吓得扭头就跑。

禹回头见是妻子，就跑上前去迎接妻子，却又忘了还原人形。女娇见大熊向自己跑来，一急之下，顷刻间化作一块巨石。

禹见妻子变成了大石头，才猛然想起自己还没有变回原形，他伤心地抱着石头大哭，眼泪流到石头上，浸透了石头，石头裂开了，里面传出孩子的哭声，禹的儿子诞生了。

禹为了纪念妻子，就给他的儿子取名叫"启"，

熊 熊在我国古代传说中具有十分特殊的地位，古人认为熊是存有善心又拥有神力的动物，我国古代的许多贤士传说都是由熊变化成人形而来。古人也往往以熊的避让顺从作为伟大的领袖出现的标志。

也就是"石头裂开"的意思。于是，后人便称这块裂开的巨石为"启母石"。

西汉武帝游览嵩山时，也被这个传说所感动，就下令在嵩山修建了启母庙。虽然后来启母庙荡然无存，可是，东汉时在庙前修建的启母阙还依然保留着。从残存的碑文中依稀可见汉代对禹治水的记述和对启母涂山氏助夫治水的颂扬。

由于禹治水成功，当时的帝王舜在隆重的祭祀仪式上，将一块黑色的玉圭赐给了禹，以表彰他的功绩。不久，又封禹为伯，把夏作为禹的封国。禹在天下的威望达到了顶点。

人们都称颂他说："如果没有禹，我们早就变成鱼和鳖了。"

帝王舜称赞禹说：

玉圭 也叫"珪"，长条形，上尖下方，我国古代的一种玉器，是古代帝王或诸侯朝聘、祭祀、丧葬时所用的玉制礼器，也是古代天子颁给诸侯作为凭信的信物。有大圭、镇圭、桓圭、信圭、躬圭、谷璧、蒲璧、四圭、裸圭的区别。

禹啊禹！你是我的胳膊、大腿、耳朵和眼睛。我想为民造福，你辅佐我；我想观天

■ 大禹陵享殿

空前绝后的帝陵臣庙

正月 又称孟春、端月、新月或开岁，是我国农历一年中的第一个月，也是新年的开始。正月在我国的文化中，是一年之中最值得庆贺、最吉利、最热闹，也是神灵显现最多的一个月份，据说正月时福神最多，正月出生的人都是天生富贵之人，能逢凶化吉，事事顺心。

象、知日月星辰、作文绣服饰，你谏明我；我想听六律五声八音来治乱，宣扬五德，你帮助我。

你从来不当面阿谀背后诽谤我，你以自己的真诚、德行和榜样，使朝中清正无邪。你发扬了我的圣德，功劳太大了啊！

舜在位33年时，正式将禹推荐给了上天，把天子之位禅让给了禹。17年后，舜在南巡中逝世。3年治丧结束后，禹避居夏地的一个小城，将帝位让给了舜的儿子商均（一名丹朱）。

当时，天下诸侯都离开商均去朝见禹。于是，在诸侯拥戴下，禹正式继承了天子位，以安邑作都城，也就是后来的山西夏县，并定国号为夏，改定历法为夏历，以建寅之月为正月。

当了天子的禹更加勤奋地为人们谋利，他诚恳地

■ 大禹陵午门

招揽士人，广泛地听取人们意见。有一次，他出门看见一个罪人，竟下车问候并哭了起来。

随从问禹："罪人干了坏事，您为何可怜他？"

禹说："尧舜的时候，人们都和尧舜同心同德。现在我当天子，人心却各不相同，我怎能不痛心？"

仪狄造了些酒，当了帝王的禹喝了以后，感到味道很醇美，就给仪狄下命令，要他停止造酒。他说："后代一定会有因为饮酒而亡国的。"

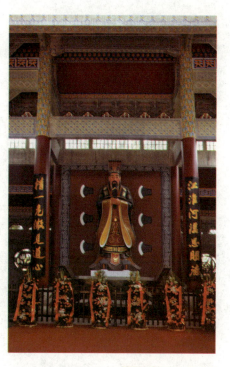
■ 大禹陵大禹像

禹想把大地上的情况都了解清楚，就命令两个神将丈量大地。禹把自己治理下的国土分成9个州，就是冀、兖、青、徐、扬、荆、豫、梁、雍。他还调查了九州民间的疾苦和需求等。

后来，禹收集九州的铜，在荆紫山脚下，用自己出生地郁山的煤炭将这些铜铸成9个巨大的宝鼎。每个宝鼎需要9万人才能拉动，同时运走9个宝鼎需要九九八十一万人。

禹把九州和各种毒蛇猛兽、魔鬼精怪的形象，都刻在鼎上，据说这些鼎后来就在洛阳化成九龙飞天而去了。

禹在位第十年南巡过江时，一条黄龙游来，拱起大船，船上的人很害怕。禹仰天叹息道："我受命于天，活着靠上天的佐助，死了要回到天上去。你们何

仪狄 是夏禹时代司掌造酒的女官员，也是黄酒的创始人，我国最早的酿酒人和监督酿酒的官员。相传是她总结了前人的经验，完善了酿造的方法，酿出了质地优良的酒醪和比原始社会时代的酒更加甘美浓烈的酒。

必为这一条龙担忧呢？"

黄龙听到禹这一席话，摇摇尾巴，低下头就不见了。禹到涂山，在那里大会天下诸侯，献上玉帛，前来朝见的诸侯竟达万名之众。

禹在帝位15年后逝世，庙号圣祖。大禹是后世人们对他的尊称，也就是"伟大的禹"的意思。

大禹是夏朝的第一位天子，因此后人也称他为夏禹。他是我国传说时代与尧、舜齐名的圣贤帝王，他最卓著的功绩，就是历来被传颂的治理滔天洪水，又划定我国国土为九州。

禹去世后被安葬在浙江绍兴的会稽山上，后来遗存了禹庙、禹陵、禹祠。从秦始皇开始，历代帝王都要去禹陵祭祀他。

阅读链接

传说黄河水神河伯常常查水情、画河图，当禹治水时，他决定把黄河河图传给禹。

一天，河伯听说禹将到黄河边，他就带着河图从水底出来寻找禹。由于他和禹从没见过面，他将后羿认成了禹。

河伯高声问后羿："我是河伯，你是大禹吗？"

后羿一听是黄河水神河伯，想到许多人性命被水灾夺走，顿时怒冲心头，就拔箭射中了河伯左眼。

河伯非常生气，想撕毁水情图。正在这时，传来一声大喊："河伯，不要撕图！"

河伯忍痛一看，对岸一个头戴斗笠的人，拦住了后羿。这人才是禹，他向后羿讲明了情况。禹对河伯说："我是禹，特来找你求教治理黄河的办法哩！"

河伯说："治河办法都在这张图上，给你吧！"

禹展开图一看，图上水情画得一清二楚。他得了水情图，日夜不停，根据图上指点，终于治住了黄河。

会稽山麓的英雄葬地

禹陵坐东朝西，由禹陵、禹祠、禹王庙三大建筑群组成。禹陵入口处有一块青石牌坊，高12米、宽14米，高大古朴。牌坊顶为双凤朝阳，庄重典雅，雕刻精美，柱端为古越人崇拜的神鸟鸠。

在牌坊前，有一横卧的青铜柱子，名龙杠。龙杠上有"宿禹之域，礼禹之区"的铭文。龙杠两侧各有一柱，名拴马桩。

凡进入陵区拜谒者，上

会稽山大禹陵

■ 大禹陵石牌坊

空前绝后的帝陵臣庙

三足鳖 三足鳖是
我国最古老的记
载神话传说的奇
书山海经中所记
载的妖怪，传说
如果人吃了三足
鳖，身体就会融
化并死亡，也有
传说认为三足鳖
是禹死去的父亲
鲧变成的。

楷书 也叫正楷、
真书，我国的传
统字体之一，分
为小楷和大楷，
楷书是由隶书演
变来的，比隶书
更趋简化，字形
方正，笔画中简
省了波势，横平
竖直。也是我国
最为流行的一种
书体。

至皇帝，下至百姓，须在此下马、下轿，步行入内，以示对大禹的尊崇。

龙杠后是一条长100余米的神道，神道两旁安放着由整块石头雕塑的熊、野猪、三足鳖、九尾狐、应龙。相传这些神兽都是帮助过大禹治水的神奇动物或大禹自己所变。

从神道经过禹陵广场，跨过禹贡大桥，在甬道前古朴的棂星门下，就能望见大禹陵碑亭。高大肃穆的大禹陵碑，"大禹陵"3字是1540年绍兴知府南大吉楷书并勒石，字体豪放而雄浑，有顶天立地的气概。

石碑漆了朱红色，耀眼夺目。碑前的两棵百年盘槐，夏天碧绿葱茏，冬则虬枝如铁。碑后就是禹王山，相传大禹就葬在这里。

大禹陵碑的右侧，是咸若亭、碑廊和菲饮泉亭。咸若亭为1164年所建的一石结构亭，六角、攒尖，三层、镂空雕饰，极具特色。

"咸若"一词，来源于我国最古老的历史文献《尚书·皋陶谟》中。据记载，大禹与司法官皋陶讨论如何实行德政、治理国家时，大禹说：

吁！咸若时，惟帝其难之。

意思就是，万物若能顺其自身的规律，就能得到它的好处。

咸若亭上面有"好生遗化"4个字。建此亭，不仅是颂扬大禹的教化之德，更表达了人们对他的美好期望。

碑廊陈列着部分祭禹碑，主要有秦始皇祭禹陵所留《会稽刻石》等。

菲饮泉的泉水四季不涸，清凉甘洌，人们饮水思源，禹功大德盛，便用大圣人孔子评价禹的话"菲饮食而致孝乎鬼神"而命名此泉为"菲饮"，用来纪念、缅怀大禹。

位于禹陵左侧的是禹祠，共两进院落，中间以天井相隔。第一进内陈列着《大禹治水》《稽功封赏》砖雕；第二进内有大禹塑像，还陈列着大禹在

皋陶 也叫皋繇或咎陶，我国古代传说中的人物。传说他是东夷部落的首领，也是舜帝和夏朝初期的一位贤臣，曾经被舜任命为掌管刑法的理官，以正直闻名天下，被奉为我国司法鼻祖，也是上古时期我国第一任主管司法的官吏。

■ 大禹陵咸若亭

绍兴的遗迹图片和《姒氏世谱》及记载历代祭禹情况的《祀禹录》等。

廊下壁间嵌有清代毛奇龄《禹穴辩》和晳尉林所书"禹穴"碑。在禹祠的左侧有一井，名为"禹井"，相传是禹开凿的。这里还有个亭子名叫"禹井亭"，其楹联是后人补书，联道：

德泽被万方，轨范昭百代。

意为华夏人们都得到大禹的恩惠，他为民忘私，不屈不挠的美好品德是人们的楷模，光照后世。

禹庙是大禹陵区的主要建筑之一，位于禹陵的右侧，始建于545年，是禹的儿子启始建的，它同时也是我国历史上最悠久的祭祀、供奉民族英雄大禹的庙宇。

整个禹庙顺山势而逐步升高，高低错落有致，雄伟壮观。密集的斗拱，梁上的绘画，质朴而巧夺

■ 大禹陵公园

■ 绍兴大禹陵岣嵝碑

天工。庙内自南向北依次分布有辕门、照壁、岣嵝碑亭、棂星门、午门、拜厅、大殿等建筑。

照壁前为岣嵝碑亭，亭子是清代咸丰年间所建。亭中有一碑，人称"岣嵝碑"。因最早立于湖南衡山岣嵝峰而得名。

岣嵝碑是明代翻刻的，文字奇古，记述了大禹治水的经过和功绩，又名"禹王碑"。禹王碑是在1541年冬天，绍兴知府张明道据湖南岳麓书院拓本摹勒；碑文凡77字，有明代大学者杨慎的释文。

岣嵝碑亭前是午门，包括宰牲房和斋宿房。午门有3门，中门常闭，据说只有举行祭禹典礼和皇帝祭禹时才能打开，而且只有帝王才可以跨越中门。

穿过午门，走过一段石板路，登上百步禁阶即到拜厅。拜厅，也称祭厅，是祭祀的地方。而百步禁阶是一个类似于台阶的东西，其实它并没有100步，只

斗拱 也叫枓拱，由斗、拱、翘、昂、升组成，是我国古代建筑特有的结构之一。从柱顶探出的弓形肘木叫拱，拱与拱之间的方形垫木叫斗，两者合称斗拱。斗拱可使屋檐较大程度地外伸，形式优美，是我国传统建筑造型的一个主要特征。

有39步。这39步的台阶，是因为过去人们拜见帝王，都要行三拜九叩的大礼，所以含有"三拜九叩"的意思。

百步禁阶前有一鼎，铭曰：缵禹之绪。意为继承大禹事业。拜厅和大殿之间还有乾隆皇帝在此祭禹后留下的诗碑，又称"御书碑"。

大殿是整个禹庙建筑群的最高建筑物。禹庙的大殿的层脊，有后来的康熙皇帝所题的"地平天成"4个字，意思是大禹治平大地水患，造福人间。

殿内大禹塑像高6米，头戴冕旒，手执玉圭，身披朱雀双龙华衮，雍容大度，令人望而起敬。殿内还陈列了鼓、磬等祭祀礼器。

禹庙的大殿侧有窆石亭，因有窆石而得名。传说窆石是大禹下葬时的工具，是在大禹下葬时，从北川飞来的。窆石上，有自东汉以来许多文人学者留下的题刻。

在窆石亭的旁边，有禹穴、石纽碑，都是在清光绪年间，根据大禹的出生地四川北川那里的禹穴、石纽拓片勒石而成。

大禹陵是重要的历史遗迹，具有丰富而深刻的历史、人文和艺术价值，特别是蕴含的大禹治水精神，非常值得弘扬和发展。

空前绝后的帝陵臣庙

阅读链接

相传，大禹治水时，有一条河道被万安山挡住，河水乱流，使居住在附近的人们叫苦连天。于是，大禹就带领大家一起挖万安山，但奇怪的是，这座山白天挖一尺，晚上就长一丈，怎么也挖不通。

大禹奇怪了，就去问万安山的土地神。土地神告诉他说："这座万安山下埋着一条恶龙的尾巴，要是想挖山，得有二郎神的神斧才行。"

大禹听后，就向二郎神借来神斧，运足气力劈开了万安山。万安山被使用神斧的大禹劈开后，河道疏通了，原本连在一起的山峦也裂开了，形成后来的嵩山和伏牛山。

汉阳陵

汉景帝刘启是汉文帝刘恒的长子，是西汉的第六位皇帝。在位16年，他在执政期间平定七国之乱，勤俭治国，发展生产，是一位贤明的皇帝。驾崩后，谥号孝景皇帝，葬于汉阳陵。

汉阳陵，又称阳陵，是汉景帝刘启及其皇后王氏同茔异穴的合葬陵园，占地面积20平方千米，位于陕西咸阳的咸阳原上，始建于公元前153年，至公元前126年竣工。

整个陵园以帝陵为中心，四角拱卫，南北对称，东西相连，布局规整，结构严谨，显示了至高无上的皇家规格。

贤明的汉景帝刘启

公元前188年，刘启出生在山西平遥。他是汉文帝刘恒的长子，母亲是汉文帝的皇后窦氏。在公元前179年，刘启被立为皇太子。

有一天，吴王刘濞的儿子与刘启下围棋，因为下棋时两人出现争执，吴王的儿子对身为皇太子的刘启出言不逊，刘启就拿棋盘砸他，结果把吴王的儿子打死了。这使刘濞大为恼火。

汉景帝刘启画像

当汉文帝派人将尸体运回吴国时，吴王刘濞十分愤怒，从此称病不上早朝。汉文帝体谅他的心情，就准许他不用朝请。但刘濞不但没有和好的意思，反而更加骄横。

公元前157年，汉文帝

■ 汉阳陵刘启陵园

驾崩，刘启即位，为汉景帝。在刘启即位后，吴王刘濞的势力慢慢壮大起来。这时，御史大夫晁错认为各地的诸侯王力量太过雄厚，可能会造成江山不稳定，就向刘启建议，削夺各位诸侯王的封地，把封地都收回朝廷手中。晁错呈给景帝名为《削藩策》的计谋，力主"削藩"，文章里说：

今削之亦反，不削亦反。削之，其反亟，祸小。不削，其反迟，祸大。

刘启采纳了晁错的"削藩"建议，在公元前154年时，他以各种名义先后削去了楚王戊的东海郡、赵王遂的常山郡和胶西王等6个封地。

当削地的诏书送至吴国时，早已对刘启心怀不满的吴王刘濞凭借自己的实力，立即以越城为据点，联合其他不满被削减封地的6个诸侯王，打着"诛晁错、清君侧"的旗号起兵反叛了。

刘濞发兵20万，号称50万，为主力。同时又派人与匈奴、东越、闽越贵族勾结，举兵西向。叛军打到河南时，被刘启的弟弟梁孝王刘武拦住了，但刘武兵力不足，难以招架叛军的攻击。

081

汉景帝陵

汉阳陵

汉阳陵复原建筑

刘启善于用人，派太尉周亚夫与大将军窦婴率36位将军，以奇兵断绝叛军的粮道，仅仅3个月的时间，军队就大破叛军。刘濞逃到东瓯，为东瓯王所杀。其余六王皆畏罪自杀，反叛的七国最终都被废除。

刘启借机削弱诸侯国领土和把诸侯任免官吏的权力收回，自此，诸侯名义上是封君，但实际上已失去政权。七国之乱在短短3个月之内就分出了胜负，都是因为百姓们拥护刘启、臣子们信任刘启，而且刘启本人爱惜人才良将，知人善任。

刘启作为皇帝，却不迷恋奇珍异宝，而是非常重视农业的发展。他执行重农抑商的国策，还说：

农，天下之本也。黄金珠玉，饥不可食，寒不可衣，以为币用，不识其始终。

刘启多次下令郡国官员以劝勉农桑为首要政务，还允许居住在土壤贫瘠地方的农民迁徙到土地肥沃、

周亚夫 西汉时期的著名将军、军事家，也是西汉开国功臣绛侯周勃的儿子。周亚夫领导的军队军纪严明，他为了执行军令，连汉文帝的随从也一视同仁地对待，得到了汉文帝的称赞和喜爱，认为他是个公正严明的将领。

水源丰富的地方从事垦殖，并"租长陵田"给无地少地的农民。同时，刘启还多次颁诏打击那些擅用民力的官吏，从而保证正常的农业生产。

刘启是个非常重视教育的皇帝。在社会经济的恢复及发展已达到相当的程度时，刘启逐渐重视文教事业的发展。他任命文翁为蜀郡太守，首创了郡国官学，对文化的传播起了重要作用。

刘启一面弘扬文教礼仪，一面又打击豪强。为了保证上令下达，他果断地采取两项重要措施：

一是把部分豪强迁至阳陵邑，使他们宗族亲党相互分离，削弱他们的势力。

二是任命执法严厉的宁成做中尉，严厉镇压那些横行郡国、作奸犯科的人。

那些不遵守法规的豪强和官僚们个个惶恐不已，大大收敛自己的行为，保证了国家的治安和发展。对于敢大胆进谏的程不识，景帝让他做太中大夫，负责评议朝政。

在刘启多重政策治理下的汉朝，人口翻番，国力殷富，府库充实。据说在刘启的统治后期，因为国库里的钱太多，连串钱的绳子都磨烂了。国内所有的粮仓也都是满的，放不下的粮食只能露天放置，多得甚至都霉腐了。

太守 又称"郡守"，是我国古代州郡的最高行政长官，负责管理州郡之内的所有官吏、为皇上推荐贤能的人才、决断案件和检举贪污受贿的官吏。

官学 我国古代时期朝廷直接举办和管辖，以及历代官府按照行政区划在地方所办的学校系统。包括中央官学和地方官学，教育内容以儒家经籍为主，以四书五经为主要教材。

083

汉景帝陵

汉阳陵

■ 汉代人物壁画

在对抗外敌方面，刘启也十分理智。当时，强大的外敌匈奴骑兵南下进击汉地，烧杀抢掠，严重威胁着刘启的王朝。但是对当时的汉朝来说，出兵反击彻底清除外敌的条件仍不成熟。在这种情况下，刘启冷静地选择有战有和的策略。

他坚持和亲政策，缓和了两国的军事冲突，为经济发展赢得了时间，也为后来反击匈奴做了充足的准备。但刘启并不是对外敌一味妥协，他再一次展现出了知人善任的帝王风采，多次派出李广、程不识和郅都等一批卓越的将领在反击战中进行了必要的抵御。

公元前141年正月，刘启患病，病势越来越重，他就在病中为太子刘彻主持加冠，临终前，刘启教导太子刘彻不但要知人、知己，还要知机、知止。为太子加冠后不久，刘启病死在长安的未央宫，享年48岁，葬于阳陵，谥号"孝景"，史称汉景帝。

汉景帝刘启是位性格坚强、善于充分谋划而又有责任心的明君。他勤俭治国，发展生产，故与汉文帝的统治时期有"文景之治"的美誉。

空前绝后的帝陵臣庙

阅读链接

刘启是个有原则、不计旧仇，而且宽厚仁慈的人。他做事有自己的标准，该爱护的爱护，该惩罚的惩罚，做得很公正。

有一次，刘启在宫宴上喝酒后戏言说，将来要把皇位传给弟弟梁王刘武，此话一出，立即遭到了耿直的窦婴的反对。其实窦婴不知道，刘启心里明白母亲窦太后喜爱梁王，因此只是说着哄母亲开心而已。

但是刘武开始居功自傲起来，在自己的王国建造豪华的宫殿，出行时也用皇帝才用的旗子，把刘启曾经说过让他即位的话当真了。但刘启没有计较刘武的作为，在刘武病逝后，他将弟弟的5个儿子分别封了王。

布局规整的合葬陵

汉阳陵又称阳陵，地跨咸阳、泾阳、高陵3个县区。汉阳陵始建于公元前153年，一直到公元前126年竣工，修建时间长达28年。

汉阳陵陵园东西长近6000米，南北宽一千至三千米，由帝陵，后陵，南、北区从葬坑，刑徒墓地，陵庙等礼制建筑，陪葬墓园及阳陵邑等部分组成。其中，帝陵坐西面东，居于陵园的中部偏西；后陵、南区从葬坑、北区从葬坑等都分布在帝陵的四角；嫔妃陪葬墓区和罗经石遗址位于帝陵南北两侧，左右对称。

刑徒墓地及三处建筑遗址在帝陵西侧，南北一字排列；陪葬墓园棋盘状分布于帝陵东侧的司马道两侧；阳陵邑则设置在陵园的东端。

陕西汉阳陵陶俑

整个陵园为正方形，以帝陵为中心，四角拱卫，南北对称，东西相连，四边中央各有一门，都距帝陵封土110米。布局规整，结构严谨，极具威严神圣的皇家规格。

帝陵的封土高约31米，陵底边长160米，顶部东西54米，南北55米。在汉景帝阳陵帝陵封土南面现存有5通石碑。其中有后来明代时皇帝派遣大臣祭祀汉景帝后所立的两通御制祝文碑。1776年，清代时陕西巡抚毕沅所立的一通汉阳陵正名碑，剩下的两通是保护标志碑。

明代时的两通祝文碑为嘉靖祝文碑和天启祝文碑，分别立于1522年和1621年。嘉靖祝文碑是青石制作的，圆形的顶端，方形的底座，通高132.5厘米，碑首宽66.5厘米，碑身宽64厘米，厚23厘米。

嘉靖祝文碑的碑首篆额了"御制祝文"4个字，呈正方形排列。字的周围刻有双龙捧日的图样及云纹，碑面四边用祥云纹饰装饰着。碑文是用楷体阴刻上去的，上面写道：

汉阳陵陶俑

维嘉靖元年岁次壬午五月丙午朔初八癸丑，皇帝遣隆平侯张玮致祭于汉景皇帝曰：惟帝恪守先业，致治保民，兹于嗣统，景慕良深，谨用祭告。尚飨。

天启祝文碑也是用青石制的，圆形顶端，底座是椭圆形。天启祝文碑

汉代陶马

通高195厘米，宽75厘米，厚18.5厘米。碑首同样篆额着"御制祝文"4字，字周围是云龙的纹样，碑面的四边也是祥云纹饰。碑文写道：

维天启元年岁次辛酉七月丙申朔初七日，皇帝谨遣锦衣卫加正一品俸都指挥使侯昌国致祭于汉景皇帝曰：惟帝恪守先业，致治保民，兹于嗣统，景慕良深，谨用祭告。尚飨。

在帝陵的东南方，地形隆起，外貌呈缓坡状，平面近方形，边长约260米，外围有壕沟环绕。这一块遗址中心部分的最高处放置一块方形巨石，叫作"罗经石"，按正南北方向放置。

罗经石是在修建汉阳陵时，用来标定水平、测量高度和标示方位的，是发现最早的测量标石。这处遗址地势高亢，布局规整，规模宏大，是汉阳陵陵园中最重要的礼制性建筑之一。

汉阳陵出土的汉俑十分精巧。他们只有真人的1/3大小，约0.6米高，赤身裸体且没有双臂。

汉阳陵出土文物

这些陶俑在刚刚完工时都身着各色美丽的服饰，木制的胳膊可以灵活转动，但经过千年的风霜之后，衣服与木胳膊都已腐朽，因此只剩下了裸露而残缺的身躯。兵马俑中有一部分是女子，大多面目清秀，身材匀称，但也有一些颧骨突起，面貌奇异，可能是当时的异族兵员。

比起秦始皇兵马俑的肃穆与刚烈，汉阳陵的汉俑显得平和而从容，正反映了"文景之治"中安详的社会氛围。

汉阳陵磅礴大气，集历史文化与古代艺术为一体，还有数量众多的陪葬墓园，围沟完整，布局规整，排列有序，是一座经过精心设计和安排的帝王陵墓。

阅读链接

门阙是我国古代宫殿、官府、祠庙、陵墓前由双阙组成的出入口。

汉阳陵陵园的南门阙是目前发掘的时代最早，等级最高，规模最大，保存最好的三出阙遗址，它的发掘对于门阙的起源、发展，门阙制度的形成、影响，以及我国古代建筑史的研究等有着重要作用。

此外，南阙门遗址还出土有目前发现最早的砖质围棋盘、陶质脊兽和最大的板瓦等。汉景帝陵园的西北部还有一块修陵人的墓地。

唐太宗昭陵

　　昭陵是唐朝第二位皇帝李世民的陵墓，是陕西关中"唐十八陵"中规模最大的一座，位于陕西礼泉的九嵕山上，开创了唐代帝王依山为陵的先例。

　　昭陵陵园周长60千米，占地面积200平方千米，共有陪葬墓180余座，被誉为"天下名陵"，是我国帝王陵园中面积最大、陪葬墓最多的一座，也是唐代具有代表性的一座帝王陵墓。

唐太宗开创盛世景象

唐太宗画像

李世民，名字取意"济世安民"，陇西成纪人，生于599年。他擅长政治和兵法，早年随太原留守的父亲李渊进军长安，于618年建立唐朝。

大唐王朝建立后，李世民率部征战天下，为大唐统一立下了汗马功劳，被封为秦王、天策上将。

李世民在626年登基，年号贞观。他在即位之初，就下令轻徭薄赋，让百姓休养生息。他爱惜民力，从不轻易征发徭役。他患有气疾，本来不适合居住在潮湿的旧宫殿，却还是在隋朝的旧宫殿里住了很久。

李世民还善于用人和纳谏，十分注

重人才的选拔，严格遵循德才兼备的原则。他认为只有选用大批具有真才实学的人，才能达到天下大治。因此他求贤若渴，曾先后5次颁布求贤诏令，并增加科举考试的科目，扩大应试的范围和人数。

由于李世民重视人才，贞观年间涌现出大量的优秀人才，可谓是"人才济济，文武兼备"。正是这些栋梁之材，用他们的聪明才智，为唐朝做出了巨大的贡献，使唐朝在当时与其他国家相比，无论在政治、经济，还是文化上都属于前列。

李世民善于纳谏，重用了房玄龄、杜如晦、魏徵、长孙无忌等能臣。他在位20多年，进谏的官员不下30余人，其中仅大臣魏徵一人所谏就有200余事，数十万言。

魏徵去世后，李世民评价说：

以铜为镜，可以正衣冠；以古为镜，可以知兴替；以人为镜，可以明得失。朕尝宝此三镜，用防己过。今魏徵殂逝，遂亡一镜矣。

科举 是一种官员，尤其是文官的选拔制度。因以分科考试选举官员，故名"科举"。它是我国古代的一项重要发明，对我国社会和文化均产生了深远的影响。它打破了我国自古在选拔官员时对出身的束缚。科举是我国，乃至世界第一种面向全国大多数人民的公平的官员选拔制度。

魏徵（580—643），字玄成。生于唐代巨鹿，即今河北省邢台市巨鹿县。唐朝政治家。曾任谏议大夫、左光禄大夫，封郑国公，谥号"文贞"，位列"凌烟阁二十四功臣"。他以直谏敢言著称，是我国古代历史上最负盛名的谏臣。

■ 大明宫遗址公园
丹凤门雪景

在政治方面，李世民吸取隋朝灭亡的教训，非常重视人们的生活。他强调以民为本，常说：

民，水也；君，舟也。水能载舟，亦能覆舟。

贞观时期的唐朝政治十分廉洁，在李世民的治理和率先垂范下，官吏们一心为公，各安本分，很少出现滥用职权和贪污渎职的情况。

而对待那些贪污者，李世民并不是用残酷的刑罚来警告他们，而是以身作则，并用其他方法预防贪污。

在一个精明自律的帝王面前，官吏贪污的动机很小，贪官污吏也不容易找到藏身之地。这些都是李世民的过人之处。

李世民还十分注重法治，他曾说：

■ 西安大明宫丹凤门

> 国家法律不是帝王一家之法，是天下都
> 要共同遵守的法律，因此一切都要以法为准。

法律制定出来后，李世民以身作则，带头守法，维护法律的统一和稳定。他执法时铁面无私，但量刑时又反复思考，慎之又慎。

他说："人死了不能再活，执法务必宽大简约。"由于李世民的苦心经营，贞观年间的唐朝非常安定，犯法的人少了，被处死的人更少。

在经济上，李世民实行了均田制和租庸调制，使人们能够安定生产，耕作有时，极大地促进了国力的发展。还重视农业，减轻农民赋税劳役。"戒奢从简"，节制自己的享受欲望；革除"民少吏多"的弊政，减轻了人们的负担。

均田制 我国古代从北魏至唐代中期实行的计口授田的制度，由北魏孝文帝开创，对巩固统治，恢复和发展农业生产有积极的作用。均田制的推行，为我国封建鼎盛时期的出现奠定了雄厚的物质基础。

■ 大明宫紫宸殿

李世民非常支持商业发展，给商业发展提供了许多便利条件。在他的倡导下，贞观时期的商业像雨后春笋般兴盛发展。

当时全天下出名的商业城市，有一半以上都集中在我国。除了沿海的交州、广州、明州、福州外，还有内陆的洪州、扬州、益州和西北的沙州、凉州。首都长安和陪都洛阳则是数一数二的大都会。

汉代开辟的丝绸之路，一直就是我国联系东西方文明的纽带。唐朝的疆域辽阔，在西域设立了安西四镇，西部边界直达中亚的石国，也就是后来的哈萨克斯坦。

丝绸之路为东西方来往的商旅提供了安定的社会秩序和有效的安全保障，由于丝绸之路上的商旅不绝于途，品种繁多的大宗货物往来传递，使得丝绸之路成了全天下最闻名的黄金走廊。

四部 我国古代将群书分为甲、乙、丙、丁或经、史、子、集4类，统称为"四部"。起初是六艺、小学为甲部，诸子、兵书为乙部，历史记载为丙部，诗赋为丁部。后来加以调整，以五经为甲部，历史记载为乙部，诸子为丙部，诗赋为丁部。

由于李世民本人十分喜爱诗文，因此十分重视文学。他曾下诏令在全国范围内收集图籍，在弘文殿聚集了四部群书20余万卷，在弘文殿旁建立了"弘文馆"以储藏图籍。

他还任命了虞世南等人充任学士，又以魏徵等著名学者、硕学之士相继为秘书监，主管藏书，选五品以上工书者为书手，又在弘文馆设立检校馆藏的官员，并将缮写、整理、校勘后的图书，收藏在内库里，命令宫人掌管。

官府藏书机构除了弘文馆外，还有史馆、司经局、秘书省和崇文馆等，其藏书质量和数量远远超过前代，史称"群书大备"。

李世民在执政时期，还加强了国内汉族与少数民

司经局 我国古代官署名。南朝时叫典经局，北齐时叫典经坊，隋朝时叫司经局，唐朝时叫桂坊。司经局主管经籍、典制、图书、公文的印刷与收藏，是对传统文学贡献极大的官署。

■ 大明宫遗址公园

唐太宗李世民雕刻

空前绝后的帝陵臣庙

族的联系，加强了对西北等地区的管辖，另外还加强了与其他各国的友好往来。那时的唐帝国是全天下人们心目中的"圣殿"，各国的杰才俊士冒着生命危险也要来唐帝国。

来自其他各国的外交使节则纷纷赞叹唐朝盛世，唐朝高度发达的文化，使来到唐朝的各国人，大多数以成为大唐人为荣。

不仅首都长安，当时唐朝各地都有来自国外的人在当地定居。尤其是新兴的商业城市，仅广州一城的西洋侨民就有20万人以上。

在李世民治理下的唐王朝，是我国历史上完全开放的时代，比仅限于外来贸易和传教的汉朝还要开放，以至于各国各地的普通人都可以来唐朝一睹唐帝国的风采，十分开放的边境和关口则极大地吸收了外来文化和物质文明。

总之，在李世民治理下的唐朝，创造了我国最为辉煌灿烂的历史。根据史书记载的贞观年间是这样的：

官吏多自清谨。制驭王公、妃主之家，大姓豪猾之伍，皆畏威屏迹，无敢侵欺细人。商旅野次，无复盗贼，囹圄常空，马牛布野，外户不闭。

又频致丰稔，米一斗三四钱，行旅自京师至于岭表，自山东至于沧海，皆不粮，取给于路。入山东村落，行客经过者，必厚加供待，或发时有赠遗。此皆古昔未有也。

李世民的确是位明君，虚心纳谏，厉行俭约，积极听取群臣的意见，以文治天下，同时轻徭薄赋，使百姓休养生息，让各民族融洽相处，真正做到了国泰民安。

李世民于649年驾崩。庙号太宗，谥号文武大圣大广孝皇帝。他从627年登基开始至649年过世，在位23年，开创了我国历史上时间最长的贞观盛世，史称"贞观之治"。

阅读链接

房玄龄和杜如晦是两位李世民很器重的大臣，他分别把两人任命为尚书左仆射和右仆射。

房玄龄通晓政事，又有文才，做事认真而谨慎，运用律法宽厚公平。杜如晦深谋远虑，公平正直。房玄龄与杜如晦非常负责，连尚书省的制度架构都是两人商量决定的。

太宗每次与房玄龄议事，总是说："一定要杜如晦决定。"等到杜如晦来了，最后还是采用房玄龄的计策。这都是因为唐太宗知人善任，熟悉两人的特长，明白房玄龄善于谋划，杜如晦善于决断的缘故。故称作"房谋杜断"。

帝陵中的最佳风水宝地

在广袤千里的关中平原北部，有一道横亘东西的山脉，山峦起伏，冈峰横截，与关中平原南部的秦岭山脉遥相对峙。

这道山脉在礼泉突兀而起，有一座山峰，海拔高达约1200米，它的周围均匀地分布着9道山梁，把它高高拱举。因为古代把小的山梁称为峻，所以它得名九嵕山。

唐昭陵

唐太宗带兵打仗和狩猎时，曾经多次经过九嵕山一带，常常赞美九嵕山的挺拔奇绝和美丽风光。后来，他把陵墓的位置定在了九嵕山。

皇家陵园要建

■ 陕西唐昭陵石牌坊

在这九嵕山峰之上，其中的原因，据说是因为长孙皇后。似乎首先提出"因山而葬"的是长孙皇后，唐太宗是为了遵照皇后的遗言，才为她选择了九嵕山作为陵墓，然后决定把这里也作为自己的陵墓。

636年，唐太宗的长孙皇后病危。临终之时，她对唐太宗叮嘱后事说：

今死，不可厚费。且葬者，藏也，欲人之不见。自古圣贤皆崇俭薄，唯无道之世，大起山陵，劳费天下，为有识者笑。

但请因山而葬，不须起坟，无用棺椁，所须器服，皆以木瓦，俭薄送终，则是不忘妾也。

其实，可能早在长孙皇后去世之前，唐太宗就已选定了九嵕山作为自己与皇后的陵墓，只不过是皇后

长孙皇后 是隋代右骁卫将军长孙晟之女，她13岁时就嫁给李世民，后被册封为皇太子妃、皇后。她善于借古喻今，匡正李世民为政的失误，并保护忠正得力的大臣。她崩后，谥号文德皇后。后加谥号为文德顺圣皇后。

风水师 风水师是具备风水知识，受人委托断定风水好坏，必要时并予以修改的一种职业。通常风水师也兼具卜卦、看相、择日等技艺，由于风水先生要利用阴阳学说来解释，并且人们认为他们是与阴阳界打交道的人，所以又称这种人为阴阳先生。

先崩，提前说出了她与唐太宗商量后的归宿之地而已。因为在埋葬长孙皇后不久，唐太宗曾说过这样一段话：

> 皇后节俭，遗言薄葬，以为"盗贼之心，止求珍货，既无珍货，复何所求"，朕之本志，亦复如此。
>
> 王者以天下为家，何必物在陵中，乃为已有。今因九嵕山为陵，凿石之工才百余人，形具而已，庶几奸盗息心，存没无累。当使百世子孙奉以为法。

唐太宗要选择九嵕山作为自己和皇后的陵墓的原因，如果按照他的说法，是为了节俭和防盗。除此之

■ 陕西礼泉唐太宗李世民昭陵陪葬墓

■ 唐昭陵全景

外，九嵕山的地理环境也完全符合唐代风水师们所重视的风水条件。

　　我国古代的陵墓堪舆风水之说，伴着姓氏的不断扩大及五行阴阳之说的流传而逐渐完善，早在南北朝时期，就已经有百余部关于陵墓风水的著作问世。

　　唐朝之前的风水师们虽然对风水学说各持己见，却都一致认为陵墓风水的好坏可以决定后世子孙的祸福，并基本形成了一套评定风水好坏的理论。

　　唐太宗承认了风水之说的文化地位，也同意了风水学所认定的帝王陵墓风水的最佳条件。

　　一是，陵墓要建在地势高的地方，这样既可显示出帝王至高无上的地位，又能防止水浸泡陵墓；二是陵墓背面要有山，山后面也必须要有水环绕。背靠大山是后代江山稳妥牢固的意思，山后有水则寓意着世代富贵取之不竭；三是陵墓前面和两侧要有较低的

风水 也称"青乌""青囊"或"堪舆"，是我国历史悠久的一门玄术，核心是人们对居住或者埋葬环境进行的选择和处理，以达到趋吉避凶的目的。风水学是一种研究人类赖以生存发展的微观物质和宏观环境的学说。

■ 陕西礼泉县李世民唐昭陵陪葬墓

山势，为陵墓起烘托作用。最前面的地形要一马平川，豁亮开阔，寓意天下太平；四是陵墓最前面也要有水经过，作为陵墓的前边界，与陵后的水遥相呼应。

而这些条件，九嵕山恰恰全部满足了。它地处渭北平原，山底海拔570米左右，山后有群山拱卫，也有滔滔的泾水；山前左右有众山罗列，再往前便是沃野千里的关中平原，而浩荡的渭水又东西横穿关中平原，还从古长安城下穿过，形成了"渭水贯都"的奇妙景观。

由于九嵕山绝佳的风水位置和挺拔奇绝的美丽风光，李世民决定在九嵕山之上建立自己的陵墓，并将陵墓取名为"昭陵"。

空前绝后的帝陵臣庙

阅读链接

唐太宗李世民称帝时，找来风水术士李淳风和袁天罡，让他们分头出行，为自己百年之后选择一处安身之处。

二人领旨之后，相约南北分路而行。李淳风往北走，到了陕西礼泉，发现九嵕山直插云天，尽显王者霸气。于是，李淳风在一道山梁的中间找准了一处穴位，并埋下一枚铜钱以作标记，然后就离开了。而袁天罡往南走，也到了礼泉。他也认为九嵕山是风水宝地，就把一根银针插在了他认为满意的地方。

二人回到京城后，一起到宫中回禀。唐太宗李世民听到二人都选在九嵕山，深感惊讶，就和他们一起去查验，结果发现，袁天罡的银针正好从李淳风埋设的铜钱孔眼中插入。李世民十分惊奇，因此将九嵕山定为陵墓所在地。

宏伟壮观的皇家陵园

昭陵是由唐代阎立德、阎立本兄弟精心设计的。其平面布局既不同于秦汉以来的坐西向东，也不是南北朝时期"潜葬"之制，而是仿照唐长安城的建制设计的。

长安由宫城、皇城和外郭城组成。宫城居全城的北部中央，是皇帝起居的地方，皇城在宫城之南，为百官衙署，外郭城从东、南、北三方拱卫着皇城和宫城，是居民区。

昭陵陵寝居于陵园的最北部，相当于长安的宫城，可比拟皇宫内宫。在地下是玄宫，在地面上围绕山顶建为方形小城，城四周有四垣，四面各有一门。

刚建昭陵时，曾经

唐太宗昭陵陪葬墓韦贵妃墓

空前绝后的帝陵臣庙

架设过栈道，栈道长400米，即230步，长孙皇后先葬于玄宫，由于唐太宗与长孙皇后伉俪情深，唐太宗在长孙皇后下葬后并未下令拆除栈道，反而在栈道旁建造房舍供宫人居住，让她们像长孙皇后仍然在世时那样工作。直到唐太宗入葬昭陵，栈道才被拆除，使昭陵与外界隔绝开来。

长孙皇后入葬的玄宫深250米，有石门5道，中间为正寝，是停放棺椁的地方，东西两厢排列着石床。床上放着许多石函，里面装着殉葬品。墓室到墓口的通道由3000块大石砌成，每块石头都有两吨重，石与石之间相互铆住。

根据我国史书《旧五代史·温韬传》的记载，玄宫的宫室"制度闳丽，不异人间"，陵墓的外面也建造了华丽的宫殿，苍松翠柏，巨槐长杨。

■ 唐昭陵石碑

陕西礼泉唐太宗李世民昭陵陪葬墓韦贵妃墓石刻

我国著名诗人杜甫在《重经昭陵》诗中说：

灵寝盘空曲，熊罴守翠微。

再窥松柏路，还见五云飞。

在主峰地宫山南面，是内城正门朱雀门，朱雀门之内有献殿，是朝拜祭献用的地方。在这里曾出土残鸱尾一件，高1.5米，宽0.6米，长11米，因此献殿的屋脊，其高应在10米以上，而门阙之间约5米，恰在献殿正中。

在主峰地宫山北面，是内城的北门玄武门，设置有祭坛，紧靠九嵕山的北麓，南高北低，用5层台阶组成，越往北伸张越宽，平坦而略呈梯形。在南三台地上有寝殿，东西庑房，阙楼及门庭，中间龙尾道通寝殿，是昭陵特有的建筑群。

司马门内列置了14国君长的石刻像：突厥的颉利、突利二可汗，阿史那杜尔，李思摩，吐蕃松赞干布，高昌、焉耆、于阗诸王，薛延

■ 唐昭陵石人

陀、吐谷浑的首领，新罗王金德真，林邑王范头黎，婆罗门帝那优帝阿那顺等。

这些石像刻立于高宗初年，反映了贞观时期国内各民族大团结、唐对西域的开拓以及与邻邦关系的盛况。古人曾形容这些石像为

高逾常形，皆深眼大鼻，弓刀杂佩，壮哉，异观矣！

后来发现的石像，都高不过2米，连座约3米许，并未超过常形，头像残块可以看出确实有眼窝深鼻梁高的，有满头卷发的，有在头上缠着辫子的，有发型是头发中分向后梳拢的，有戴头盔的，但没有佩带武器的。服装有翻领和偏襟两种。因此，可以说这些石刻像的雕刻是十分形象生动的。

程咬金 字义贞，也叫程知节，他是唐朝的开国名将，他使用的武器是一把斧子，威力无比。据说程咬金是一名性格直爽、粗中有细的福将，而且特别长寿，活了100多岁，且一生经历数百战，却从未受伤，被后世冠以福星之名供奉。

因为九嵕山绝佳的风水位置，围绕着昭陵还有许多陪葬墓。据昭陵有碑及出土墓志记载：陪葬者可以享受国葬的规格，丧葬的费用由官府来出，有的官员可以立碑，有的赠米或布帛，有的赏赐衣物等。

唐太宗与长孙皇后的昭陵共有陪葬墓180余座，主要有长孙无忌、程咬金、魏徵、秦琼、房玄龄、长乐公主、韦贵妃等墓，还有少数民族将领阿史那杜尔等15人之墓。昭陵还分布有功臣贵戚等陪葬墓167座，已知墓主姓名的有57座，形成一个庞大的陵园。

这些陪葬陵中有为纪念战功而起冢者，如李靖墓起冢象阴山、积石山，李勣墓起冢象阴山、铁山、乌德犍山。还有皇帝亲自为其撰写碑文的人的陵墓，比如魏徵的墓碑是唐太宗撰写的，李勣的墓碑是唐高宗撰写的。

秦琼 字叔宝，他是唐朝初期著名的大将，勇武威名震慑一时，是我国传说中一个于万马军中取人首级如探囊取物的传奇式人物。秦琼曾追随唐高祖李渊父子，为大唐王朝的稳固南北征战，立下了汗马功劳，与尉迟敬德同为传统门神。

■ 唐昭陵石狮子

唐昭陵部分建筑

陪葬墓的石刻极为精美，温颜博墓前的石人，魏徵墓碑首的蟠桃花饰、尉迟敬德墓志十二生肖图案和石椁的仕女线刻图等，皆为当时的艺术精品。

墓内还有大量精致的工艺品，例如李勣墓中花饰俊美的"三梁进德冠"，就是其中之一。据说"三梁进德冠"是唐太宗亲自设计的，一共只有3顶，专门用来赐予最有功的大臣。

众多陪葬墓衬托了陵园的宏伟气势，加上各墓之前又有很多石人、石羊、石虎、石望柱、石碑，点缀着陵园的景象，同时也寓意唐太宗与臣子之间"荣辱与共，生死不忘"。

昭陵以其绝佳的风水位置，被誉为"天下名陵"，既是风水最好的帝陵，也是我国帝王陵园中面积最大、陪葬墓最多的一座。

阅读链接

在昭陵的祭坛东西两庑房内，有6匹青石浮雕的骏马浮雕像。这六骏的名分别为"特勒骠""青骓""什伐赤""飒露紫""拳毛䯄""白蹄乌"。据说这些石像是由唐朝的著名工艺家阎立德起图样，再由筑陵石工中的高手雕镌而成的。

李世民曾为巩固唐王朝新建的政权，南征北战，驰骋疆场，这6匹骏马石像雕刻正是他最喜爱的6匹战马。

六骏的浮雕各高2.5米，横宽3米，姿态神情各异，线条简洁有力，威武雄壮，造型栩栩如生，显示了我国唐代雕刻艺术的成就。

唐高宗乾陵

　　乾陵修建于684年，因为它处于古代都城的西北方向，即八卦中的乾位，所以叫作"乾陵"。

　　乾陵位于陕西咸阳境内的梁山上，气势雄伟壮观，陵墓原有内外两重城墙，4个城门，还有献殿阙楼等宏伟的建筑物。

　　乾陵是有着"历代诸皇陵之冠"和"睡美人"之称的，也是我国历史上唯一的女皇帝武则天与唐高宗李治的夫妻合葬地。

李治与武则天先后执政

　　李治，字为善，生于628年，是唐太宗李世民的第九个儿子，其母亲是文德顺圣皇后长孙氏。

　　李治在631年被封为晋王，后因唐太宗的嫡长子皇太子李承乾与嫡次子魏王李泰相继被废，643年，他被册立为皇太子。

武则天画像

　　649年，李治在长安太极殿登基。李治是个体察民情的皇帝，早在即位初年，就立志要做中兴英主，以建成大唐的盛世基业。

　　李治在元老重臣的辅佐下，勤勉尽责，礼贤下士，认真执行太宗皇帝的贞观遗规，垦殖荒田，推行均田制，发展科举制度。在当时，人口迅速增加，朝廷政治清明，经济繁荣昌盛，人们安居乐业，对外势力甚至发展到了中亚地区。

李治有知人之明，他身边诸多贤臣如有辛茂将、卢承庆、许圉师、杜正伦、薛元超、韦思谦、戴至、张文瓘、魏元忠等人，大多是他亲自提拔的。

其中，韦思谦曾受褚遂良打击，杜正伦曾被先皇唐太宗李世民冷落，但李治却没有对他们另眼相看，反而知人善任，开创了有贞观遗风的永徽之治。

■ 乾陵碑

在李治还是太子的时候，就结识了武则天。太宗驾崩后，武则天出家了，李治又把她接回宫中封为昭仪，后来又册封武则天为皇后。

根据史书记载，李治长期有头痛与眼疾，到了晚年，眼睛几乎全盲，曾请御医秦鸣鹤医治。秦鸣鹤主张进行针灸医治，李治同意了。针灸虽然在短时间内确实有效，但仍无法根治李治的病。

李治在位34年，于683年驾崩，享年55岁，庙号高宗，谥号天皇大帝。

唐高宗李治本性仁慈、低调、俭朴，不喜欢大兴土木，不信方士长生之术，不喜游猎。但是，在高宗病痛期间的朝政，则有赖于武则天执掌治理。

武则天生于624年，是唐朝功臣武士彟的小女

皇太子 又叫太子，储君的一种，是我国皇帝正式继承人的封号，通常被授予的对象是皇帝之子。皇太子的地位仅次于皇帝本人，拥有自己的、类似于朝廷的东宫。东宫的官员配置完全仿照朝廷的制度，还拥有一支类似于皇帝禁军的私人卫队。

■ 唐乾陵远景

儿。据说武则天小时候就显露出了与众不同的气质。

当时，名闻天下的星相家袁天罡曾到武家赴宴。席间，武家人请求他相面。袁天罡看了武则天妈妈杨氏的面相后，说："夫人骨法非常，必生贵子！"

这时，乳母抱着武则天走了出来。袁天罡上前审视了一会儿，让乳母把她放在地上走走看。武则天走了几步，袁天罡又让她抬头看，观察了一会儿后，袁天罡又惊奇，又遗憾地说："这个孩子生有龙睛凤颈，相貌也是伏羲之相，是极其尊贵的人啊！只可惜她是女孩，如果是男孩的话，是可以当君王的啊！"

637年，也就是武则天14岁时，唐太宗李世民听说她极其美貌，就把她召入后宫，赐号为"武媚"。652年，武则天又被唐高宗封为"昭仪"，后来成为了皇后。

被古代文献形容为"素多智计、兼涉文史"的武皇后，很快就显露出她超人的才华和精明强干的治国能力，得到了高宗皇帝的极大信任与依赖。

660年，唐高宗风疾发作，让武则天处理朝政。于是，武则天向唐高宗建议，允许她一块上朝，临朝听政，这使她的政治经验和影响力进一步得到增强。

武则天还建议唐高宗，让他用"天皇"称号，自己则称为"天后"。"天皇"唐高宗和"天后"武则天被人们合称为"二圣"。

后来，唐高宗的身体每况愈下，繁重的国事必须由武则天来决断。于是，武则天又有了新的想法。674年，武则天提议高宗以孝顺的名义，追封了所有的先皇祖宗。

追尊唐高祖李渊为神尧皇帝，李渊的皇后窦氏为太穆神皇后，追尊唐太宗李世民为文武圣皇帝，长孙皇后为文德圣皇后。

不仅如此，武则天还上书唐高宗，提出了12条改革措施，向全天下颁布了她的政治纲领。后来人们一般把武则天的政治纲领叫作"建言十二事"。这12件事分为4个方面：

第一方面，施惠天下，切实减轻人们负担。劝课农桑，轻徭薄赋。停止对外作战，减少公共工程。把京城百姓的徭役给免了。

■ 唐乾陵神道

第二方面，优待百官。从提高官员的待遇入手，给八品以上的官员涨工资，给才高位卑、长期得不到晋升的中下级官僚升官。

第三方面，提高母权。武则天提议当时的人们，如果母亲去世，父亲还在世，也要为母亲守孝3年。

第四方面，端正风气。一是王公以下的人都要学习《老子》；二是提倡节俭，要求服务于宫廷的手工业作坊停止生产奢侈品。古代皇后的裙子一般是13个褶，可是为了提倡节俭，武则天穿的却是只有7个褶的裙子。

这个建言十二事使武则天的威望更加提高了。675年，唐高宗患的风眩症更加厉害了，他便与大臣们商议，准备让武皇后摄政。

宰相郝处俊劝谏道："陛下为何不把先皇们辛苦打拼下的江山托付给皇族后裔，却要拱手让给天后呢？"

唐高宗听了之后，不再商议了。武则天得知此事后，就召集了一些文学之士撰写了《列女传》《臣轨》《百僚新戒》《乐书》等著作千余卷，并且密令参决百官疏奏，用来分走宰相郝处俊的权力。不久，高宗下诏：

■ 唐乾陵神道石狮子

朕方欲传位皇太子，而疾速不起，它申往命，加以等名，可兹为孝敬皇帝。

唐高宗同时诏令：武后摄政。676年，改元仪凤，布施大赦天下。由此开始，直至高宗驾崩，武则天全面掌控了朝政。

唐乾陵神道石雕

在683年至690年的这段时间里，武则天作为唐中宗、唐睿宗的皇太后临朝称制，后自立为皇帝，并定都洛阳，改称神都，建立了武周王朝。在武则天统治的近50年间，唐朝的社会政治、经济和文化得到了蓬勃发展。政策稳当、兵略妥善、文化复兴、百姓富裕，所以有"贞观遗风"的美誉。

阅读链接

相传，有人曾向唐太宗进贡了一批良驹。在良驹之中，唯有一匹叫狮子骢的未被驯服。唐太宗非常喜爱狮子骢，就悬赏重金找能驯服这匹马的人，很多人都来尝试，却都没能成功。

武则天知道此事后，就对唐太宗说："请先用铁鞭打它；如果不服，就用铁锤接着锤；还不服，则用匕首杀了它。"

唐太宗笑着说："照你这么说，朕的良驹不被你刺死了？"武则天进一步解释道："良驹应该成为君主的坐骑。驯服了就用，驯不服的话，留它又有何用呢？"

长孙无忌与李淳风选址

唐乾陵华表

　　唐高宗李治登基不久，就派自己的舅父长孙无忌和专管天文历法的太史令李淳风为自己选择陵寝之地。

　　一天，二人巡视到咸阳梁山上，只见此山三峰高耸，主峰直插天际。东隔乌水与九嵕山相望，西有漆水与娄敬山、岐山相连。乌、漆二水在山前相合抱，形成水垣，围住地中龙气，此乃是世间少有的一块"龙脉圣地"。

　　长孙无忌和李淳风选好陵址后，便回京禀报高宗。但另一名风水师袁天罡听说后，却极力反对。原来他曾为高祖选陵址到过梁山，深知梁山风水的优劣之处。袁天罡跟高宗分析了梁山的情况，他说：

梁山从外表上看是一块风水宝地，但细看有许多不足之处。

一是梁山虽然东西两面环水，能围住龙气，但隔断了太宗陵墓的龙脉，假如普通人在此地选祖茔，是可以兴盛三代，但作为帝王之山的陵址，恐怕三代之后江山就有危险了。

大唐龙脉从昆仑山分出一支过黄河，然后入关中，以岐山为首向东蔓延至九嵕山、金粟山、嵯峨山、尧山。太宗葬于九嵕山，为龙首。

陛下作为太宗后人，就不可以后居于前，况且梁山又不是龙首，而是周代的龙脉之尾，尾气必衰，主陛下治国无力。

二是梁山北峰居高，前有两峰好似女人乳状，整个山形远观好似少妇平躺一般。陛下

■ 乾陵石雕

选陵于此，恐怕以后江山会被女人操控。

三是梁山主峰直秀，属木格，南二峰圆利，属金格。三座山峰虽挺拔，但远看方平，为土相。金能克木，土能生金，整座山形龙气助金，地宫营主峰之下，主陛下必为金格之人所控。

依臣愚见，若陵址定于此山，陛下日后必被女人所伤。

听了袁天罡的一番宏论，高宗犹豫不决，遂退朝不议。武则天的亲信把这件事告诉了她，武则天当时听了十分高兴，她暗自思忖：小时候听父亲说，袁天罡说我将来能做女皇帝，看来要应验了。于是，她又去劝说高宗不要听信袁天罡的言论。

第二天早朝时，高宗传出圣旨，定梁山为陵址。袁天罡一听，仰天叹道："代唐者，必武昭仪。"他怕将来受牵连，就辞官不做，外出云游去了。

陵址选好后，如何定名，群臣争论不休。有大臣建议，太宗山陵

乾陵述圣纪碑

■ 唐乾陵石像翼马

名为昭陵，有昭示帝气之意，陛下陵就定名为承陵，意思是承接太宗的恩泽。

　　长孙无忌奏道："梁山位于长安西北，在八卦中属乾位，乾为阳、为天、为帝。长安是陛下的人间帝都，梁山自然为陛下万年寿域的天堂帝都，人间与天堂，天地合一，乾坤相合，主定陛下永世为帝王。依臣之见，就定名为乾陵吧！"

　　高宗听后十分高兴，于是定名乾陵。长孙无忌却没想到，袁天罡所言，是说梁山阴气弥漫，不能选作陵址。要是定名为乾陵，岂不是注定有女人为帝吗？

　　但据文献记载，弘道元年（683）高宗驾崩后，武则天遵照高宗"得还长安，死亦无憾"的遗愿，在关中渭北高原选择了吉地，命吏部尚书韦待价为山陵使，户部郎中韦泰真为将作大匠，动用兵士和民工20余万人，按照"因山为陵"的葬制，将梁山主峰作为

吏部尚书　又称为天官、冢宰、太宰，我国古代官名，六部中吏部的最高级长官，负责掌管全国官吏的任免、考课、升降、调动、封勋等事务，也是中央六部尚书之首。唐宋时官职是正三品，明代时是正二品，清代时是从一品。

乾陵永乐公主墓室壁画

陵冢，在山腰凿洞修建地下玄宫。

根据史书《新唐书·陈子昂传》的记载，经过300个日夜紧张的施工，到684年安葬高宗时，乾陵的主要部分竣工了。

武则天曾经称帝，她在晚年却宣布废去自己的帝号，请求她的儿子，也就是唐中宗李显，将自己以唐高宗皇后的身份附葬于唐高宗的乾陵。

705年，武则天病故。在安葬武则天的问题上，朝廷发生了一番争论。中宗想要完成他母后武则天"归陵"的遗愿，但大臣严善思极力反对。

严善思说："尊贵的人要先入葬，地位卑贱的人不应该惊动尊贵的人而接着入葬。则天太后不如天皇大帝尊贵，如果开了陵墓为他们合葬，就是以卑动尊了，恐怕会惊动龙脉。臣听说，乾陵玄阙的门用石头堵塞着，在石头的缝隙之中是铸铁。这样一来，如果要开陵合葬，就只能砸开陵墓入口了。这样会劳动人力，坏处就更大了。陛下不如在乾陵附近另外找一块风水宝地当作则天太后的陵墓，这样既符合入葬的礼仪，又显得稳妥。如果则天太后和天皇大帝心有灵犀，即使不合葬，他们也能相逢，如果两个人没有心意相通的话，合葬也没什么意义。"

可是宽厚仁慈的中宗皇帝没有接受这个建议，为了表示孝心，他还是命人挖开乾陵埏道，启开墓门，将武则天合葬入乾陵玄宫了。

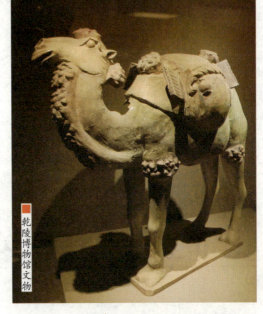

乾陵博物馆文物

合葬唐高宗和武则天后，中宗、睿宗又将二太子、三王、四公主、八大臣等17人陪葬乾陵。因此，乾陵陵园的所有营建经历了武则天、中宗至睿宗初期才始告全部完成，历时长达57年之久。

阅读链接

武则天是位宽容而贤明的君主。涉及朝廷礼法的事，哪怕是至亲至宠，武则天也从不偏袒纵容。

据说，武则天的一个亲信曾经大摇大摆地从朝堂经过，正好遇见了宰相苏良嗣。因为朝堂是文武百官才能出入的地方，苏良嗣就生气地训斥了武则天的这名亲信，还打了他几巴掌。

这名亲信又急又气，马上找到武则天告状，希望武则天能替他出气。但是武则天却没有动怒，反而对亲信说："朝堂本来就不是你能出入的地方啊！你做错事，宰相理应教训你的。"从此之后，这个亲信再也不敢目中无人了。

一帝一后的合葬安息地

　　乾陵位于陕西咸阳城北6千米的梁山上，梁山是圆锥形石灰岩山体，共有3座山峰，北峰最高，海拔约1000米。乾陵就在梁山的北峰之上，是陕西关中地区唐十八陵之一。

　　由于唐初时，唐太宗李世民从与长孙皇后的昭陵起，开创了"因

■ 唐乾陵神道

■ 乾陵

山为陵"的葬制，并将陵墓由建筑群与雕刻群相结合，参差布置于有"龙盘凤翥"之势的山峦之上。而唐高宗与武则天的乾陵，完美地发展、完善了昭陵的形制。

乾陵陵园仿唐都长安城的格局营建，分为皇城、宫城和外郭城，其南北主轴线长达4.9千米。乾陵陵园"周八十里"，原有城垣两重，内城总面积240万平方米，置4门，东为青龙门，南为朱雀门，西为白虎门，北为玄武门。

从乾陵头道门踏上石阶路，共有537级台阶。走完台阶就是一条平宽的道路直至唐高宗陵墓碑，这条道路便是"司马道"。

司马道的两旁，端立首位的是一对高达8米有余的八棱柱石华表，这是帝王陵墓的标志，昭示着生命长存。

白虎 我国古代传说中的四大神兽之一，传说白虎具有辟邪、禳灾、祈丰及惩恶扬善、发财致富、喜结良缘等多种神力。白虎象征着威武和军队，也是战神。根据五行学说，它是代表西方的灵兽，因西方属金，色白，所以叫白虎，代表的季节是秋季。

袍服 我国古代时期的礼服，一般是官员相聚、女子出嫁或出席重要场合时的服饰。袍服的制作十分考究，装饰也非常精美。皇族的贵妃和公主所穿的袍服，花纹更是别出心裁。袍服在秦汉时期是军服，用粗麻缝制，稍能起到防御箭镞穿射的作用。

挨着华表的是一对昂首挺胸、浑圆壮观的翼马，马身两翼雕以卷云纹，似有腾飞之势。翼马之北是一对优美的高浮雕鸵鸟，是唐王朝同西域文化交流与友好往来的象征。

紧挨着鸵鸟的是5对配有驭手的石仗马和10对高4米左右的石翁仲。传说翁仲姓阮，是秦朝镇守临洮的大将，威震夷狄。秦始皇树翁仲像于咸阳宫司马门外，后世的帝王以翁仲石像守卫陵园。司马道旁另有宾王像61尊，石狮一对。

在这些石像当中，那61尊宾王石像，大小和真人差不多，人们习惯上把这些石像称之为"蕃像"，也称"六十一蕃臣像"。

这些与真人大小相仿的石人，穿着打扮各不相同，有袍服束腰的，也有翻领紫袖的。但他们都双双并立，两手前拱，姿态极为谦恭，仿佛在这里列队恭

■ 乾陵六十一蕃臣像

迎皇帝的到来。

但最为奇怪的是，这些石像都是没有脑袋的，可是乾陵原本不该用这些没有头的石像守陵的。有种说法是，这些石像的头部是在明朝被毁掉的。

据说，在明朝初期，有个外国使节到乾陵去游玩，发现自己祖先的形象立在这里给唐朝的皇帝守陵，觉得有损于自己国家的国格，就想把这些石像给毁了。但是他又怕引起当地民众的不满，于是便想到了一个妙计。

这个外国使节每天晚上都到乾陵附近的庄稼里践踏，然后在第二天又和附近的人们说，石像在晚上会成精，正是它们糟蹋了庄稼。如果想保护好庄稼和粮食，就必须把这些石像消灭掉，砍掉它们的脑袋，让它们不能再出来祸害庄稼。当地人认为这个外国使者说得非常有道理，于是一气之下便把这些石像的脑袋给砍碎了。

在明朝末年，一些诗人描写乾陵的诗句中，出现了"赤马剥落离倒旁"的诗句，说的就是乾陵的立马和石像都纷纷地倒在了地上。

诗中所描述的石像倒地的情景，似乎和民间的传说在时间上有相近之处。

后来，人们认为可能是自然灾害给这些石像带来

■ 乾陵神道旁的石翁仲

翁仲 原本指的是匈奴的祭天神像，大约在秦汉时代就已经被汉人引入关内，当作宫殿的装饰物。初为铜制，号曰"金人""铜人""金狄""长狄""遐狄"，后来却专指陵墓前面及神道两侧的文武官员石像，成为我国两千年来上层社会墓葬及祭祀活动重要的代表物件。除了人像外，还包括动物及瑞兽造型的石像。

空前绝后的帝陵臣庙

了灾难。1556年的一天，陕西的华县发生了强烈的地震，而乾陵距华县只有100多千米，同样属于震中地带，因此遭受到毁灭性的打击。据人们推断，这场地震就是造成这61座石像头部断裂的主要原因之一。

司马道尽头就是写着"唐高宗乾陵"的墓碑，墓碑高2米，是陕西巡抚毕源为唐高宗所立的。这通墓碑的右前侧是写着"唐高宗李治与则天皇帝之墓"12个大字的另一块墓碑。另外在南门外，还有为高宗皇帝和武则天歌功颂德的《无字碑》和《述圣记碑》。

无字碑在司马道东侧，与述圣纪碑相对。无字碑是在唐朝时立的，由于没有铭刻任何文字，因此被称为"无字碑"。

■ 乾陵无字碑

无字碑通身取材于一块完整的巨石，高7.53米，宽2.1米，厚1.49米，总重量约有100吨，碑身用一块完整的巨石雕成。

无字碑的两侧有升龙图，各有一条腾空飞舞的巨龙，高4.12米，是线刻而成，像是正腾飞在天，栩栩如生。

碑座阳面还有线刻的狮马图，长2.14米，宽0.66米，马屈蹄俯首，温顺可爱，雄狮昂首怒目，十分威严。碑上还有许多花草纹饰，线条精细流畅。整个无字碑高大雄浑，雕刻精美。

无字碑碑额没有碑名，碑额阳

乾陵前的鸵鸟石雕

面正中是一条螭龙，碑身左右侧各4条，共有9条螭龙，故亦称"九龙碑"。这几条螭龙巧妙地缠绕在一起，鳞甲分明，筋骨裸露，静中寓动，生气勃勃。

武则天精心设计的这块无字碑，在人们的眼中不仅是乾陵的象征，更是女皇武则天的象征。至于无字碑上为何无字，有3种说法：

第一种是"德大说"。认为，武则天立无字碑是用以夸耀自己，以女子称帝，"功高德大"，难以用文字表达，所以予立白碑，表示自己的伟大已远非文字所能表达。

第二种是"愧疚说"。认为，武则天立无字碑是因为自知罪孽重大，感到还是不写碑文为好。

第三种是"遗言说"。认为，武则天是一个有自知之明的人，临终前遗言："己之功过，留待后人评说。"故不铭一字。立无字碑是聪明之举，功过是非让后人去评论，这是最好的办法。

自从宋金以后，就开始有人题字于无字碑，使无字碑成为有字碑。在经历了元、明、清各个朝代后，碑上逐渐镌刻了许多文字，不

■ 唐乾陵石马

仅在内容上自然形成了评价武则天的"碑文"，而且在书法上真、草、隶、篆、行五体皆备。

但是，由于年代久远，其中唯有1135年《大金皇弟都统经略郎君行记》保存比较完整，这是用女真文字刻写的，旁边还有汉字译文。由于女真文字后来绝迹了，因此，碑上的文字成为研究女真文字和我国少数民族历史文化不可多得的珍贵资料。

述圣纪碑，位于司马道西侧，与无字碑相对，是由武则天亲手篆刻、唐中宗李显亲笔书写的，为高宗歌功颂德的一通功德碑。

述圣纪碑为方形，高7.53米，每边宽1.86米，重约89.6吨。述圣纪碑的顶、身、座共7节，表示日、月、金、木、水、火、土，寓意李治的文治武功光照天下，因此也叫作"七节碑"。

述圣纪碑记述了唐高宗的文治武功，开辟了帝王陵前立功德碑的先例。述圣纪碑碑身五节除第一块和第四块无字外，其余3块的正面及东西两侧均刻有字。

述圣纪碑的正面碑文，文体为骈体文，原文46行，行约120字，共约6000字，都是楷书，每个字笔画间都"填以金屑"，闪闪发光，照耀陵园。后来

璧 我国古代一种贵重的玉器，扁圆形，正中有孔，分为大璧、谷璧、蒲璧3类。玉璧是古代贵族所用的礼器，天子在重要的国家祭祀大典中会使用玉璧，贵族也会把玉璧作为信物相互赠送或当成装饰品来标示身份。

因年代久远，金屑自然脱落，文字也大多剥蚀，仅第一、二、五石存留的1500多字还依稀可辨。

根据述圣纪碑的记载，唐高宗的临终遗言是，将他生前所珍爱的书籍、字画等全部埋入陵中。武则天营建乾陵的目的是为了报答唐高宗的知遇之恩，因此，乾陵必定是一个满藏无价瑰宝的地宫。

根据对乾陵地宫的探测，结合已发掘的乾陵陪葬墓和有关文献，可以推测出乾陵墓是由墓道、过洞、天井、甬道和前、中、后3个墓室组成，有耳室。

中室里置了棺床，以放置皇帝的"梓宫"，即棺椁。棺椁的底部有防潮、防腐材料，以珍宝覆盖，其上加"七星板"，板上置席、褥，旁置衣物及珪、璋、璧、琥、璜等"六玉"。

唐高宗身穿12套大敛之衣，头枕玉匣，口含玉贝，仰卧于褥上，面朝棺盖。

盖内侧镶饰黄帛，帛上绘日、月、星辰及金乌、玉兔、龙、鹤等物。

地宫的后室设石床，其上放置衣冠、佩剑、千味食及死者生前的喜好之物。前室设有"宝帐"，帐内设神座，周围放置玉质的"宝绶""谥册"和"哀册"。另外在过洞两侧的耳室和甬道石门的前后，放

■ 乾陵述圣纪碑

乾陵七节碑

置有大量珍贵的随葬明器。

对此，乾陵地宫内可能藏有的文物可以分为六大类：

一是金属类，有金、银、铜、铁等所制的各类礼仪器、日常生活用具和装饰品、工艺品等；二是陶、瓷、琉璃、玻璃等所制的器物、人物和动物俑类；三是珊瑚、玛瑙、骨、角、象牙等制成的各类器具和装饰物；四是石质品，包括石线刻、石画像、人物及动物石雕像、石棺椁、石函和容器；五是壁画和朱墨题刻；六是纸张、典籍、字画、丝绸和麻类织物，漆木器、皮革和草类编织物等。

营建乾陵时，正值盛唐，国力充盈，陵园规模宏大，建筑雄伟富丽，因此，乾陵堪称"历代诸皇陵之冠"。

阅读链接

武则天在感业寺清修时，曾经容颜憔悴、风华渐失。有一天，她偶然得知蜂花粉可以养颜抗衰。从此，武则天不仅早、晚以蜂花粉为食，而且还用鸡蛋清调匀蜂花粉用来敷面。

时间一天天过去，武则天的气色渐渐变好，甚至比以前更加青春靓丽。容光焕发的武则天用她美丽的容貌、聪慧的头脑重回皇宫，并最终成为我国历史上最著名的女皇。

武则天认为蜂花粉功不可没，从此对蜂花粉情有独钟，于是长期食用蜂花粉，视蜂花粉为美容圣品。因此，后来的许多绝世佳人也都用蜂花粉来美容养颜。

巩义八陵

"七帝八陵"，即巩义八陵，是北宋皇陵。位于河南巩义嵩山北麓与洛河间的丘陵和平地上。总面积约156平方千米。

地处郑州、洛阳之间，南有嵩山，北有黄河，依山傍水，风景优美，被人誉为"生在苏杭，葬在北邙"的风水宝地。

北宋皇陵从968年开始兴建，总面积曾达到一百多平方千米，经过千年来的无数劫难后，只有遗址尚存。这些散布在田野之上的近千件石雕像，保存了北宋王朝的珍贵过往。

八处陵墓与七位帝王

空前绝后的帝陵臣庙

北宋历代共有9位皇帝，埋葬在这里的是其中7个皇帝以及被追尊为宣祖的赵弘殷，也就是赵匡胤的父亲。因此世称"七帝八陵"。

按照埋葬时间的先后，八陵中的主人和陵墓依次是：宋宣祖的永安陵、宋太祖的永昌陵、宋太宗的永熙陵、宋真宗的永定陵、宋仁宗的永昭陵、宋英宗的永厚陵、宋神宗的永裕陵和宋哲宗的永泰陵。

宋宣祖赵弘殷是涿郡人，年轻时骁勇善战，擅长骑射。后来，他做了镇州赵王王镕的手下，曾经为王镕带领五百骑驰援后唐庄宗李存勖，立下了战功。后来唐庄宗李存勖爱惜他作战英勇，留用于洛阳禁军。

后来，赵弘殷从军出征王景，正赶上蜀兵来救援王景。紧接着汉军与后蜀军在陈仓交战，一开始交战就有箭矢射中了赵弘殷左眼，他反而作战更加英勇，奋力带领士兵击败对手，因为这次功劳，赵弘殷被升为护圣都指挥使。

赵弘殷在956年去世，死后被追赠武清军节度使、太尉的封号。

而赵弘殷的儿子赵匡胤是我国大宋王朝的建立者。960年，他建立了宋朝，定都开封。在位期间，赵匡胤提倡文人政治，开创了我国的文治盛世，是一位英明仁慈的皇帝，是推动历史发展的杰出人物。

赵匡胤一生最大的贡献和成就，在于重新恢复了华夏大部分的统一，结束了"安史之乱"以来长达

禁军 也叫"亲卫""近卫"或"御林军"，是我国古代直辖属于帝王，担任护卫帝王或皇宫、首都警备任务的军队。禁军在古代是一个国家之中最为精锐和善战的军队，分为马军、步军和弓军三科，每一科分别设置教头，之上又设置有总教头。

133

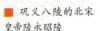

■ 巩义八陵的北宋皇帝陵永昭陵

■ 巩义八陵神道一侧景物

200年的诸侯割据和战乱。使饱经战火之苦的人们终于得以休养生息。

赵匡胤奉行"文以靖国",果断地实行"扬文抑武",通过设立"誓牌",尊孔崇儒,完善科举,创设殿试,知人善任,厚禄养廉等一系列重大举措,成为我国历史上最受推崇的一代文治之君。

赵匡胤彻底扭转了唐末以来武夫专权的黑暗局面,使宋代的文化空前繁盛,因此,赵匡胤也可以称得上是五代十国野蛮政治的终结者,又是后世历朝文明政治的开拓者。

赵匡胤一举铲平了藩镇割据、武夫乱政的历史状况。所以宋朝300年的历史中从未发生过大的内乱和地方割据。

赵匡胤作为帝王是十分贤明的。他心地清正,疾恶如仇,宽仁大度,虚怀若谷,好学不倦,勤政爱民,严于律己,不近声色,崇尚节俭,以身作则等,

殿试 又称御试、廷试或廷对,指在科举考试中由皇帝亲自出题的考试。殿试是科举考试中的最高一段,分为三甲,一甲三名赐进士及第,通称状元、榜眼、探花;二甲赐进士出身,第一名通称传胪;三甲赐同进士出身。

不仅对改变五代以来奢靡风气具有极大的示范效应，而且深为臣民们所津津乐道。

赵匡胤在位16年，976年驾崩，庙号为太祖，谥号启运立极英武睿文神德圣功至明大孝皇帝。

接宋太祖赵匡胤皇位的是他的弟弟赵炅。赵炅本名为赵匡义，939年生于开封浚仪。

传说，赵匡义之母杜太后曾经梦见神仙捧着太阳授予她，从而怀孕。赵匡义出生的当天夜晚，红光升腾似火，街巷之间充满异香。

赵匡义从小聪颖，与别的孩子游戏时，别人都畏服于他。赵匡义22岁时，参与了陈桥战役，拥立他的哥哥赵匡胤为帝，被封为晋王，曾参与宋太祖赵匡胤统一四方的大业。

赵匡义治政有为，不善武功。即位后，赵匡义继续进行统一事业，鼓励垦荒，发展农桑，扩大科举取士规模，编纂大型类书，设考课院、审官院，加强对官吏的考察与选拔，进一步限制节度使权力，力图改

藩镇 也叫方镇，藩是"保卫"之意，镇是指军镇，藩镇是我国古代唐朝中、后期设立的保卫国家的军镇，由节度使统领。起初各地的藩镇都掌管着当地的军政，后来权力逐渐扩大，兼管民政、财政，掌握全部军政大权。

七帝八陵

巩义八陵

■ 巩义八陵角楼

空前绝后的帝陵臣庙

榷场 榷是专卖的意思，榷场是指我国古代因各地区经济交流的需要而产生的、设在两国交界地点的互市市场，官府有贸易优先权。榷场受两国朝廷的严格控制，还有控制边境贸易、提供经济利益、安边绥远的作用。

变武人当政的局面，确立文官政治。这些措施为宋朝的稳定做出了重要贡献。

赵匡义在位共21年，于997年驾崩，庙号太宗，谥号至仁应道神功圣德文武睿烈大明广孝皇帝。

宋太宗把皇位传给了自己的第三个儿子，赵恒。赵恒生于968年，997年继位，登基前曾被封为韩王、襄王和寿王。赵恒以每年进贡辽大量金银"岁币"为条件，与辽国在澶渊定盟和解，史称"澶渊之盟"。

盟约的订立，结束了宋、辽之间40多年来的敌对状态，同时也是宋朝向番方交纳岁币换取和平的开始。同时，宋、辽形成长期并立的形势，两国之间不再有大的战事发生，北宋在边境上河北雄县、河北霸州等地设置榷场，开放交易，为中原与北部边疆经济文化的交流创造了条件。

赵恒于1022年驾崩，享年55岁，在位25年，庙号

■ 宋陵石刻

真宗，谥号神功让德文明武定章圣元孝皇帝。

宋真宗的第六个儿子赵祯继承皇位。他生于1010年，1018年时被立为皇太子，被赐名赵祯，1023年即帝位，时年13岁。

在赵祯的统治时期，国家安定太平，经济繁荣，科学技术和文化得到了很大的发展，赵祯当政期间，当朝正式发行了普天下最早的纸币——官交子。

赵祯性情宽厚，不事奢华，还能够约束自己。有一年，时值初秋，官吏献上蛤蜊。赵祯问从哪里弄来的，臣下答说从远道运来。赵祯又问要多少钱，答说共28枚，每枚钱一千。

赵祯说："我常常告诫你们要节省，现在吃几枚蛤蜊就得花费两万八千钱，我吃不下!"他也就没吃。

还有一次，赵祯本来正在散步，却不时回头看，随从们都不知道为什么。赵祯回宫后着急地对嫔妃说道："朕渴坏了，快倒水来。"

嫔妃觉得奇怪，问赵祯："为什么在外面的时候不让随从伺候饮水，而要忍着口渴呢?"

巩义八陵石刻

赵祯说："朕屡屡回头，但没有看见他们准备水壶，如果我要是问的话，肯定有人要被处罚了，所以就忍着口渴回来再喝水了。"

赵祯不光对人仁慈宽厚，身为九五至尊，对自己的要求也非常严格。他的衣食非常简朴，史书中记录了他大量严于律己的故事。

一天，赵祯处理事务到深夜，又累又饿，很想吃碗羊肉热汤，但他忍着饥饿没有说出来。

等到了第二天，皇后知道后，就劝他："陛下日夜操劳，千万要保重身体，想吃羊肉汤，随时吩咐御厨就好了，怎能忍饥使陛下龙体受亏呢？"

但赵祯对皇后说："宫中一时随便索取，会让外边看成惯例。如果我昨夜吃了羊肉汤，御膳房中的御厨就会夜夜宰杀，一年下来要数百只，形成定例，日后宰杀之数不堪计算，为我一碗饮食，创此恶例，且又伤生害物，于心不忍，因此我宁愿忍一时之饿。"

赵祯还是个善于纳谏，明辨是非的贤君。一天，

御膳房 我国古代专门负责皇帝和皇后饮食的厨房，设有荤局、素局、挂炉局、点心局、饭局五局。荤局主管鱼、肉，素局主管青菜、干菜、植物油料等，挂炉局主管烧、烤菜点，点心局主管包子、饺子、烧饼、饼类以及糕点，饭局则主管粥、饭。

他退朝回到寝宫，因为头痒，没有脱皇袍就摘下帽冠，呼唤梳头太监进来替他梳头。太监梳头时见赵祯怀中有一份奏折，问道："陛下收到的是什么奏折？"

赵祯说是谏官建议减少宫中宫女和侍从的。

太监说："大臣家里尚且都有歌伎舞女，一旦升官，还要增置。陛下侍从并不多，他们却建议要削减，岂不太过分了!"

赵祯听完这话，沉默不语。

太监又问："他们的建议，陛下准备采纳吗？"

赵祯看了他一眼，说："谏官的建议，朕当然要采纳。"

太监自恃一贯为赵祯所宠信，就故意不满地说："如果采纳，请以奴才为削减的第一人。"

赵祯听了，迅速站起呼唤主管太监入内，按名册检查，将宫人29人及梳头太监削减出宫。

事后，皇后问道："梳头太监是陛下多年的亲信，又不是多余的人，为何将他也削减？"

赵祯说："他劝我拒绝谏官的忠言，我怎能将这种人留在身边！"

巩义八陵石兽

巩义八陵石人像

监察御史 是我国古代的一种官职名称，主要负责监察百官、巡视郡县、纠正刑狱、肃整朝仪、祭祀营作、太府出纳等事务。因为掌管的事物十分重要，监察御史的选授和督察是极为严格的，连书写失误也会被认为不称职而治罪。

谏官 又称"谏臣"，我国古代官职之一，是对君主的过失直言规劝并使其改正的官吏，专门负责规谏天子的过失。自古以来，谏官被看作与左丞右相同等重要的帝王羽翼，即使说错话也不会受到处罚。

赵祯的善于纳谏还成全了包拯。刚正不阿的包拯在担任监察御史和谏官期间，屡屡对赵祯犯颜直谏，甚至连唾沫星子都飞溅到赵祯脸上，但赵祯毫不动怒，一面用衣袖擦脸，一面还接受他的建议。

无论是遭到大臣的反唇相讥，还是被骂得一脸口水，赵祯都很清醒、很宽容。他不认为这样会龙威尽失，能接受的，他就接受；一时不能接受的，也绝不会对提意见者打击报复，有时甚至还会安抚。

赵祯一朝不仅出现了包拯，还出现了"求之千百年间，盖示一二见"，在《岳阳楼记》中唱出"先天下之忧而忧，后天下之乐而乐"的范仲淹，以及倡导文章应明道、致用，领导北宋古文运动的欧阳修。而赵祯所实施的"庆历新政"，更为后来的王安石变法起到了投石问路的作用。

赵祯的继位，把宋太祖赵匡胤治理时的开放和宽容风气弘扬到了最大。赵祯本人十分爱好学习，崇尚儒家经典。正是他首次把《论语》《孟子》《大学》

《中庸》拿出来合在一起让学生学习，开了"四书"的先河。赵祯在位42年，1063年驾崩于汴梁皇宫，享年53岁。庙号仁宗。宋仁宗在遗诏中也不忘强调丧礼必须从简。

宋仁宗驾崩的消息传到洛阳时，人们自动停市哀悼，焚烧纸钱的烟雾飘满了洛阳城的上空，以致"天日无光"。

他的死甚至影响到了偏远的山区，当时有一位官员前往四川出差，路经剑阁，看见山沟里的妇女们也头戴纸糊的孝帽哀悼皇帝的驾崩。

甚至连当时的宋朝敌对国家辽国，竟然也"燕境之人无远近皆哭"，连辽国皇帝耶律洪基也握着使者的手号啕痛哭道："四十二年不识兵革矣。"可见赵祯真是无愧"仁宗"的称号。

由于宋仁宗没有儿子，从小被抱养的赵曙继承了皇位。赵曙生于1032年，他原名宗实，是太宗的曾

纸钱 又称"冥钱"，是我国祭祀时用来敬鬼神和葬礼及扫墓时供死者享用的传统"冥币"之一。纸钱一般是将白纸剪成铜钱的形状，或抛撒于野外墓地，或焚化给死者。民间有笃信灵魂不灭的意念，人们挂念着生活在天堂和地下世界中的亲人，因此制造纸钱供亡者使用。

■ 巩义八陵建筑

■ 巩义八陵石像及华表

孙，濮王允让之子。

赵曙刚即位时，就表现出了一个有为之君的风范。宋仁宗暴亡，按理说，医官应当负有责任，主要的两名医官便被赵曙逐出皇宫，送边远州县监管。

其他一些医官，唯恐也遭贬谪，便在赵曙面前求情，说："先皇起初吃这两人开的药还是很有效的，不幸去世，乃是天命，非医官所能及。"

赵曙严肃地问："我听说这两个人都是由两府推荐的？"

左右道："正是。"

赵曙又说："既然这样，我就不管了，都交给两府去裁决吧。"

众医官一听，都吓得魂飞魄散，暗暗惊叹新皇帝的精明与果断。

赵曙行事很有些雷厉风行的风格，与主张仁政的仁宗有很大的不同。不仅如此，赵曙也是一个很勤勉的皇帝。当时，辅臣奏事，赵曙每次都详细询问事情始末，方才裁决，处理政务非常认真。

赵曙虽然有一定的政治才能，却因病英年早逝，于1067年病逝于宫中福宁殿，享年36岁，庙号英宗。宋英宗赵曙本人对于北宋中兴抱有极大期望，相对于自己的儿子赵顼，政治手段也更为成熟。无奈寿短，从而失掉了可能的中兴计划。

赵顼是宋英宗的长子，1063年受封光国公，后又加同中书门下平章事，受封淮阳郡王。

1064年进封颍王。1066年被立为皇太子，1067年即帝位，时年20岁。

赵顼即位后，由于对疲弱的国势深感不满，且赵顼素来都欣赏王安石的才干，所以命王安石推行变法，以期振兴北宋王朝，史称"王安石变法"，又称"熙宁变法"，维持新法将近20年。

赵顼"不治宫室，不事游幸"，致力于实现富国强兵的目标。他支持王安石变法，抑制了豪强兼并和高利贷者的活动，使自耕农得到保证，国力和财政大大改善。在守旧势力的反对下，赵顼虽然摇摆于新旧两党之间，但他维持新政、坚持变革的决心不变，确实是宋朝有抱负、有作为的皇帝。

1085年，赵顼崩殂于福宁殿，在位17年，享年37

王安石（1021—1086），字介甫，号半山，谥文，封荆国公，世人又称王荆公。北宋抚州临川，今临川区邓家巷人。北宋丞相、新党领袖。他是我国历史上杰出的政治家、思想家、学者、诗人、文学家、改革家。"唐宋八大家"之一。有《王临川集》等。

■ 巩义八陵建筑

空前绝后的帝陵臣庙

岁，殡于殿西阶，庙号神宗，群臣上谥号为英文烈武圣孝皇帝。

赵煦，原名佣，是宋神宗的第六子，曾被封为延安郡王。他生于1076年，是北宋第七位皇帝，从1085年时登基，时年9岁，为宋哲宗。由高太后辅佐，1093年时亲政。

赵煦是个聪慧的人，才八九岁就能背诵7卷《论语》，字也写得很漂亮，颇得父亲宋神宗赵顼的喜爱。

一次，宋神宗在宫中宴请群臣，时年9岁的赵煦随同。赵煦虽然是第一次经历这样的场面，但却表现得极为得体，得到父亲的夸赞。

赵煦即位后，辽朝派使者来参加神宗的吊唁活动，宰相蔡确因两国服饰不同，怕年幼的赵煦害怕，便反复给赵煦讲契丹人的衣着礼仪。

赵煦起初沉默不语，待蔡确絮絮叨叨讲完，忽然正色问道："辽朝使者是人吗？"

蔡确一愣："当然是人，但是夷狄。"

赵煦又问："既然也是人，还有什么可怕的？"

言辞极锋锐，令蔡确无言以对，只好惶恐退下。

赵煦虽然聪慧贤明，却因为高太后当初的辅佐而感到束缚，因此在治理宋朝时有些急躁。

虽然他仰慕父亲宋神宗，但因为太过年轻，缺乏经验和冷静，因此不善于处理变法所带来的问题，导致新党与旧党之间的争执激化。

赵煦亲政后表明要继承神宗所实行的新法，追贬司马光，并贬谪苏轼、苏辙等旧党人于岭南，接着重用革新派如章惇、曾布等，恢复王安石变法中的保甲法、免役法、青苗法等，减轻臣民负担，使国势有所起色。

1094年时，赵煦改元绍圣，并停止与西夏谈判，多次出兵讨伐西夏，迫使西夏向宋朝乞和。因此，赵煦算得上宋朝一位比较有作为的帝王。

赵煦卒于1100年，在位15年，享年24岁。庙号哲宗，谥号宪元继道显德定功钦文睿武齐圣昭孝皇帝。

阅读链接

有一天，赵匡胤和几名曾随他征战的将领们饮酒。喝着喝着，赵匡胤突然叹了口气，对部下们说："自从做了皇帝，我还从没有睡过一个安稳觉呢！"

将领们很吃惊，问道："您已经贵为天子，还能有什么烦心事呢？"

赵匡胤回答说："我在发愁，要是有一天你们的部下要逼你们造反，那时你们怎么办呢？"

将领们连忙跪下磕头，请求赵匡胤给他们想个办法。

赵匡胤对他们说："不如我多赏你们一些豪宅良田，你们就安稳度日去，咱们君臣之间也没有猜疑，这样多好！"

将领们连连称是，纷纷解甲归田，让出了兵权。赵匡胤不费一兵一将，就将兵权集中在了自己的手里。这就是"杯酒释兵权"。

各有千秋的北宋皇陵

　　宋太祖的永昌陵是地面遗迹保存较好的一座宋陵。永昌陵陵台底边长48~55米，高14.8米。陵园东西231.6米、南北235米，四面中央各辟一门。门址宽约18米，四门外各置一对石狮。

巩义八陵石兽

■ 巩义八陵石羊

陵园南门与乳台间距142.5米，乳台与鹊台相距155米。二乳台东西间距50米，二鹊台东西间距54米。南门与乳台间是神道，神道东西间距45米，对称列置各种石像生，由南向北依次是华表、石象及驯象人、瑞禽、角端各1对，石马及控马官、石虎、石羊各2对，藩使3对，文、武臣4对。陵园四门外有石狮，南门石狮北有武士，南门内陵台前有宫人。

华表高5.8米，宽1米，下为方形基座，上置莲花形柱础。柱身为八菱形，由下向上逐渐收杀，柱顶为仰覆莲间以宝珠上加合瓣莲花结顶。柱身菱面雕刻为减地和单线阴刻两种，画面内容有云龙纹、长颈宝瓶和卷草花卉等。在巩义松龄的华表中，永昌陵华表雕刻最佳，构图精美，线条流畅。

石象长2.55米、宽1.1米、高2.15米，驯象人高2.23米、宽0.79米、厚0.56米。石象身躯庞大，造型雄伟，身披华丽的锦绣，背置莲花座，象鼻拖地，面饰

角端 我国古代神话传说中的一种祥瑞之兽，相传角端能日行一万八千里，又通晓四方语言，如果是明君圣主在位，角端就会带着书出现。角端长着犀牛角、狮子的身体、龙的脊背、熊的爪子、鱼的鳞片和牛的尾巴，象征着光明正大。

幞巾 也叫"折上巾"或"软裹",是我国古代男子一种用来包头的软巾。因为所用的纱罗通常为青黑色,故也称"乌纱",后代俗称为"乌纱帽"。有平式、结式、软脚、圆顶直脚、方顶硬壳5类,式样有直角、局脚、交脚、朝天、顺风等。

辔勒。象取立姿,腹下镂空。

驯象人头戴包头巾,身着袍服,腰束方块玉带饰物,双手拱于胸前,执驯象物。

瑞禽高2.2米、长1.73米、宽0.63米。整体似龟形,浮雕层叠山峰,两侧和顶端未雕出山峰纹。西列瑞禽石雕中浮雕出一只马首、龙身、鹰爪、凤翅、雀尾的怪禽。东列瑞禽是巩义市宋陵现存14件瑞禽中唯一的一件刻羊首的,其余均为马首。

角端高2米、长2米、宽0.8米。角端是人们想象中的一种动物,其形象为独角,前唇特长,或卷或伸,四足如狮,两肋雕有双翼。

石马高2.1米、长1.8米、宽0.74米。控马官高2.7米,胸宽0.7米、厚0.5米。石马身上雕饰出鞍、鞯、镫、缰、羁、铃等马饰。控马官头戴幞巾,身着长袍,手执杖或缰。

石虎高1.7米、长1.3米、宽0.55米。身躯庞大,

■ 巩义八陵石狮

雕刻细致，造型逼真。石羊高1.6米、长1.2米、宽0.5米。造型浑实，通体素面。

■ 巩义八陵石人及石马

藩使高约3米，胸宽0.85米、厚0.68米。宋代文官以宰相为首，武官以枢密使为首，上朝排列次序文官在武官之上，因而陵墓石刻中文臣像居北、武臣像位南。

石像中的文、武臣服饰相同，其区别仅在文臣执笏板、武臣挂长剑。文武臣头戴三梁或五梁冠，身穿长袍，腰系方块玉带。

陵园四门外各有一对石狮。石狮左牡右牝，牡狮卷鬣，牝狮披鬣。南门外二狮为行狮、立姿，相顾对视，高1.9米、长3.08米、宽0.82米。东、西、北门石狮皆蹲踞昂首，高1.58~2.05米，长1.7米，宽0.7~0.9米。镇门武士一对，位于陵园南门之外、石狮之北，高约4米，肩宽1.1米、厚0.7米。武士像高大、勇猛，

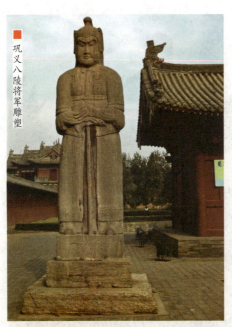
巩义八陵将军雕塑

头戴盔，身穿盔甲，手执兵器。

宫人两对，分别位于南门内、陵台前。宫人高约3米，肩宽0.57米，厚0.4米，戴幞头，穿窄袖长袍，面部清秀，像是宫女。

宋太宗的永熙陵距永昌陵约1千米。永熙陵的石像雄伟，艺术性高。永熙陵的石羊昂首静卧，形象优美，造型艺术或雕刻技法都是宋陵中最优秀的。

永熙陵的鹊台、乳台、门阙等建筑，都超越前代。永熙陵是宋代陵墓中最大的陵，从神道起处的鹊台到神坛底止，全长约586米。墓室深入地下15米，有一条40米长的倾斜墓道通向地面，墓室的整个结构呈圆台形，高12米，底面直径达 8米，全部仿木结构，墓壁、门、窗、立柱、屋檐以及墓顶的斗、拱等物，都是用砖砌成的。

两扇青石凿成的大门，宽2.7米，高达4米。门扉上有阴线刻画的神荼、郁垒像。

永定陵是宋真宗赵恒的陵墓，位于河南省巩义市蔡庄北1千米。周围有建筑遗址土丘16个。因为永定陵尚未正式发掘，陵内情形尚不为人知，但陵前的石刻马、羊、狮、虎等保存完好，在北宋诸陵中是保存得最好的一组。

永昭陵是北宋第四位皇帝宋仁宗赵祯的寝陵。位于河南巩义境内。由鹊台至北神门，南北轴线长551

神荼 我国古代传说中能制伏恶鬼的神人，相传他是驱鬼神灵钟馗的将官，也是门神之一，位于左边门扇上，身着银盔银甲，面容威严，姿态神武，手执金色战戟，下巴留着落腮胡须。

郁垒 我国古代传说中能制伏恶鬼的神人，相传是驱鬼神灵钟馗的将官，也是门神之一，位于右边门扇上。相传神荼、郁垒曾用桃条捆起恶鬼扔给了老虎，桃木辟邪的说法由此而来，同时桃木也成为辟邪驱鬼的工具。

米。南神门外神道上，布置有东西对称的石人13对、石羊2对、石虎2对、石马2对，石角端、石朱雀、石象、石望柱各1对，这些石刻造型秀长，雕法细腻。

武士身躯高大，形象勇猛，目不斜视、忠实地守卫着宫门。客使体质厚重、轮廓线条简练明确，双手捧贡品，身披大袍，衣褶垂到脚边，人物形神兼备。

石虎造型威武雄健，石羊面目恬静。永昭陵的石朱雀雕刻尤为精美，整屏呈长方形、通身雕成层叠多变的群山云雾，烘托着展翅欲飞的朱雀，犹如一把俊扇挥动着风云。

宋英宗的永厚陵，在巩义旧名"和儿原"的一块高地上，东南距永昭陵只有500米。永厚陵的陵台残高15米，底呈正方形，每边长55米，陵前石刻尚残存16件，其中的"望柱"雕刻精美，它呈八棱形，每面都有精雕细琢的云龙纹，纹饰细如游丝，流动变幻，为宋陵石雕佳品。

宋神宗的永裕陵，呈"覆斗形"，底边略为正方，每边60米左右，高约18米，上下有两层台阶，底层原用砖石围砌，上层密植松柏长绿植株。

陵前石雕像共有17件，是晚期宋陵石刻的代表，造型生动，技法纯

巩义八陵之永定陵

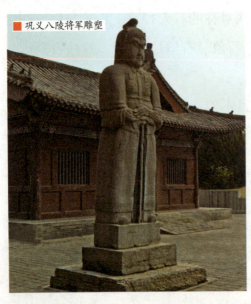
巩义八陵将军雕塑

熟、流畅。南神门外的石狮，雕刻得刚健、浑厚、生气勃勃。

人们品评宋陵石雕说："东陵狮子，西陵象，滹沱河上好石羊"。认为永熙陵的石羊、永泰陵的石象和永裕陵的石狮的造型和雕工之佳，在宋陵诸石刻中，应位列榜首。

宋哲宗的永泰陵东南距永裕陵约400米。据有关史料记载，修建哲宗的永泰陵时，仅取石材一项就动用工匠4600人，石27 600块。又动用士兵9744人、民夫500人，把这些石头从二三十千米之外、崇山峻岭之中的偃师粟子山运到陵区。修建永定陵时，雕刻侍从人物及象、马等动物的石头用了62块，门石用了14块，皇堂券石用了27 377块。

北宋皇陵是我国规模庞大、气势雄伟的皇家陵墓群，长眠了历史上很多优秀的明君。而卓越的石刻艺术，正是北宋皇陵中的焦点。

阅读链接

在宋朝建立之后，赵匡胤依据宰相赵普提出"削夺其权，制其钱谷，收其精兵"的12字方针，分别从政权、财权、军队这3个方面来削弱了藩镇，以达到强干弱枝、居重驭轻的目的。

首先，赵匡胤派遣文官取代军人担任地方州郡的长官，并在知州之外设立通判，两者共掌政权，互相牵制，分散和削弱了地方长官的权力。然后又设置了转运使来管理地方财政，最后，赵匡胤又将精锐将士都抽调到中央禁军里。

这样一来，赵匡胤就提高了中央的威权，防止大臣专权局面的出现。

元太祖陵

成吉思汗陵

成吉思汗，原名孛儿只斤·铁木真，是我国历史上享有盛名的军事家和政治家。

他在1206年建立了蒙古国，国家的地域西达黑海海滨，东括几乎整个东亚，是当时横跨欧亚两洲的大帝国之一。

1309年，成吉思汗被追尊庙号元太祖。成吉思汗陵是历史伟人、一代天骄成吉思汗的象征，它位于内蒙古的伊金霍洛旗甘德利草原上，占地约5.5公顷。由于蒙古族实行"密葬"，所以成吉思汗陵只是一座衣冠冢。

草原上的蒙古国大汗

　　铁木真的父亲是蒙古乞颜部的首领也速该，母亲是蔑儿乞部落的诃额仑。也速该和诃额仑在1161年相遇，1162年，铁木真出生在飘着奶茶和马奶酒香味漠北草原斡难河的上游地区。

　　在铁木真9岁时，他的父亲也速该被蔑儿乞部杀害。在铁木真18岁

■ 成吉思汗陵牌楼

时，昔日的仇敌蔑儿乞部的脱脱部长抢走了他的妻子孛儿帖。

铁木真向蔑儿乞部开战，打败了蔑儿乞人。1184年前后，铁木真被推举为蒙古乞颜部的可汗。

在长期的部落纷争中，铁木真不仅学会了谋略，还日渐谙熟兵法。

据说，铁木真每次发出集合队伍的号令后，就端坐在毡帐中，闭目数算，当计数到一定数目时，他突然睁开双目，这时军队也刚好集合完毕。

■ 成吉思汗画像

铁木真能运筹帷幄、决胜于千里之外，也能身先士卒、冲锋陷阵，他的军队纪律严明，战术灵活。他的铁骑部队冲锋时，如同草原上势不可当的风暴，令敌人闻风丧胆。

就是这样，他先后战胜了当时蒙古高原最强大的几个部落。善于统领军队的铁木真经常说：

没有铁的纪律，战车就开不远。

随着力量的不断强大，铁木真进一步统一了蒙古各部。在统一蒙古国的过程中，铁木真为自己的部落带回了各地的丰厚物资，他让一队队骆驼和牛车商队运载大量的贵重织物，用丝绸来捆扎货物，或者将丝

马奶酒 又称元玉浆，俗称酸马奶，是蒙古的传统美食之一，成吉思汗封它为御膳酒，是元朝宫廷和蒙古贵族府第的主要饮料。马奶酒味道醇香可口，具有消除胃火、帮助消化、调理体质、柔软皮肤、活血化瘀、改善睡眠、解毒、补血等功效。

青铜 是由青铜，红铜与锡的合金制成的器具，诞生于人类文明的青铜时代，包括炊器、食器、酒器、水器、乐器、车马饰、铜镜、带钩、兵器、工具和度量衡器。我国的青铜器艺术品完全是由手工制造，器型多种多样，器身浑厚凝重，花纹繁缛富丽，没有任何其他地方的青铜器能与我国的相比。

绸用作包装的材料。

各种各样的物资之中，还包括使用金银丝线镶边的长袍，缝制有小珍珠的丝绸拖鞋、地毯、墙帷、枕头、软垫和毛毯，还有绸制的肩带、编织物、饰穗及丝带。

除了丝绸和缎子之外，铁木真还为自己部落的人们带回了漆具、纸扇、瓷碗、金属盔甲、青铜刀、木偶、铁罐、铜壶、棋盘游戏和雕刻的马鞍，以及由绿宝石、珍珠、红玉髓、珊瑚、天青石、翡翠、钻石、象牙或龟甲等手工精心制作而成的头发饰物和珠宝饰品，还有酒、蜂蜜和红茶。

铁木真在作战时英勇无比，又在分配物资时慷慨

■ 成吉思汗陵铁马金帐群雕

而不贪婪，因此很快得到了部下们的尊重和拥护。铁木真对他的部下们说过：

> 打仗时，我若是率众脱逃，你们可以砍断我的双腿；战胜时，我若是把战利品揣进私囊，你们可以斩断我的手指。

铁木真还表现出了善于聚集人才的特点。他带回了各地的王子和牧师、裁缝和药剂师、占星术者和宝石商、画家和占卜者以及魔术师和金匠。任何有一技之长的人，都被铁木真集合到一起，并善待他们。铁木真曾经说过：

> 我一旦得到贤士和能人，就让他们紧随我，不让远去。

1206年，在斡难河畔的蒙古包内，蒙古各部首领召开了忽里勒台大会，一致推举44岁的铁木真为全蒙古的大汗，他正式登基成为大蒙古国皇帝，尊号成吉思汗。

"成吉思"是强大的意思，"汗"就是王的意思，"成吉思汗"寓意着"光的精灵般的蒙古大汗"，也正是在这个意义上，成吉思汗被称为蒙古民族的祖先。

成吉思汗极其重视军队的力量，因此，他统一蒙古草原后第一件事就是大封功臣、宗室，把在统一草原时已经实行的千户制进一步完善和制度化，创立了军政合一的千户制。

先后任命了一批千户官、万户官和宗室诸王，建立了一个层层隶属、指挥灵活、便于统治、能征善战的军政组织。成吉思汗还把占领区的人户编为95个千户，分封给开国功臣和贵戚们。

蒙古族原来没有文字，只靠结草刻木记事。后来，成吉思汗找到一个名叫塔塔统阿的畏兀儿人。塔塔统阿本来是乃蛮部太阳汗的掌印官，太阳汗尊他为国傅，让他掌握金印和钱谷。但铁木真让塔塔统阿留在自己左右，只要有颁布法令

■ 成吉思汗陵

和使用金印的时候，都会让塔塔统阿掌管。

　　不久，成吉思汗又让塔塔统阿用畏兀儿文字母拼写蒙古语，教太子诸王学习，也就是后来的"畏兀字书"。塔塔统阿在成吉思汗的要求下创制了蒙古文字，正是由于有了这种文字，成吉思汗才能把自己的命令颁布成文法和青册。

　　创制了蒙古文字后，成吉思汗颁布了《成吉思汗法典》，这是当时全天下第一套应用范围广泛的成文的法典。成吉思汗还建立了一套以贵族民主为基础的蒙古贵族共和政体制度，根据实际能力和忠诚，而不是他们的血统来任命将领。

　　成吉思汗是位心胸宽广的帝王。他建立的大蒙古国横跨欧亚两洲，当时全天下的各种宗教在大蒙古国的范围之内几乎应有尽有。

　　其中包括蒙古人原来信奉的萨满教，西藏、西夏和汉人信奉的佛教，金和南宋信奉的道教、摩尼教，畏兀儿和西方各国信奉的伊斯兰教，蒙古高原一些部

金印 也叫印玺，是我国古代帝王专用的，用来发布诏令的印章。印玺以方形为主，沉稳大气，印玺上的文字包括有鸟篆、大篆、小篆在内的各种字体，制作印玺的原材料有金、银、铜、玉、石，印工有琢、铸、凿等多种制作方法。

落乃至钦察、斡罗思各国信奉的基督教等。

成吉思汗虽然征服了天下，但他制定的宗教政策却很宽容，并不强迫所有人都要改信蒙古人的宗教，而是宣布信教自由，允许各个教派存在，而且允许蒙古人自由参加各种教派，还对教徒基本上免除赋税和徭役。对此，他曾说过：

> 如果蒙古人忘记了自己的文明、语言、文字，乃至民族，那么我将会随时回来再次统一你们的！但是蒙古族不拒绝世界上任何好的东西，蒙古族是多元的，要胸如千里草原！

成吉思汗虽然在兵法上有很高的造诣，却不是一位只知武力和野蛮的帝王。他倡导各国使节有豁免权，还废除了用酷刑逼供获取情报的方法。

成吉思汗在国土范围内建立了自由贸易制度，印制了天下第一种国与国之间通用的纸币。

成吉思汗雕像

而且，成吉思汗建立的贸易制度既把东方的印刷术、火药、兵器、罗盘和算盘传播到了西方，还使柠檬、胡萝卜、毛毯、面条、茶叶、纸牌游戏和裤子成为各国人们生活中必不可少的一部分。

1227年，成吉思汗过世了。他是一位高瞻远瞩的统帅，建立了一个横跨欧亚大陆的大帝国，促进了东西方的思想、技术和生活方式的交流，是我国历史上伟大的帝王之一。

阅读链接

铁木真小的时候就显露出不同于一般孩子的胆魄和机智。

他9岁那年，由于被其他部落暗算，他的母亲只好带着他和两个弟弟靠摘野梨、挖野葱、捉地鼠、钓鱼来填饱肚子，一家人过着艰苦的生活。

后来，十几岁的铁木真身体长得很健壮，其他部落的人怕他会和他们作对，就把铁木真捉了起来。

但是铁木真既聪明又有勇气。当他被敌人捉到时，并没有垂头丧气，而是装出一副惊慌害怕的样子由别人摆布，心里却时刻寻找机会准备逃脱，最终靠自己的智慧和勇气逃出了敌人的魔掌。

他也教育属下说："在力量不足的时候，就得忍让，违心地忍让！"

位于鄂尔多斯的圣地

据说，成吉思汗曾率领军队路过鄂尔多斯。他见这里水草丰美，花鹿出没，被这美丽的自然景色所陶醉，失手将马鞍掉在了地上。

部下正要拾起马鞍时，却被成吉思汗制止了，他对部下们嘱咐说："等我死后，把我葬在这里。"

■ 成吉思汗陵园

成吉思汗去世后，当运送他灵柩的灵车行至鄂尔多斯时，车轮突然陷进沼泽地里，即使套上了很多牛马也拽不出来。

这时，护送灵车的将领突然想起成吉思汗曾经说过的话，于是把成吉思汗的毡包、身穿的衫子和一只袜子安放在了鄂尔多斯，并进行供奉。这也就是后来的成吉思汗陵。

成吉思汗陵的陵园占地面积55 000多平方米，主体建筑由3座蒙古式的大殿和与之相连的廊房组成，建筑雄伟，整个陵园的造型犹如展翅欲飞的雄鹰，具有浓厚的蒙古民族风格。

陵园一共分为正殿、寝宫、东殿、西殿、东廊、西廊6个部分。其中，正殿、东殿和西殿是由3个蒙古包式的宫殿一字排开构成。

3个殿之间有走廊连接，在3个蒙古包式宫殿的圆顶上，有熠熠闪光的金黄色琉璃瓦和用蓝色琉璃瓦砌成的云头花，这是蒙古民族所崇尚的颜色和图案。

中间的正殿高达26米，平面呈八角形，重檐蒙古包式穹庐顶，上覆黄色琉璃瓦，房檐则为蓝色琉璃瓦；东西两殿为不等边八角形单檐蒙古包式穹庐顶，也用黄色琉璃瓦覆盖着，高23米。

■ 成吉思汗陵

忽必烈 蒙古族，我国古代卓越的政治家、军事家。他是幅员辽阔的统一多民族国家元朝的创建者，他在位期间，建立行省制，加强中央集权，使得社会经济逐渐恢复和发展。忽必烈在位35年，谥号圣德神功文武皇帝，庙号世祖。

正殿正中摆放成吉思汗的雕像，高5米，身着盔甲战袍，腰佩宝剑，相貌英武，端坐在大殿中央。塑像背后的弧形背景是"四大汗国"的疆域图，标示着700多年前成吉思汗统率大军南进中原，西进中亚和欧洲的显赫战绩。

在正殿通连东西两个侧殿的走廊里，绘有壁画。西走廊描绘的是成吉思汗一生之中的重大事件，东走廊描绘的是成吉思汗的孙子忽必烈的事迹。

壁画还表现了成吉思汗的孙子忽必烈统一中国，定都北京，在1271年时正式改国号为元，并追封成吉思汗为元太祖的盛况。

正殿的后半部分就是后殿，也就是寝宫，寝宫内安放着4个用黄缎罩着的灵包，包内分别供奉着成吉思汗和他的三位夫人的灵柩。灵包的前面摆着一个大供台，台上放置着香炉和酥油灯，还有成吉思汗生前用过的马鞍等珍贵文物。

东殿安放着成吉思汗的第四个儿子拖雷及其夫人的灵柩，西殿供奉着象征着9员大将的9面旗帜和苏勒定。

苏勒定是古代军旗上的铁矛头，在成吉思汗统一蒙古时，曾用苏勒定指挥过千军万马。传说在成吉思汗过世后，他的灵魂就附在苏勒定上。

在成吉思汗陵的东南角，有金顶大帐、选汗高台、草原市场、文物陈列馆、射击场、赛马场、蒙古摔跤场等设施。其中，金顶大帐高13米，直径18米，是一座蒙古包式的行宫。选汗高台高8米，是历史上牧民推选可汗时的建筑。

蒙古民族祭奠成吉思汗的习俗，最早始于1225年，到了1260年，成吉思汗的孙子忽必烈正式颁发圣旨，规定了祭奠成吉思汗先祖的各种祭礼，祭奠礼仪才逐渐完善。

祭礼一般分平日祭、月祭和季祭，都有固定的日期。祭品要供

■ 成吉思汗陵祭台

祭品 即祭祀时用的物品。根据不同种族和不同地域，祭品的形式十分丰富，有动物如猪、牛、羊、鸡，也有植物，还可以是衣物等物品。在远古时代和愚昧时代，甚至有拿活生生的人作为祭品；暴政时期也曾出现过用活人陪葬与祭祀的情形，十分残忍。

奉烤全羊、圣酒和各种奶食品，并举行隆重的祭奠仪式。

春祭的日期是每年的农历三月二十一，在祭祀规模中是最大、最隆重的。春祭的时候，各盟旗都要派代表或个人前往成吉思汗陵进行奉祭。在祭祀的时候，牧民们会身穿蒙古族节日服装，从四面八方来到陵园，向成吉思汗的塑像敬献美酒、鲜奶和哈达。

成吉思汗陵丛林茂密，芳草萋萋，鸟语花香，在宁静和谐的大草地中，成吉思汗陵以独具风格相互连通的蒙古包大殿，标示着中华民族史上威震天下的帝王成吉思汗的长眠地。

阅读链接

传说成吉思汗下葬时，为保密起见，曾经以上万匹战马在下葬处踏实土地。为了日后能够找到墓地，人们在成吉思汗的下葬处当着一峰母骆驼的面，杀死了其亲生的一峰小骆驼，将鲜血洒于墓地之上。

等到祭祀成吉思汗时，就牵着那峰母骆驼前往寻找。母骆驼会因想起被杀的小骆驼而在墓地哀鸣，祭祀者就在母骆驼哀鸣处进行隆重的祭奠。

可是，在那峰母骆驼死后，就再也没人能够找到成吉思汗的真正墓葬了，只能以衣冠冢纪念他。

据说成吉思汗去世时，有人拿白色公驼的顶鬃放在成吉思汗的嘴上和鼻子上，让灵魂附着在那团白色驼毛上，处理掉遗体，而把这团驼毛保存在衣冠冢里。后来有人打开过银棺，发现里面确实有一团驼毛。

王陵雄风

空前绝后的地下城堡

明祖陵

　　明祖陵位于江苏省盱眙洪泽湖西岸，是明太祖朱元璋的高祖、曾祖、祖父的衣冠冢及其祖父的实际葬地。朱元璋一统天下以后，于1386年在此建立祖陵，追封并重葬其祖父朱初一、曾祖朱四九和高祖朱百六三代，第二年在陵前建享殿。后来，永乐帝朱棣又建棂星门及围墙。

　　明祖陵被誉为"明代第一陵"，特别是21对庞大石刻，雄踞在长长的神道两侧，石刻规模之宏大，刻工之精细，造型之优美，线条之流畅，在国内少有，具有很高的艺术价值。

朱元璋光宗耀祖筑祖陵

朱元璋原名朱重八，字国瑞，1328年10月21日出生，安徽凤阳人。他的父亲是朱世珍，母亲是陈氏，家庭很贫困。

朱元璋16岁时，因旱灾夺去了他家里大部分成员的性命。他只好在一个佛教寺院做小行童。

明太祖朱元璋画像

1352年，朱元璋参加起义军郭子兴的军队。他入伍后，因为作战勇敢，而且机智灵活、粗通文墨，很快得到了郭子兴的赏识。

1355年，朱元璋一举攻克了和州，被郭子兴任命为总兵官。

1364年，朱元璋称吴王，建百官司属。

1368年，朱元璋在南京称帝，国号大明，年号洪武，先后平定四

■ 明祖陵远景

川、广西、甘肃、云南等地，建立全国统一的政权。

朱元璋在即位前，先设立祭坛。然后，下旨建造太庙，追尊他的高祖为玄皇帝，曾祖为恒皇帝，祖父为裕皇帝，父亲为淳皇帝，并奉上玉宝、玉册。追封后，也按规定仪式进行祭奠。

但是，朱元璋当时不知道他的祖陵在哪里。有人上奏说，朱元璋祖陵就在镇江句容的朱家巷。于是，朱元璋便叫人在朱家巷筑了一个土堆，名叫"万岁山"，并亲临祭拜。谁知那个土堆却裂开了，朱元璋便不再把那个土堆视为祖陵的所在地。

直至1384年，朱元璋的族人朱贵入朝献祖陵图，朱元璋才搞清了祖陵的位置。朱贵告诉朱元璋，朱家的祖上都是从句容朱家巷搬到泗州的淘金户，朱元璋的祖父朱初一曾携带全家老小居住在古泗州城北的孙家岗。而朱贵的祖辈也和朱初一一起搬到这里，并且

玉册 也叫"玉策"，是我国古代用玉版制作的诏书。玉册是皇帝用来册封王公后妃或者在进行祭祀的时候使用的。除了玉册，还可以分为祝策、谥策、哀策、立策、封策、赠谥策、祭策、赐策、赏策等。

■ 明祖陵牌坊

成了近邻。

据说有一天，朱初一在附近的杨家墩割草，躺在草丛歇息时，看见了两个过路的道士，他们正讨论说杨家墩是块风水宝地。正说着，其中一个道士就拿起一根枯枝插在了土墩上，随后离开了。

朱初一很好奇，每天都来杨家墩割草，观察那根枯枝，过了10天，他发现那根枯枝居然发了芽。朱初一很吃惊，不敢相信这是真的，就随手换了一根枯枝替代，也插在了土墩上。

两个道士再经过这里时，发现他们插的树枝被人换了，就找到偷换树枝的朱初一说："如果你死后就葬在这里，你家的后代就会出大贵人，这是天机，不可外泄。"

朱初一回家后告诉自己的儿子朱世珍，自己过世后一定要埋在杨家墩。

1327年时，朱初一病逝，朱世珍按照他的要求，把朱初一埋在了杨家墩。朱世珍葬父之后，由于洪灾无法生存，就携一家老小西去，住在了盱眙县灵迹乡。

不久，朱世珍的妻子陈氏生下了朱重八。随着一声啼哭，红光冲天而起，四邻惊呼着前来救火，却发现原来是朱家大喜了。这个伴着祥瑞之兆出生的孩子就是后来的明太祖朱元璋。

朱贵献上的祖陵图使朱元璋非常激动，立即开始下令筑建祖陵。1386年朱元璋命令皇太子朱标带领文武群臣和工匠，到泗州城北的杨家墩，开始修建祖陵。

历朝历代的皇帝，大多都是在生前为自己建造辉煌的陵墓，朱元璋是第一个为自己的先祖建陵墓，而且还把从没谋面的高祖、曾祖、祖父全部葬于一墓的皇帝。

朱元璋下令修建祖陵，正是为了感谢祖宗庇佑他成为皇帝，也是为了光宗耀祖。

祥瑞 我国古代的说法，代表大吉大利心想事成的意思。祥瑞的种类很多，大体分为5种，也就是5个等级。其中，龙、凤、麒麟、龟、白虎是嘉瑞，是最高等级的瑞兆。嘉瑞之后分别为大瑞、上瑞、中瑞、下瑞4个等级。

阅读链接

1355年时，被郭子兴任命为总兵官的朱元璋镇守和州，也就是后来的马鞍山市和县。

有一天，朱元璋外出时看到一个小孩在伤心地哭泣，就问孩子为什么哭。

孩子回答说是等父亲。

朱元璋仔细询问才知道，原来孩子的父亲和母亲都在军营，父亲在营中养马，母亲和父亲不敢相认，只好以兄妹相称。朱元璋意识到，部队军纪存在问题，他们攻破城池后，扰民滋事，掳掠妇女，这样下去，部队将失去民心。

于是，朱元璋召集众将，申明纪律，下令军中有夫之妇还乡，让城中许多被拆散的夫妻团圆。此事广为传颂，使朱元璋深得民心。

隐藏在水中的宏伟建筑

1389年祖陵玄宫建成后，太子奉德祖、懿祖帝、熙祖三祖考的衣冠亲赴敬葬。以后陆续增修，直至1413年，才把朱元璋的高祖、曾祖、祖父三代的陵墓全部修建完成。杨家墩也被改称为"明祖陵"。

明祖陵的修建，前后历时近30年，营建时间之长、体制之宏伟，在诸代明陵中少见。

明祖陵背靠有"九岗十八洼"之称的丘岗，面临淮河，基本仿照唐宋帝陵的规制，又废止了唐宋诸陵的上下宫制，显得十分紧凑。

陵园总体平面呈长方形，南北走向。筑有城墙三重：外为土城，周长3千米，中为砖城，周长1.1千米，内为皇城，建有正

明祖陵麒麟雕塑

殿、县服殿、神厨、斋房、宰牲亭、玉带桥等。

神道是皇帝生前排班序列的略影，在长约300米神道的两侧，共有21对石像生，自北向南排列。

石刻体形硕大、雕琢精细，其中有麒麟、神道石柱、马官、文臣、武将、内侍各两对，石狮6对，石马一对，拉马侍卫一对。其中最大者重达20多吨，小者也有5吨以上。

在配置顺序上，4尊雄性麒麟为首。麒麟是神话传说中的瑞兽。祖陵石像生之首设置麒麟，进一步表明了明祖陵的肇基地位。

4尊麒麟头顶独角，身披鳞甲，四肢敦实，足似象脚。其鳞甲呈圆形状，而且相互叠压。全身鳞纹，一丝不苟。

麒麟的尾巴粗而长，从尾根至底座，由于采取了精细的线雕法，其尾毛从根至尖，一丝不乱。

麒麟的颈毛，以脊柱为界，分别披散在两旁，其雕法与尾毛一样一丝不苟。在麒麟的胸、颈及臀部，雕有云气纹，这不仅是华贵的纹饰，同时也寓意着祖陵是神仙的境地。

■ 明祖陵武臣石雕

两对文臣的石像，手握笏板扣于胸前，头戴爵弁，身着交叉叠领官衫，脚蹬高底朝靴，腰系玉带，文质彬彬。

两对武官头戴兜鍪，身着铠甲，腰系战裙，脚蹬铁网靴，双手握剑，怒目圆睁。两对太监较矮小，双手抱拳于胸，既无净鞭，也无笏板，一身宫装，静立在金水桥南，随时听候君命。

那6对高大雄壮的雄狮的石像，在祖陵石刻中，用狮之多，用兽之精，是其他帝王陵墓中不多见的，这也是明祖陵神道石刻的独特之处。陵前放置着威严的雄狮，显示着陵墓主人至高无上的地位和威严。

俗语说，狮子大开口。而这里的狮子却都闭着嘴巴，万兽之王在皇帝面前的驯服，意喻皇家的无比威严。在造型上，祖陵狮子一律呈蹲坐状，但形象各不相同。狮子的鬃毛旋卷成4个螺旋状，颔须对称地飘向两侧。

由于石刻工艺采取浅浮雕的手法，狮身的肌肉也表现得自然逼真。另外一头狮子的颈上佩有饰带，饰带上雕有花纹，同时颈间还有铺首环铃及绣球。

位于狮子后面的是两对望柱，望柱也就是华表，是皇权的象征。其寓意着皇权顶天立地，统治着四面八方。第一对是仿唐望柱，柱身富丽华贵。

笏板 又称"手板""玉板"或"朝板"，用玉、象牙或竹制成，是我国古代臣子上殿面君时的所用工具。古时候文武大臣朝见君王时，可以用笏来记录君王的命令或旨意，也可以将要对君王上奏的话记在笏板上，以防止遗忘。

望柱的八棱面上雕有缠枝如意牡丹、葵状菊花等花卉。八棱柱上沿为棱形束腰，束腰上为八棱石榴状柱头。另一对则是素面素身、简洁大方，体现了宋代石刻的特点。

华表的顶端，一种是石榴，代表多子多孙；一种是寿桃，代表万寿无疆。

华表过后，排列的是马官和拉马侍者。马官双手握鞭于胸，马鞭绳纹清晰逼真。在祖陵石像生中，最为突出的是拉马侍，整个石雕和青石底板连为一体，重23.4吨。

祖陵石像生无论是文臣武将，还是神兽，形体都十分高大威武，充分体现"子孙不能欺祖"的威严。

祖陵的石马又称"天马"，四肢稳健，站立在青石底板上，马头辔饰齐全，辔带上面雕着葵形、菊花等花卉。辔中的绒球，缰绳的绳纹，嘴衔的马标辔饰

爵弁 也叫"雀弁"，是我国古代礼冠的一种，比冕次一级，外形很像冕，但前面没有压低，也没有悬垂的玉串。在我国古代，进行祭祀、成人礼以及男子结婚时，都要戴爵弁。

177

水下皇陵

明祖陵

■ 明祖陵文臣雕塑

龙 我国古代神话与传说中最神异的祥瑞之兽，是华夏民族的代表，代表着帝王，也是我国的象征。传说龙能显能隐，能细能巨，能短能长，可以呼风唤雨，上天入地。龙代表着兴旺、胜利和吉祥。

的铆接，鸾铃的挂置，项上的鬃毛，全身的肌肉，以及眼、耳、鼻、口都雕得精细逼真。

特别令人叹为观止的是石马马鞍的雕艺。

马鞍四周雕有缠枝卷叶，内层密布朵朵祥云，大小交错，高低相映，左右有两凤腾空飞舞，双翅展翔，尾羽在太空中飘散。马鞍中部有一圆圈，圈内有一龙腾空飞跃，龙眼圆睁，龙口大张。龙凤身上的鳞甲、纹饰、羽毛清晰可见。

整个马鞍构图精巧、纹饰华贵。

在装饰纹样上，整个马鞍多采用具有浓郁的民族风格装饰。既有腾云驾雾的巨龙，又有翩翩起舞的双凤，既有空中流动的云朵，也有地上盛开的牡丹，有动有静，动静相济，工整对称，又有变化，既富有吉祥之意，又给人以圆润流动的飘逸之感。

明祖陵所有的石刻，全部都是雄性。一方面是因

■ 明祖陵石马雕塑

■ 明祖陵石刻群

为雌性显得不威武；一方面是皇帝陵墓是阴宅，需要阳性的东西来调和。这样在陵墓里的祖先，才能住得安稳。

祖陵石刻群是明代帝陵石刻中最为精美的一组石刻群，这些石刻规模宏伟，技艺高超，线条流畅，整体风格既不同于凤阳明皇陵，也不同于明孝陵和明十三陵，倒与宋陵石刻的风貌相近。

祖陵石刻，在雕刻手法上运用了浮雕、半浮雕的技法，经过精琢细磨，使石刻的细部显得流畅华丽。从造型和雕功上，可以看出石刻匠人丰富的想象力和高度的创造精神，同时也可以看出他们娴熟的技艺和细腻的功法。

祖陵石刻博采历代石刻艺术的精华，经过改造、创新，创造了明代石刻艺术新的技艺，使石刻在技法、造型、纹饰、华贵等方面独领风骚，代表了明代

凤 我国神话传说中的瑞鸟，也是古代传说中的鸟王，雄的叫凤，雌的叫凰，通称凤。传说凤头似锦鸡、身如鸳鸯，有大鹏的翅膀、仙鹤的腿、鹦鹉的嘴、孔雀的尾。凤象征美好与和平，比喻有圣德的人，是吉瑞的象征，也是皇后的代称。

■ 明祖陵石雕

石刻艺术的新成就。

地下玄宫，是明祖陵肇基地基的风水宝地之一，是风水学中龙穴的所在地，共有9个拱券，每个拱券下有一个两扇对开的大石门。

一般情况下，墓葬只葬一对夫妇，而明祖陵地下玄宫却是三代祖宗的衣冠冢，像这样3套墓室共为一体的奇特建筑艺术，在陵墓史上是很少见的。

在明祖陵建成以后，每年清明时节，朱元璋都要亲自带领御林军从南京出发，浩浩荡荡，前去祭祖。

明祖陵崇丽无比，但是它却不在高山大阜之侧，而是在有"九岗十八洼"之称的丘岗之地。

1494年，明王朝都察院右副都御史刘大夏筑建太行堤坝阻断黄河北面的支流，使南面的支流夺去了淮河的流道，使得淮河河道开始紊乱，从此淮河中、下游连年洪水泛滥，祖陵也不断遭受水患。

御史 我国古代官职之一，负责监察朝廷、诸侯官吏的失职和不法行为，同时也负责保管朝廷的档案文件。分为御史大夫、监察御史、殿中御史等。当丞相空缺时，经常由御史大夫接任。

明万历年间总理河道的工部尚书潘季驯提出了"蓄淮刷黄"的治水方略。他主张筑堤纳水归于一道，反对疏浚支流另开新河，而应当"筑堤束水，以水攻沙""借水攻沙，以水治水"，最终潘季驯取得了明神宗的支持。

但很快清河口的泥沙高淤，靠近这里的淮河河床也被黄河水倒灌而增高了，这又使淮水的冲击力减弱，遇阻即回，沙随波停，淮水所带泥沙又在清河口停淤。

淮水无力刷黄，又无法从清河口入海，而入湖故道又尽筑高堰，淮水上溢泛滥。据有关史料记载：

不得不久潴旁溢，汪汇浩荡，始犹淹漫两岸，会合诸湖，继而夏秋泛涨，一望无

工部　我国封建时代中央官署名，是掌管营造工程事项的机关，也是吏、户、礼、兵、刑、工的六部之一。工部主要负责土木兴建，武器的制造，水利枢纽的疏通，包括矿冶和纺织也是工部的管辖范围，还要主管一部分金融货币和统一度量衡。

■ 朱元璋雕像

际，浩荡龙沙，震惊陵寝，而泗洲之祸岁烈一岁矣。

连年的水灾，至1680年6月，淮河上下游地区，连续70天阴雨，泗州城逐渐倾覆在滔天洪水之中，明祖陵也就此沉入水下了。

经过湖水长期的侵蚀和冲击，坟丘被荡平了，原先地面的砖木建筑大多毁坏，仅余下棂星门、正殿、东西两庑遗址和残存的30多个大型柱础、砖砌拱顶建筑3座，但神道两侧的21对石像大多完好。

后来洪泽湖水位下降，明祖陵才得以重见天日，但木制建筑却荡然无存了，仅剩外罗城城墙以及后来发掘修复的石像。

明祖陵被水淹没遭到损坏，却也因水得到保护，被水隐藏的地下之墓，避免了遭到破坏。宏伟而壮丽，独特而罕见，这就是气势不凡的明代第一陵，明祖陵。

阅读链接

1963年，洪泽湖水位下降，明祖陵遗址逐渐露出水面，显露出地宫拱门和甬道。据说当年朱元璋修祖陵时，给这方圆几十千米内的村民都赐姓朱，世代守陵。直至洪泽湖水位下降时，明祖陵附近的3万多居民里，仍有近80％姓朱。

据说，守陵人中有一位当地人曾好奇地打过拱门里的水，他惊讶地发现，明祖陵拱门里的地下水触手冰凉刺骨，令人寒气顿生。但是拱门外的水潭则始终是常温的，终年不冰。

一门之隔居然有如此差别，十分神奇。因此，守陵人们都认为，拱门内的水底下有神灵保护，守护着明祖陵不被人发现打扰，因此使水温下降，寒气逼人。

明显陵

明显陵是明世宗嘉靖皇帝朱厚熜的父亲恭睿献皇帝朱祐杬、母亲章圣皇太后的合葬墓，位于湖北省钟祥城北的纯德山。

明显陵的建筑手法独特，其陵寝建筑中金瓶形的外罗城、九曲回环的御河、龙鳞神道、琼花双龙琉璃影壁和内外明塘等都是明陵中仅见的孤例，尤其是"一陵两冢"的陵寝结构为历代帝王陵墓中绝无仅有。

明显陵原始建筑和环境风貌保存完好，建筑规模宏大，陵寝结构独特，文化内涵丰厚，堪称我国帝陵的璀璨明珠。

明世宗几经周折建陵

1521年3月，明武宗驾崩，他没有留下子嗣，也没有兄弟。眼看江山后继无人，皇太后和内阁首辅杨廷和商量后决定，由血缘最亲近的皇室来继承皇位。

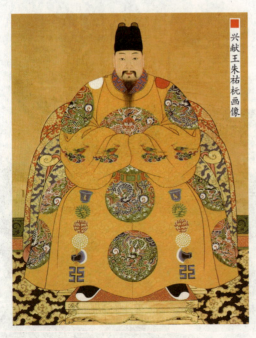

兴献王朱祐杬画像

因此，武宗的堂弟，兴献王朱祐杬的儿子朱厚熜当上了皇帝，第二年改年号为嘉靖，成为后来的明世宗。

朱厚熜即位后的第六天，就下令礼官一起讨论他父亲兴献王的称号。为了维持最纯正的皇家血统，以首辅杨廷和、礼部尚书毛澄为首的朝臣们引用汉定陶王和宋濮王的故事，建议朱厚熜应该把武宗的父亲、明孝宗弘治帝朱祐樘尊为先皇，称"皇考"，把自己的亲生父亲朱祐杬尊为皇叔父。

但是，朱厚熜没有同意，要求另议。由此，就开始了以首辅杨廷和等为一方，以皇帝和张璁、桂萼等为另一方的"大礼议"之争。

1521年7月，观政进士张璁向朱厚熜上奏了一篇《正典礼疏》，这篇疏文反驳了杨廷和的说法，认为朱厚熜应该遵循自己本家的血统，并主张将朱厚熜的亲生父亲兴献王朱祐杬尊为先皇，为他在京师立庙。

■ 明显陵石碑

朱厚熜看完这个上疏后很高兴，立即召见杨廷和等人宣布自己将下令尊自己的父亲为兴献皇帝，母亲为兴献皇后，但被杨廷和等人反对。

张璁人单势孤，难以动众，世宗只有先对杨廷和妥协。但在奉迎生母蒋妃入京的礼仪上，朱厚熜坚持行以迎皇太后之礼，并在遭到杨廷和反对后表示愿意辞位，奉母返回安陆，杨廷和无奈之下只得让步。

1521年10月，朱厚熜以皇太后礼迎母亲入宫。

后来，张璁多次讨论古礼，再次上疏，抨驳杨廷和等人的议礼之失，请正大礼之议。赞同张璁等人的主张者越来越多，朱厚熜又决定召张璁及桂萼等人来京议礼。党附杨廷和的阁臣为阻止张、桂等人来京，

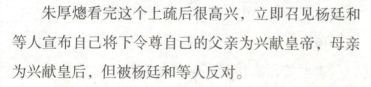

首辅 也叫"首揆"或"元辅"，是我国明代对首席大学士的称呼。大学士拥有和宰相同样大的权力，负责主持内阁大政，还要参与国家大事的重要决策。大学士还要负责为皇帝起草诏令，批答奏章。

■ 明显陵远景

在4月的诏书中，加称世宗父母为"本生皇考恭穆献皇帝"和"本生圣母章圣皇太后"。

朱祐杬被追尊为皇帝后，原有的兴献王坟也相应按帝陵规制升级改建了。

1523年4月，兴献王坟原来覆盖的黑瓦换为黄琉璃瓦，并修筑神路桥等。

1524年的3月，王坟正式更名为"显陵"。

同年8月，显陵太监杨保进言说，显陵的陵殿门墙规模狭小，还是按照天寿山的陵墓形势修建更为适宜。虽然这个建议被工部尚书赵璜反对，但朱厚熜还是听从了杨保的建议，在1527年，对显陵进行了一番扩建和翻修。

朱厚熜派人修葺了显陵的宝城、宝顶并重建享殿，增建方城明楼、睿功圣德牌楼、大红门，并在龙凤门前的神路两侧建置瞭望柱和12对石像生等。

1531年2月，又将松林山敕封为"纯德山"，立碑建亭。

1532年10月，改建工程告一段落。

1538年12月，朱厚熜的生母章圣皇太后病逝，朱厚熜本来准备另寻一块风水宝地将显陵北迁，并下令武定侯郭勋和工部尚书蒋瑶等督工建造新陵，再将他皇考的梓宫迁于此处。

梓宫 指的是我国古代时期为帝王和皇后用梓木制作的棺材。由于梓木材质轻而耐朽坚韧，木理优美并带光泽，因此是我国古代的木艺艺术最常用的原材料。古代帝王、王后下葬时专用梓木做棺。此外，梓木还是木胎漆器、乐器和雕版刻字的优质材料。

然而，这个决定一直遭到朝臣及章圣皇太后的反对，朱厚熜只好将他母后的棺椁合葬入显陵。

1539年的农历正月，朱厚熜南巡承天府时，认为显陵玄宫有水，需要重建玄宫，再好好整修一下陵墓。于是，朱厚熜降谕礼部说："皇考显陵，昔者建造狭隘，虽尝增修，犹多未称。兹朕躬诣陵下，与诸左右大臣周阅山川，更卜吉兆，重建玄宫，以妥皇考皇妣神灵于无穷……骑登陵山，立表于皇考陵寝之北……命改营焉。"

于是，工部的左侍郎顾麟等人立即督工，按朱厚熜钦定的图式兴建新的玄宫，并用一座称为"瑶台"的高大砖石平台，将新旧宝城串联起来，形成了一陵双冢这种明代帝陵中独一无二的特殊格局。

1539年的5月，朱厚熜派了京山侯崔元护送章圣皇太后的灵柩，7月时，章圣皇太后的灵柩同朱祐杬

谕 我国古代帝王诏令文书的文种之一，是以上级告知下级文书的通称，君臣都可以使用。但皇帝下达的谕令都要加"上"字，上谕是皇帝专用的文书。皇帝派侍臣口头下达的命令叫谕旨。

187

天造地设

明显陵

■ 明显陵牌坊

明显陵遗址

合葬在显陵新玄宫内。

1542年，朱厚熜将荆州左卫改为显陵护卫军，还把李貌才等人率领的1200多人的正规军充进了护卫军。

1542年9月，朱厚熜下令修建显陵的祾恩殿，派遣内宫监太监黄锦和巡抚湖广右侍郎陆杰监督修建工程。此后，显陵建设继续进行，1554年的4月，朱厚熜又下令改建祾恩殿，并让工部右侍郎兼都察院右佥都御史提督的卢勋监督工程。

明显陵布局巧夺天工，工艺浮雕精美绝伦，自然风光优美，堪称我国帝陵中的璀璨明珠。

阅读链接

在建陵墓之前，找到陵墓的"龙穴"是重中之重。几经筛选后，朱厚熜决定由一个号称"何半仙"的风水师负责。

何半仙带着一班文武官员在松林山上转悠了几天，终于选定了一个地方，说那里就是龙穴的所在地，他还断言，这块龙穴挖下去，肯定能挖出什么东西。

杂役们就往下挖，挖到一丈多深时，见到了一块石碑，取出来用水冲洗干净后，雪白的石碑上有首诗：此地本是帝王家，老僧借住五百年。帝王如若来到此，将我移到东山边。

何半仙马上烧香叩了几个头，请示官员后，将老和尚的遗骨挖出来，埋到了东山边。

独特的帝王陵寝格局

明显陵位于湖北钟祥市城东北的纯德山，是明世宗嘉靖皇帝的父亲恭睿献皇帝朱祐杬、母亲章圣皇太后的合葬墓。

明显陵的围陵面积约183万平方米，整个陵园双城封建，其外罗城周长约3.6千米，红墙黄瓦，金碧辉煌，蜿蜒起伏于重峦叠嶂之中。

■ 明显陵牌楼

■ 明显陵围墙

由30余处规模宏大的建筑群组成，依山间台地渐次布列有纯德山碑、敕谕碑、外明塘、下马碑、新红门、旧红门、御牌楼、望柱、石像生、棂星门、九曲御河、内明塘、祾恩门、陵寝门、双柱门、方城、明楼、前后宝城等，疏密有间，错落有致，尊卑有序，建筑掩映于山环水抱之中，相互映衬。

明显陵的建筑格局，从整体看，宛如一个巨大的宝瓶，分内外围城。外围城高6米，宽1.8米，长3500余米，红墙黄瓦，随山势起伏，雄伟壮观。外围城南端为两重陵门，称新、旧红门。

新红门面阔18.5米，进深8米，为外罗城的门户，是显陵陵区入口的标志，也是显陵由王墓扩建为帝陵的重要标志之一。与之相对应的是显陵为王墓时的门户，旧红门。

最为独特的是，新旧两重红门不在一条中轴线上，这在我国古代传统建筑中是很少见的，但同时它也成为我国明代"陵制当与山水相称"的陵寝建筑文化的成功范例。

新红门右侧建有外明堂，"明塘"取"明堂"的谐音，是按风水学设计的。风水理论认为，水有界止龙气流失的作用，在陵区设置明塘，起着聚集灵气，防止龙气流失的作用，它将使千秋帝业永葆昌盛。

宝瓶 我国的风水学认为，宝瓶有吸收煞气，趋吉避凶的作用，寓意着吉祥、富贵和旺财，是镇宅风水学里必不可少的物件。镇宅用的宝瓶要按照室内空间选择大小，以五行确定颜色，确定良辰吉日并在内部放置朱砂。

新红门前有下马碑两通，上书"官员人等至此下马"。新红门右侧依原有天然池塘建有外明塘，外明塘后为3座御桥。过了御桥就是正红门。

正红门红墙黄瓦，歇山顶式，面阔18米，进深7.8米，有券门3座。进正红门神道正中立着高大的睿功圣德碑亭，平面布局为方形，面阔进深均为18.3米，占地334平方米，汉白玉台基，下设石须弥座，上为重檐歇山顶，四边各开有券门，正中立龙首龟趺睿功圣德碑。

碑亭后63米处设御桥3座。过了桥便是汉白玉望柱，通高12米，下为方形须弥座，柱身为六棱形，两层束腰云盘托着圆柱形有云龙纹浮雕望柱头。

望柱后排列着石像生群，共有狮子、獬豸、卧骆驼、卧象、麒麟、立马、卧马各一对，武将两对，文臣、勋臣各一对，造型生动，排列有序。

石像生后是作为石像生依托的龙凤门。

龙凤门的设计十分精巧，为六柱三门四楼冲天式牌楼，方柱上悬出云板，上覆莲座，莲座上各雕有一尊朝天吼、正身立火焰宝珠，坊身仿木作为设额枋、花板、抱框，上额枋设有门簪，方柱前后夹有抱鼓石，影

191

天造地设

明显陵

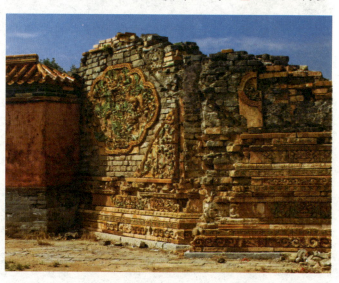

■ 明显陵琉璃影壁

■ 明显陵龙形神道

壁墙下设须弥座，上盖黄色琉璃瓦，整个龙凤门不仅洁白耀眼而且金碧辉煌。

从龙凤门穿过御桥就是一条长达290米的神道，这条神道不是左右对称和通直的，而是呈现弯曲龙行状，名叫"龙形神道"。

龙形神道的中间铺筑着石板，称为"龙脊"，两侧以鹅卵石填充，称为"龙鳞"，外边再以牙子石收束，总称为"龙鳞道"。

朱厚熜崇尚道教，而弯曲的路形就好似一个巨大的阴阳太极图。这种设计也和我国古代风水学有关。

明代风水理论认为：

路也大关风水，生旺而弯环则吉，衰死而硬直则凶。

也就是说，皇帝的灵魂会在经过神道尽头之后飞上天空。所以，如果神道是笔直的，会像一条僵死的

道教 是我国土生土长的宗教。道教起源于上古时期鬼神崇拜，发端于黄帝和老子，创教于张道陵，广泛吸收了诸子百家的精华思想内容。道教以"道"为最高信仰，追求自然和谐、国家太平、社会安定、家庭和睦，相信修道积德者能够幸福快乐、长生久世。

龙，但如果神道是弯曲的，就像一条活灵活现、正在腾飞的龙了。

同时，新旧红门不在一条中轴线上，也是这个道理，它就像龙的尾巴一样，整个形状从空中看，就像一条腾飞的游龙。

龙形神道的后面就是最后3座御桥。桥下是由东北向西南蜿蜒而过的九曲河。过了九曲河最后一道御桥就是圆形的内明塘，内明塘直径33米，周边砌有青石护岸。塘两边各设有碑亭一座，分别为"纯德山祭告文碑"亭和"瑞文碑"亭。

内明塘后，为祾恩门，面阔3间，进深2间，建有月台，前后三出云龙丹陛，门两边有琉璃影壁，影壁正面为绿色琉璃的蟠枝图案，背面为双龙腾跃，喻义藏龙护生。

祾恩门外东侧，建有神厨、神库、宰牲亭等。西侧建有神宫监，礼生乐户直房等。

阴阳 源自古代人民的自然观。古人观察到自然界中各种对立又相连的大自然现象，如天地、日月、昼夜、寒暑、男女、上下等，以哲学的思想方式，归纳出"阴阳"的概念。早至春秋时代的易传以及老子的道德经都有提到阴阳。阴阳理论已经渗透到中国传统文化的方方面面，包括宗教、哲学、历法、中医、书法、建筑、堪舆、占卜等。

■ 明显陵神道

■ 明显陵匾额

祾恩门后是祾恩殿，祾恩殿是歇山后抱厦宫殿式建筑，面阔5间，进深4间。前出月台，石雕须弥座台基，雕栏龙凤望柱。祾恩殿后就是显陵的陵寝门，面阔3间、砖石琉璃结构。陵寝门后为二柱门，有存石柱和蹲龙战鼓。

二柱门后为石五供，现存供案和部分石雕供器。供案两侧各有碑亭一座，分别是御赐祭文碑亭和御赐谥册志文碑亭。

供案后就是明楼、茔城、瑶台等，建筑宏大，雄伟壮观。特别是呈"8"字形的两大茔城，两座隐秘的地下玄宫由瑶台相连，布局巧夺天工，工艺浮雕精美绝伦。

茔城分前后两圈城墙，左右连接着前后宝城。每个宝城都建有一套月牙城、哑巴院和琉璃影壁，两宝城之间用很长的平台连接起来称为"瑶台"。

王爷 我国古代对有王爵封号的人的尊称。王爷分为亲王、郡王两等，其中，亲王专封皇子、皇帝兄弟，郡王则是皇太子的儿子的封号。后来，对国家和民族有贡献的节度使、武臣、文官或者平民也可以被授予王爷的称号。

前宝城呈椭圆形，墙高5米，东西宽112米，南北长125米。宝城内为宝顶，宝顶下为1519年所建玄宫。城内的圆形土冢之下就是为当时还只是王爷的兴献王朱祐杬营建的墓室。

后城为圆形，直径103米，墙高5.5米，城内圆丘之下的玄宫，是1539年建的，恭睿献皇帝与其妻章圣皇太后就合葬在此。

后宝城与瑶台之间还建有月牙城，内有琉璃影壁一座。两座宝城上共有向外悬挑的散水螭首16个，设计精巧。陵区外围沿祖山、东西沙山、案山建有显陵卫、东果园、西菜园、更铺及巡山铺等。

莹城上面就是明楼，明楼平面呈正方形，边长9.2米，楼内有写着"恭睿献皇帝之陵"的碑，两侧列立着为兴献王制作的圹志。城台之前，有石雕五供

195

天造地设

明显陵

■ 明显陵城墙

台和一对望柱，望柱的柱顶各立獬豸一只，左右还分立着御制碑文和《兴献尊谥文》碑。

陵园内各建筑物的基础，大部分采用须弥座式的石雕台基，上刻简练精美的纹饰。门券石多以汉白玉刻龙纹贴面。祾恩殿前的云龙丹陛、散水螭首及回廊栏杆等构件的雕刻技法尤为精湛，是明代石刻艺术的典型作品。

明显陵陵寝建筑中金瓶形的外罗城、九曲回环的御河、龙鳞神道、琼花双龙琉璃影壁和内外明塘等都是明陵中仅见的孤例。由瑶台相连而呈哑铃状的两座隐秘地下玄宫神秘莫测，一直为后人称奇。

阅读链接

一陵两冢的意思是，两个坟冢代表了墓主人的两重身份，藩王和皇帝。第一个坟冢是为兴献王营建的墓室，而后一个坟冢则是为恭睿献皇帝与其妻章圣皇太后合葬时新修的玄宫。

朱厚熜当了皇帝以后，不仅有心将他的父亲追尊为皇帝，而且有意将其父的陵寝迁往北京。

这一想法，遭到朝中一些大臣的反对，工部尚书赵璜对他说："显陵有3条理由不能迁，先皇体魄所安，不可轻犯。第一，山川灵秀所萃，不可轻泄；第二，皇陵是国家根本所在，不可轻动；第三，是以太祖不迁皇陵，太宗不迁孝陵，廖以为法。"由于这样，显陵最终没有被迁往北京。

明孝陵

明孝陵位于南京钟山南麓独龙阜玩珠峰下，茅山西侧。是明朝开国皇帝朱元璋和皇后马氏合葬于此。

明孝陵建于1381年，翌年马皇后去世，葬入此陵。因马皇后谥"孝慈"，故陵名称"孝陵"。1398年，朱元璋病逝，启用地宫与马皇后合葬。

作为我国明陵之首的明孝陵壮观宏伟，代表了明初建筑和石刻艺术的最高成就，至1413年建成"大明孝陵神功圣德碑"，整个孝陵建成，历时30余年。

朱元璋推崇皇权建孝陵

明孝陵神道石雕

朱元璋在1368年在南京称帝后，先后采取了一系列推崇皇权的措施，在墓葬制度上的突出一点就是恢复了皇帝登基后造寿陵的制度。

据说，在朱元璋即位后不久，还特意向刘基、徐达、常遇春、汤和等定鼎功勋大臣们征询对陵址的意见，让每人为他选一个陵址，写在纸条上。

结果，大臣们不约而同地在各自的纸条上都写着"独龙阜玩珠峰"6个字。

于是，朱元璋就确定了自己的陵址。

独龙阜玩珠峰位于南京金陵山，是金陵山的主峰，山秀林幽，背靠钟山，面临平川和前湖，是块理想的"吉壤"。

南京金陵山东西长约7千米，南北宽约3千米，三峰耸峙，中峰高约448米，虽不高但巍峨。这里自古以来就有"钟阜龙盘，石城虎踞"之说。

据史书记载，战国时期楚威王灭越后曾在此地埋金，以镇"王气"，因此名叫"金陵山"。

汉朝时，金陵山改称为"钟山"，三国时，东吴孙权封秣陵尉蒋子文为都侯，为蒋子文立庙，又改称钟山为"蒋山"。因蒋山多紫红色的砂页岩、石英砾岩、石英岩，在阳光下常紫气蒸腾，金色绚丽，所以东晋时又称为"紫金山"。

1380年，朱元璋为了在此建造寿陵，下令将这里

刘基 明朝开国元勋之一，也是元末明初时杰出的军事谋略家、政治家、文学家和思想家。刘基精通经史、天文和兵法，辅佐朱元璋完成帝业、开创明朝并尽力保持国家的安定，因而驰名天下，被后人比作诸葛武侯。

原来的蒋山寺拆迁到钟山东南，并赐名为"灵谷寺"。

1381年，朱元璋下令从全国征调大批军工民夫建造规模浩大的陵墓。1382年时，陵墓地宫基本完工了，其建造规模和形制很受朱元璋赏识，中军都督府金事李新主管有功，被封为"崇山侯"。

就在这一年，朱元璋的皇后马氏先行葬入了陵墓。马皇后原名秀英，是安徽宿州人，生性恭俭宽仁，而且有治军拥众的才干，和朱元璋很恩爱。

朱元璋曾把她比作唐太宗李世民的长孙皇后，她却意味深长地说："我怎能比长孙皇后。但是，常听说夫妻相保易，君臣相保难。陛下不忘和我贫贱时过的日子，也愿不忘和群臣过的艰难日子，时常这样想，有始有终，才是好事呢！"

马皇后在生病时拒绝服用太医开出的药方，因为她怕自己的病万一治不好，朱元璋会惩罚太医。因此，马皇后病重而崩。

朱元璋为失去这位善良的结发妻子而十分痛心，并从此不再立后，这也成为后来明代帝王只立一后的规矩。

马皇后去世入葬后，朱元璋把陵墓定名为"孝陵"。孝陵之名，

空前绝后的帝陵臣庙

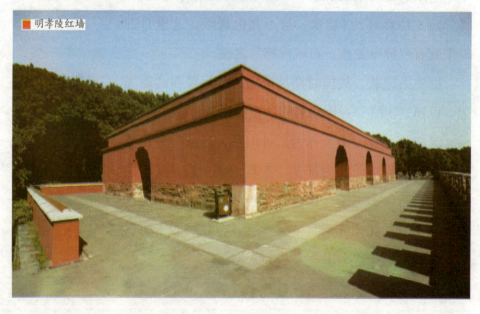
明孝陵红墙

明太祖墓葬

取意于谥中的"孝"字，有"以孝治天下"之意，因马皇后谥号是"孝慈"，因此陵墓名称为"孝陵"。

马皇后入孝陵后，孝陵的地上建筑继续施工。1405年，明孝陵建成，历时25年。

1398年5月，明太祖朱元璋驾崩，礼葬孝陵。

朱元璋及马皇后合葬的地宫俗称"宝城"，是一个直径约400米的圆形大土丘，它的四周有条石砌成的石壁，其南边石壁上刻有"此山明太祖之墓"7个大字。

阅读链接

据说，在朱元璋登基之前，为了躲避敌军陈友谅部队的追杀，就逃到了金坛庄上村的附近，但是去路中却被一条大河拦住了。

朱元璋东张西望，看到大河口还有一只渡船，就急急忙忙乘船渡了河。后来这条河上建的桥就取名为"急渡桥"。

朱元璋渡过河之后无路可逃，为了躲避敌兵的追捕，就一下子钻到一座小旱桥下。敌兵果然没发现他，朱元璋趁机逃生。后来，当地的村民们就把这个石桥改称为"偃龙桥"，也就是桥下曾藏过真龙天子的意思。

依地形而建的皇家之陵

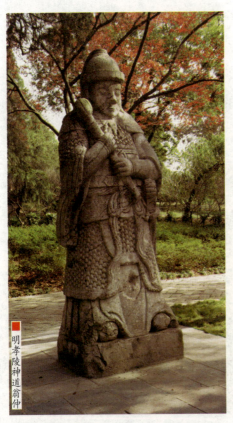

明孝陵神道翁仲

　　明孝陵规模宏大，建筑雄伟，形制参照唐宋两代的陵墓而有所增益。孝陵的围墙内享殿巍峨，楼阁壮丽，南朝70座寺院有一半被围入禁苑之中。陵内植松10万棵，养鹿上千头。明孝陵有红墙周长22.5千米，布局宏伟，规制严谨。

　　陵园内亭阁相接，享殿中烟雾缭绕，松涛林海，气势非凡。陵园的第一个入口是下马坊。下马坊是一座两间柱的石牌坊，面阔4.94米、高7.85米，坊额上刻"诸司官员下马"6个楷书体的字，告示进入明孝陵的官员必须下马步行，以示对明朝开国皇帝朱元璋的尊敬。

下马坊的东边36米处是神烈山碑，是在1531年改称钟山为神烈山时而建立的，正面阴文双钩浅刻"神烈山"3字，原来的碑亭后来不存在了，只剩下四角石柱础。

神烈山碑向东17米处是一通卧碑，称为"禁约碑"，是在1641年建立的，碑文上刻着禁止损坏孝陵及谒陵的有关9条禁约。

大金门是孝陵的第一道正南大门，原为黄色琉璃瓦重檐式建筑，后来只剩下砖石砌筑的墙壁，下部为石造须弥座。大金门正北，是1413年为朱元璋撰述的神功颂德碑及碑亭。神功颂德碑全称是"大明孝陵神圣功德碑"，是由朱元璋的儿子，明成祖朱棣为朱元璋建的。

神功颂德碑亭建筑平面呈正方形，后来只剩下方形四壁，每壁各有一个宽5米的拱形门洞，外观如一个城堡，因此又称"四方城"。

亭内有立于龟趺座上的石碑一通，碑高8.78米，碑座、碑额雕琢瑰丽，碑文由朱棣亲手撰写。详细描述了明太祖朱元璋的功德。

四方城向西北行约100米过御河便进入神道。明孝陵首开了第一代皇帝陵寝的神道作为后世子孙陵寝共用神道的制度。它的最大特点是建筑与地形地势的完美结合。

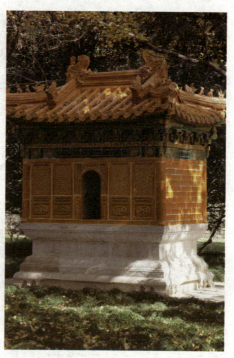
■ 明孝陵焚香炉

203

明陵之首

明孝陵

龟趺　又名赑屃、霸下，明朝杨慎所撰《升庵外集》中为龙生九子之长，貌似龟而好负重，有齿，力大可驮负三山五岳。其背亦负以重物，在多为石碑、石柱之底台及墙头装饰，属灵禽祥兽。其原形可能为斑鳖。

■ 南京明孝陵神道
骆驼

明孝陵的神道不同于历代帝陵神道成直线形，而是完全依地形山势建造为蜿蜒曲折的布局，环绕梅花山形成一个弯曲形状，形似北斗七星的神道。

这条弯曲的神道长达2.4千米左右，在每一段落的节点处都安放了石像生。

神道由东向西北延伸，两旁依次排列着狮子、獬豸、骆驼、象、麒麟、马6种石兽，每种两对，两跪两立，夹道迎侍。獬豸是一种神兽，独角、狮身、青毛，秉性忠直，明辨是非，它能用角抵触有罪的人；骆驼是沙漠与热带的象征，它表示大明疆域辽阔，皇帝威震四方。

石兽的尽头，神道折向正北，至棂星门，长250米。这段神道置石望柱和石人，两根望柱呈六棱柱形，高6.6米，其上雕刻云龙纹。

通常望柱均置于神道的最前面，而明孝陵的望柱

石像生 我国古代帝王陵墓前安设的石人、石兽，是皇权仪卫的缩影。在明朝时，凡是举行大典的时候，除文武百官及军事仪仗，还要将人工驯养的猛兽装在笼里，放在御道两旁，以壮皇威。皇帝驾崩后，就在陵前设置石像生代替这些百官和猛兽。

则置于神道中间，这也是明孝陵的独特之处。石望柱之后是东西相对而立的翁仲，有武将、文臣各两对，共8尊，高各为3.18米。

神道向北18米的尽头是棂星门，过棂星门折向东北275米，就到了御河桥，也称金水桥。御河桥为石砌桥，原为5孔，后来剩下3孔。

通过御河桥向北，顺缓坡而上，便是陵寝的主体建筑。自正门至崇丘，包括文武方门、碑殿、享殿、大石桥、方城、明楼、宝顶等，筑有围墙。

文武方门是孝陵的正门，原为5座门洞，三大二小，中间3座为拱形门洞，两边两座为长方形门洞。庑殿顶上盖黄色琉璃瓦。

清朝同治年间改建为一个门洞，上嵌清石门额，阴刻楷书"明孝陵"3字。后来重新进行修复，恢复了明代时大门的原貌。现为5门，黄瓦、朱门、红墙，正门上方悬挂长方形门额，写着"文武方门"4个镏金大字。

碑殿原为孝陵享殿前的中门，即孝陵门，原为5座门洞，后被毁。碑殿是清朝时改建的，是一歇山顶，3开间，红墙小瓦建筑，南北正中

南京明孝陵石雕象

明孝陵棂星门

各开一门，亭内立有5通碑刻。根据史书记载，这里曾有明孝陵的一道中门，但清朝时，在中门的基础上改建来碑殿，并竖立了5通高大的石碑。

正中有一通大石碑，下有驮碑龟趺。

这个驮碑龟趺与众不同，脖子出奇地短。碑高3.85米，宽1.42米，厚0.38米，石碑上有清朝皇帝康熙写的"治隆唐宋"4个镏金大字。

"治隆唐宋"的意思是，明太祖朱元璋的治国方略超过了唐太宗李世民和宋太祖赵匡胤。这是康熙皇帝在1699年第三次下江南谒陵时御题的颂词。

碑殿之后是孝陵的主要建筑孝陵殿，也就是享殿。孝陵殿后来还存有3层须弥座台基，通高3.03米，台基上有大型柱础56个。

台基四角有石雕螭首，大殿前后各有3道踏垛，尚存6块浮雕云龙山水大陛石。

大殿基长57.30米、宽26.6米。殿中供奉着朱元璋和马皇后的神位。

享殿后面是一片纵深100余米，宽数十米的空地，是露天祭祀的场所，中间有甬道，两边林木茂盛。甬道尽头有石桥，称大石桥，又称"升仙桥"，意思是过了此桥即为仙界。

桥的北面是一座宽75米，高16米，进深31米的城堡式建筑，称"方城"。方城是孝陵宝顶前面的一座巨大建筑，外部用大条石建成，东西长75.26米，南北宽30.94米，前高16.25米，后高8.13米，底部为须弥座。方城正中为一拱门，中通圆拱形隧道。

隧道共有54级台阶，台阶的尽头是用13层条石砌筑的宝顶南墙。南墙正中横刻着"此山明太祖之墓"，是后人所制的。方城左右两侧有步道，可以通往明楼。

明楼在方城之上，原为重檐黄瓦大屋顶建筑，屋顶后来被毁，仅存四壁砖墙，东西长39.45米，南北宽18.47米，南面开3扇拱门，其余三面各开一扇拱门。

方城明楼以北为直径400米左右的崇丘，即是宝顶，也称"宝

明孝陵正门

城"，是朱元璋和马皇后的寝宫所在地。宝顶近似圆形，原名"独龙阜玩珠峰"，周围砌有砖墙。

方城北是一座宽75米，高16米，深31米的城堡式建筑，称"方城桥"，它是明孝陵最后的一重建筑。

明孝陵代表着明初皇家建筑的艺术成就，是我国陵墓建筑和陵墓文化的缩影。从下马坊至地宫所在地的宝顶，纵深约2.6千米，沿途分布着30多处不同风格、用途各异的建筑物和石雕艺术品，融整体宏大与局部精细为一体，也代表了我国明初石雕艺术的最高水平。

明孝陵还改变了唐宋帝陵方上、陵台、方垣、上下宫制度和十字轴线的陵墓布局，首次按皇宫布局建立"前朝后寝"三进院落制，开创了陵寝建筑平面呈"前方后圆"的基本格局，并一直规范着此后明清两代500多年20多座帝陵的建设规制。

阅读链接

朱元璋修造明孝陵后，还专门雕刻出一大批石人石兽。

据说，朱元璋的小公主特别喜欢神道旁的一个石人武将，她每次和朱元璋一起查看陵墓时，都要和那个石人武将玩。

有一天，这个小公主摸着石像将军的甲袍说："如果他来迎亲，我就愿意嫁他！"结果，当天夜里，石像竟然活了，找到朱元璋要求迎娶小公主。

朱元璋又惊讶又害怕，他不想把小公主嫁给一个石像，于是就对石像说："我知道了，你先回去吧！"

石像信以为真，满心欢喜地回去了。

第二天，朱元璋马上派人砍掉了那个石人的脑袋，于是石像再也不能显灵了。直至朱元璋下葬的时候，才重新雕了个石人头安上去。

景泰陵

　　景泰陵位于北京海淀的玉泉山北麓，是明代宗朱祁钰的陵园。

　　景泰陵基本具备了同时期明皇陵的主体建筑和布局特点。墓葬分为前室和后室两个部分，均为庑殿顶。

　　景泰陵的前室为方形，整个墓室通长约11米，规模较大。

　　陵区原有宫殿、神厨、神库、宰牲亭、内官房和碑亭，以及皇陵最重要的祾恩殿。宝城位于皇陵区的最后面。陵区内保存有御碑亭、祾恩殿和宝顶原有的中路部分建筑。

一生跌宕起伏的景泰帝

　　朱祁钰是明宣宗朱瞻基的第二个皇子，也是明英宗朱祁镇的弟弟。朱祁钰的生母是汉王朱高煦府邸的一位侍女吴氏。

■ 景泰帝画像

　　宣宗皇帝后来对叔父汉王朱高煦用兵，并将汉王宫的女眷充入后宫为奴。在返京途中，宣宗皇帝被吴氏的美貌与聪慧所打动，回京后将她安排在了一个紧贴宫墙的大宅院中。

　　后来，吴氏为宣宗生下了一个儿子，取名朱祁钰，这就是后来的景泰帝。吴氏也因此被封为贤妃。

　　1433年，宣宗皇帝病重，派人将朱祁钰母子召进宫，并托付自己的母后张太后善待朱祁钰母子。后来，朱祁钰被封为郕王。

1436年，朱祁钰的哥哥朱祁镇继位，即后来的明英宗。

在明英宗的治理时期，漠北瓦剌部落不断骚扰明朝的北边。当时的明朝对待进贡国家使者的规矩是，无论贡品如何，总要给对方非常丰厚的赏赐，而且是按人数派发。

瓦剌部落的统领者抓住这个规定的漏洞，经常派人以向朝廷进贡为名骗取赏赐，用微薄的贡品换取优厚的赏赐。由于瓦剌部落一开始派出的人数少，明英宗并没有太在意。但是后来，瓦剌部落派出的使臣不断增加，最后竟加至3000多人。

深受朱祁镇宠信的宦官王振对此忍无可忍，提议明英宗下令减少赏赐。这个改变引起了瓦剌部落的不满，于是，瓦剌部落的首领也先，以此为名义对明朝发动了攻击。

明英宗年少气盛，受到了王振的鼓动，想御驾亲征，但是由于当时朝廷的主力都在外地作战，一时难以调回，因此朝中大臣都劝阻英宗不要亲征。

可大臣们的规劝还是没有改变明英宗的态度，明

明代景泰蓝花瓶

贡品 贡品文化是集物质和非物质文化于一体的我国特有的文化遗产。贡者，名、特、优也。贡品多为全国各地或品质优秀、或稀缺珍罕，或享有盛誉，或寓意吉祥的极品和精华。在历史演进的过程中逐步形成了贡品文化，包括制度、礼仪、生产技艺、传承方式、民间传说故事等。

明代景泰蓝香炉

英宗下令从京师附近临时拼凑了20万大军，号称50万。在明英宗的指挥下，军队浩浩荡荡开始亲征。

但是由于当时连天下大雨，加之粮饷接济不上，明英宗的军队士气非常低落。当军队行进到大同附近时，明英宗和王振都动摇了，决定撤军。可是大军撤退的最佳时机又被王振耽误了。

所以，当大军终于赶到怀来附近时，辎重却还没有赶到。于是，王振下令让军队原地驻扎，等待辎重。

这时，也先的军队趁机追上并包围了明军，还切断了明军的水源，使明军被困在原地。这个时候，也先假装要议和，然后趁着明军不备，发动了总攻。

明军措手不及，全军覆没，明英宗被也先俘虏，王振被杀，英国公张辅、兵部尚书邝埜等大臣也战死了。

在当时，由于群龙无首，奉命留守北京的郕王朱祁钰在兵部尚书于谦等人的支持以及皇太后的授命下，匆匆即位成为明代宗，改年号为"景泰"。

景泰帝即位之后，许多曾被排挤的忠志之士得以重归庙堂，吏治为之一新。

同时，在于谦的指挥之下，明朝开始了京城保卫战的准备工作，通州的粮食被抢运进京，京城以及京城周围的防御工事都被加固，于谦还亲自编练了新军，并放出了石亨参加战斗。

空前绝后的帝陵臣庙

同时景泰帝下明诏，规定各边守将不得私自与也先接触。于是，也先妄图利用英宗骗取明朝财物、城池的计划就难以实施了。无奈之下，气急败坏的也先率领大批瓦剌骑兵铺天盖地向京城涌来。

但是受景泰帝重用的于谦把战前准备做得非常充分，除了调兵勤王之外，于谦还在北京的9个城门都布防了重兵，看准时机后就在德胜门外与瓦剌的统帅也先展开了激战。

为了保卫国家，也由于景泰帝深得民心，北京军民空前团结，领兵将帅作战也异常勇猛，明军大破瓦剌部落的精锐士兵，还成功战胜了为也先助战而来的也先的弟弟带领的军队，使也先不得不匆匆退兵离去。由此，明朝的国势在这一战之后稳定下来。

景泰帝在坐稳帝位之后，派出使者打探消息，并没有提出接回朱祁镇。但是派去的使臣杨善随机应变，将朱祁镇以太上皇的身份迎回了。

明英宗回归之后，景泰帝派人严加看管，并且希望由自己的儿子朱见济来做太子，取代朱祁镇的儿子朱见浚的位置，成为皇位的合法继承人。就这样，原来的太子朱见浚改名为朱见深，并被废为沂王，而景泰帝的儿子朱见济被立为太子。

可是后来，朱见济早

瓦剌　是我国古代西部蒙古民族，也是明代对西部蒙古各族的总称。瓦剌的先世为"斡也剌惕"，居住于叶尼塞河上游八河地区。瓦剌部落人数众多，有若干分支，各有自己的名称，分为四大部或四万户，简称"四"，其中包括许多古老的蒙古语部落和突厥语部落。

■ 明代景泰蓝盏托

驾崩　我国古代称呼帝王或皇太后、太皇太后的死为驾崩，有"皇驾崩塌"之意。古代皇帝有万民拥戴，有权力驾驭和支配臣民来维护江山的和平稳定，如果皇帝死了，人们的精神支柱也没有了，"驾崩"形容的正是江山少了支柱会崩塌的意思。

空前绝后的帝陵臣庙

夭了，失去儿子使景泰帝在精神上受到了沉重的打击。

1457年时，景泰帝突然得了重病，建储的问题又成了最要紧的事，被摆上了朝堂。

可众大臣的意见并不统一，有的主张复立沂王朱见深，有的主张立襄王。

正在大臣们争执得不可开交时，内宫突然传来景泰帝病体好转的消息，于是众大臣决定先暂时停止争论立太子的人选，而准备在第二天上朝时再与景泰帝商议。

但是景泰帝由于大病初愈，第二天早上起床后不久就又睡着了。大臣们没有等到景泰帝，于是相约明天早朝再来。

谁知就在这天夜里，朱祁镇趁此机会借助曹其祥、石亨等人的力量，重新夺回了帝位。明英宗朱祁镇重新登基以后，废景泰帝为王。昔日的景泰帝，也

■ 明代景泰蓝花钵

就是病中的朱祁钰，不久便过世了。

明英宗驾崩后，明英宗的儿子朱见深重新作为太子继承了帝位，也就是后来的明宪宗。明宪宗虽然曾被景帝废去太子地位，但对景泰帝的功绩还是很肯定的。

明宪宗客观地评价了景泰帝朱祁钰一生的功过，恢复了他的帝号庙号，定谥号为"恭仁康定景皇帝"，并重修其陵地，改王陵为帝陵，建有享殿、神库、神橱、宰牲厅、内宫房等。嘉靖帝时又改建陵碑，并变绿瓦为黄瓦，使之更加符合帝陵的规制了。

阅读链接

景泰帝死后，英宗废其帝号，赐谥号为"戾"，称"郕戾王"。这是一个恶谥，表示景帝终身为恶，死不悔改。

后来，一些大臣开始为景泰帝鸣不平，他们认为景泰帝危难之时受命，削平惑乱，使老百姓安居乐业，功劳很大，却谥以"戾"，很不公平。甚至有人责问，当时若不是景泰帝即位，外敌如何能退，英宗如何能返？

宪宗虽然曾被景泰帝废去太子地位，但对这位叔叔的功绩还是相当理解。几经周折，宪宗下旨恢复景泰帝帝号，定谥号为"恭仁康定景皇帝"，在一定程度上承认了景泰帝的功绩。

明代亲王陵改为帝王陵

景泰陵被称作"明十四陵"，位于北京海淀玉泉山北麓。在北边100多米处，有一片开阔的绿地，这里除了花草，最多的是白杨和椿树，许多柏树簇拥着一座黄色琉璃瓦顶的古代碑亭，这就是景泰陵。

明代景泰蓝花瓶

碑亭的顶部为两层黄色琉璃瓦，正方形建筑，碑亭四周有一圈相对低矮的围墙，为红色，碑亭内墙为黄色，并无彩绘。碑亭中间就是石碑。

过了碑亭，就是墓园正门，正门没有匾额。景泰皇帝的侄子虽然给他平反了，但还是没有重新大规模以皇帝规制为他修陵。

碑亭向北，有面阔3间殿宇一座。单檐硬山顶灰瓦3间，此建筑是享殿，黄瓦，后来重修时变成了灰瓦，把享殿也变成了宫门形制。

景泰陵基本具备了同时期明皇陵的主体建筑和布局特点。墓葬分为前室和后室两个部分，均为庑殿顶。前室为方形，整个墓室通长约11米，规模较大。

陵区原有宫殿、神厨、神库、宰牲亭、内官房和碑亭，以及皇陵最重要的祾恩殿。祾恩门为单层灰色瓦，中间有两根红色的木柱，一条石砖路笔直延伸，经过几级向上的台阶是个大平台，就是祾恩殿。宝城位于皇陵区的最后面。陵区内保存有御碑亭、祾恩殿和宝顶原有的中路部分建筑。

两级高高在上的月台，第一级是原有的月台；第二级应该是原来宝城的位置。宝顶的面积很大，北面有很大的宝顶遗存，有夯土和废青砖。此陵是明朝皇陵的特例：特例其不是位于十三陵的北京明朝皇陵；特例在于其是从王爷坟改建过的皇陵；特例在于其神道碑亭内的神道碑很特殊。

陵前有黄瓦歇山顶碑亭，亭内有一通在1769年时所立的御制石碑，碑的南面刻乾隆御题《明景帝陵文》，碑的北面刻着"大明恭仁康定景皇帝之陵"。亭后有黄瓦硬山顶祾恩殿3间，其后为宝城。

陵墓都是坐北朝南，所以碑的正面即南面应该是陵墓的名字，北面才是碑文，而此处恰好相反，这就是景泰陵的一个谜。

景泰帝朱祁钰在这里也不寂寞，许多皇子皇孙、嫔妃废后，都陪伴在他身侧，这里有"一溜边山七十二府"之说。朱祁钰葬于金山娘娘府，虽然以亲王之礼埋葬，但终归曾为帝王，因此其陵寝也是金山地区最好的风水位置。

这里后面的高山像一道墙一样阻断了北风的侵扰，这一段山脊平直，连接着大昭山和寿安山，南坡山势并不陡峭，植被很好。路的上方，玉泉山的妙高塔探出身形，玉泉山正对的便是娘娘府了。

景泰帝在生前没有受到公正的待遇，而且在死后一两百年时又受到一次折腾。

后来清朝的乾隆皇帝，因为熟知汉文化，曾多次到景泰陵进行察看。乾隆认为景泰陵的风水极佳，他担心，如果让明朝的皇帝占用这么好的风水之地，可能会使明朝复辟。

于是，乾隆就让人用砖石围绕景泰陵区筑起了8个墩子，把陵区严严实实地围了起来。这样一来，就破坏了此地的风水，使景泰陵永远处于禁锢之中。在清朝时，这座皇陵就残破不堪了，后来又将宝顶改建挪做他用。

阅读链接

景泰帝生前已在天寿山陵区为自己建了陵，他死后，这处陵寝被毁，并留下了"景泰洼"这个名字。

而"景泰洼"在100多年后竟然又葬入了一位皇帝，他就是仅仅在位一个月就死了的明光宗朱常洛。

朱常洛连自己的父皇都还没来得及安葬，更别说为自己建陵了，于是"景泰洼"就被废物利用，重新修整收拾了一下，把明光宗葬进去。也就是后来的庆陵。

明十三陵

明十三陵坐落在北京昌平境内的燕山山麓的天寿山，总面积120多平方千米。

明十三陵是我国明朝皇帝的墓葬群，地处东、西、北三面环山的小盆地之中，陵区周围群山环抱，中部为平原，陵前有小河曲折蜿蜒，山明水秀，景色宜人。

13座皇陵均依山而筑，分别建在东、西、北三面的山麓上，形成了体系完整、规模宏大、气势磅礴的陵寝建筑群。

明十三陵是我国规模最大、帝后陵寝最多的一处皇陵建筑群。

气势壮观的明代皇家陵

　　明十三陵是明朝在迁都北京后的13位皇帝陵墓的总称，依次建有明长陵、明献陵、明景陵、明裕陵、明茂陵、明泰陵、明康陵、明永陵、明昭陵、明定陵、明庆陵、明德陵、明思陵，因此称为"明十三陵"。

　　明十三陵位于北京昌平的天寿山上，天寿山属太行余脉，太行山起泽州，蜿蜒绵亘北走千百里山脉不断，至居庸关，万峰矗立回旋盘曲，天寿山就在此拔地而起。

明十三陵大红门

■ 天寿山景观

天寿山西山峰崇高正大，雄伟宽宏，主势强力，它西通居庸，北通黄花镇，南向昌平州，不仅是陵寝的屏障，更是京师的北屏。

明末清初的学者顾炎武曾写诗描述这里的优胜形势说道：

> 群山自南来，势若蛟龙翔，东趾踞卢龙，西脊驰太行，后尻坐黄花，前面临神京，中有万年宅，名曰康家庄，可容百万人，豁然开明堂。

因此，天寿山这一优美的自然景观被视为风水宝地。而天寿山的名字来源还有一个传说。

据说，明成祖朱棣从1407年就开始为自己的陵墓选址，直至1409年才选定，这期间的两年里，礼部曾收到许多人提出的陵址提案，但都被明成祖朱棣否定了。

顾炎武 是我国明代著名思想家、史学家、语言学家，与黄宗羲、王夫之并称为明末清初三大儒。顾炎武学问渊博，在国家典制、郡邑掌故、天文仪象、河漕、兵农及经史百家、音韵训诂等学术方面都有研究。

后来，有人提议昌平的黄土山。朱棣亲自前去查看地形时，看见山前有座康家坟的村子，西边有个橡子岭山，东面的河套叫作"干水河"。

因为自己的姓和"猪"是一个音，所以朱棣很高兴，认为猪到了这里，有糠、橡子吃，还有泔水喝，是朱家万世发展的吉地，于是当即下旨定黄土山为陵址，封为"万年吉壤"。

恰好这一年是明成祖50岁大寿之年，于是又将黄土山改名为"天寿山"。

建立在天寿山上的明十三陵，既是一个统一的整体，各陵又自成独立的个体，陵墓规格大同小异。每座陵墓分别建于一座山前。

陵与陵之间的距离最少的有500米，最多的有8千米。除了明思陵偏在西南一隅外，其余的12个皇陵都分列于长陵左右。

明十三陵从1409年开始营建，第一个是明成祖朱棣的长陵，到清顺治元年，也就是1644年时，营建了最后一个陵墓，明思宗朱由检的思陵。这期间经历了230多年。

十三陵内共葬有皇帝13位，皇后23人，皇贵妃一人以及数十名殉葬皇妃。陵寝区域内除了13个皇帝陵外，还有明朝皇妃墓7座，太监墓

十三陵雕刻

一座，以及行宫、神宫监、祠祭署等若干附属建筑。

明十三陵神道碑亭

十三陵陵寝红墙黄瓦、楼殿参差，建筑得大气磅礴，甚至可以比拟皇宫，显示出我国明朝时皇帝的尊崇地位和君临天下的浩大气势。

在我国传统风水学说的指导下，明十三陵从选址至规划设计，都十分注重陵寝建筑与大自然山川、水流和植被的和谐统一，追求形同"天造地设"的完美境界，用以体现"天人合一"的观点。

明十三陵作为我国古代帝陵的杰出代表，展示了我国传统文化的丰富内涵。

阅读链接

十三陵的石兽和石像都是有伤痕的。但是专门雕刻出来为皇帝守陵的，贵重又坚硬的石像本来是不应该有伤痕的。关于这个不解之谜，当地人有个传说。

据说，清朝的乾隆皇帝曾打算把十三陵的石人、石兽搬走，放在自己的坟地前面，于是，乾隆就命令宰相刘墉去组织搬运石像。宰相领了圣旨，就来到了十三陵。他走到石人、石兽前面，越看越爱，舍不得搬走。

到了晚上，石像们显灵了，集体要求刘墉不要搬走他们。于是，刘墉就决定损坏石兽和石像的一部分，让石像变得残缺一些。因为石像受到损害，变得残破不全了，乾隆皇帝就因此打消了搬运石像的念头。因此，十三陵的石像和石兽们最终得以留存。

各具特色的明代十三陵

明代十三陵是我国历代帝王陵寝建筑中保存得比较完好的一处。它的神路由石牌坊、大红门、牌楼、石像生、龙凤门等组成。

石牌坊为陵区前第一座建筑物，建于1540年。牌坊结构为五楹、

■明十三陵五牌坊

六柱、十一楼，全部用汉白玉雕砌，在额枋和柱石的上下，刻有龙、云图纹及麒麟、狮子等浮雕。这些图纹上原来曾饰有各色彩漆。整个牌坊结构恢宏，雕刻精美，反映了明代石质建筑工艺的卓越水平。

过了石牌坊，即可看到在神道左、右有两座小山。东为龙山也叫"蟒山"，形如一条奔越腾挪的苍龙，西为虎山，状似一只伏地警觉的猛虎。龙和虎分列左右，威严地守卫着十三陵的大门，我国古代道教也有"左青龙，右白虎"为祥瑞之兆的传说。

大红门是陵园的正门，坐落于陵区的正南面，门分3座洞，又名"大宫门"。大红门两旁原各竖一通石碑，上面刻着"官员人等至此下马"的字样，原设有两个角门，并连接着长达40千米的红色围墙。

大红门后的大道，叫"神道"，也称"陵道"。神道起于石牌坊，穿过大红门，一直通向长陵，原本是为长陵而筑，但后来渐渐成为全陵区的主陵道。这条神道全长7千米，纵贯陵园的南北，沿线设有一系列建筑物，错落有致，蔚为壮观。

在神道中央的是碑亭，碑亭是一座歇山重檐、四出翘角的高大方形亭楼，为长陵所建。亭内竖有龙首龟趺石碑一通，高6米多。上题

歇山 也叫"九脊殿""曹殿"。厦两头造或九脊顶，是我国古建筑屋顶样式之一，在规格上仅次于庑殿顶，只有五品以上官吏的住宅正堂才能使用。由于其正脊两端到屋檐处中间折断了一次，分为垂脊和戗脊，好像"歇"了一歇，故名歇山顶。

"大明长陵神功圣德碑"，碑文长达3500多字，是明仁宗朱高炽撰文，明初著名书法家程南云所书。该碑碑文作于1425年，碑石却是1435年才刻成的。

在碑的北面还刻有清代乾隆皇帝写的《哀明陵十三韵》，详细地记录了明长陵、明永陵、明定陵、明思陵诸陵的残破情况。碑东侧是清廷修明陵的花费记录。西侧是嘉庆帝论述明代灭亡的原因。

碑亭四隅立有4根白石华表，其顶部均蹲有一只异兽，名为望天吼。华表和碑亭相互映衬，显得十分庄重浑厚。在碑亭东侧，原建有行宫，为帝后前来祀陵时的更衣处，后来都不存在了。

陵前放置的石雕人、兽，古称石像生。从碑亭北的两根六角形的石柱起，至龙凤门止的千米神道两旁，整齐地排列着24只石兽和12个石人，造型生动，雕刻精细，其数量之多，形体之大，雕琢之精，保存之好，也是古代陵园中罕见的。

石兽共分6种，每种4只，均呈两立两跪状。将它

■ 明十三陵神道

们陈列于此，赋有一定含义。例如，雄狮威武，而且善战；獬豸为传说中的神兽，善辩忠奸，惯用头上的独角去顶触邪恶之人；麒麟是传说中的"仁兽"，表示吉祥之意；骆驼和大象，忠实善良，并能负重远行；骏马善于奔跑，可为坐骑。石人分勋臣、文臣和武臣各4尊，为皇帝生前的近身侍臣，均为拱手执笏的立像，威武而虔诚。

在皇陵中设置这种石像生，早在2000多年前的秦汉时期就有了。主要起装饰点缀作用，以象征皇帝生前的威仪，表示皇帝死后在阴间也拥有文武百官及各种牲畜可供驱使，仍可主宰一切。

■ 明十三陵龙首龟趺石碑

棂星门又叫"龙凤门"。由4根石柱构成3座门洞，门柱类似华表，柱上有云板、异兽。在3个门额枋上的中央部分，还分别饰有一颗石雕火珠，因而该门又称"火焰牌坊"。龙凤门西北侧，原来建有行宫，是帝后祭陵时的歇息之处。

明长陵位于天寿山主峰南麓，是明朝第三位皇帝成祖文皇帝朱棣和皇后徐氏的合葬陵寝。是十三陵中建筑规模最大，营建时间最早，地面建筑保存得最好的陵墓，也是十三陵中的祖陵。

明长陵的陵宫建筑，占地约12万平方米。其平面

望天吼 也叫"犼"，传说其是龙王的儿子。望天吼总是对着天空咆哮，是一种极有灵性的动物，它每天蹲在华表上密切关注皇帝的行踪。每当皇帝久出不归，荒淫作乐时，它们就会呼唤皇帝。如果皇帝久居宫中，不理政事，它们便会催促皇帝出宫体察民情。

琉璃 又叫流离，是我国传统建筑中的重要装饰构件，通常用于宫殿、庙宇、陵寝等重要建筑场所，也是艺术装饰的一种带色陶器。琉璃是我国古代文化与现代艺术的完美结合，流光溢彩、变幻瑰丽，是我国古代艺术精致、细腻、含蓄的体现。

布局呈前方后圆形状。其前面的方形部分，由前后相连的三进院落组成。

第一进院落，前面设陵门一座。其制为单檐歇山顶的宫门式建筑，面阔5间，檐下额枋、飞子、檐椽及单昂三踩式斗拱均系琉璃构件，其下辟有3扇红券门。陵门之前建有月台，左右建有随墙式角门。院内，左边是神厨，右边是神库，各有5间，神厨之前建有碑亭一座。

第二进院落，前面设殿门一座，名为祾恩门。据《太常续考》等文献记载，天寿山诸陵陵殿名为"祾恩殿"，殿门名之为"祾恩门"，是在1538年，明世宗朱厚熜亲自改的。其中，"祾"字取"祭而受福"之意，"恩"字取"罔极之恩"意。

明长陵的祾恩门为单檐歇山顶形制，面阔5间，进深两间，正脊顶部距地面高14.57米。檐下斗拱为

■ 明十三陵通道

单翘重昂七踩式，其平身科斗拱要头的后尾作斜起的杆状，与宋清做法皆不相同。室内明间、次间各设板门一道，稍间封以墙体。其中明间板门之上安有华带式榜额，书"稜恩门"3个金字。"稜"字系后世修葺时"祾"字的误写。

门下承以汉白玉栏杆围绕的须弥座式台基。其栏杆形制，是龙凤雕饰的望柱，和宝瓶、三幅云式的栏板。

台基四角及各栏杆望柱之下，各设排水用的石雕螭首。台基前后各设有三出踏踩式台阶。其中路台阶间的御路石上雕刻的浅浮雕图案十分精美。下面是海水江牙云腾浪涌，海水中宝山矗立，两匹海马跃出水面凌波奔驰，上面是两条巨龙在云海中升降飞腾，追逐火珠，呈现一派波澜壮阔的雄伟景象。

祾恩门两侧还各有披门一扇，都是随墙式琉璃花门，门上的斗拱、额枋，门顶的瓦饰、椽飞均为黄绿琉璃件组装，在红墙的映衬下格外分明。院内，北面正中位置建有高大巍峨的祾恩殿。这座大殿在明清两代，是用于供奉帝后神牌和举行上陵祭祀活动的地方。

明献陵是明朝第四位皇帝明仁宗昭皇帝朱高炽和皇后张氏的陵寝，是在仁宗驾崩后开始修建的。仁宗临终曾遗诏要求陵墓制度要简约节省。于是，明仁宗的儿子明宣宗亲定陵园规制，并委派成山侯王通、工部尚书黄福总理修陵事宜。为了遵从遗嘱，一切从简，仅用了3个月的时间就建成了明献陵。

照壁 也称影壁，是我国传统建筑中用于遮挡视线的墙壁。影壁也有其功能上的作用，那就是遮挡住外人的视线，即使大门敞开，外人也看不到宅内。影壁还可以烘托气氛，增加住宅气势。影壁可位于大门内，也可位于大门外，前者称为内影壁，后者称为外影壁。

建成后的献陵，陵寝制度确实比较俭朴。其神道从长陵神道北五空桥北分出，长约1千米。途中建有单空石桥一座。路面为中铺城砖，两侧墁碎石为散水，十分俭朴，没有单独设置石像生、碑亭等建筑。

陵宫建筑与长陵同样俭朴。其朝向为南偏西20度，占地仅42 000平方米左右。其陵殿、两庑配殿、神厨均各为5间，而且都是单檐建筑，祾恩门则仅为3间，方城、明楼不仅不像长陵那样高大，而且城下券门改为更简单的直通前后的形式。因此照壁也没有设在券洞内，而是改设在了方城之后，墓冢之前。

上登明楼的礓磜路则改为设于宝城之内的方城左右两侧。由于献陵陵制不追求奢华，所以有"献陵最朴，景陵最小"之说，而且这样的简朴风格也为后来皇帝建立陵墓树立了楷模。

明献陵还有一个特点，这就是祾恩殿和方城明楼在院落上彼此不相连属。前面以祾恩殿为主，建有一进院落，殿前左右建两庑配殿和神帛炉。

■ 明十三陵之永陵

■ 明十三陵之献陵

院的正门，是祾恩门，也即陵园的大门，门前出大月台，院后设单座门一道。后面以宝城、明楼为主，前出一进院落。院内建两柱棂星门、石供案。院门为3座单檐歇山顶的琉璃花门。

两院之间，隔一座小土山就是影壁山。之所以选择中隔小山这种布局，是与陵园的风水有关。

献陵宝城前的这座小山，名为"玉案山"，它从陵园左侧延伸而来，是献陵的龙砂。因其屈曲环抱陵前，所以，又是献陵的近案。

风水中，"龙喜出身长远，砂喜左右回旋"，"龙虎环抱，近案当前"，当论内明堂格局。献陵玉案山以及龙砂、虎砂和来山范围内的小格局，正是风水师们所讲究的完美的内明堂格局。

因为修建献陵时，只在明堂范围之内修建了宝城、明楼和一进院落，所以举行祭祀仪式的祾恩殿就建在了玉案山前。

内明堂 我国风水学术语，指的是穴山的前方，左龙右虎环抱之内的平夷之地。内明堂是指大门进来的空间，大门开在生旺位，纳入走廊空间里的能量，这种不可见的有生旺力量的生物能就是风水中说的"生气"，风水学认为内明堂的布置会影响财运。

龙砂 为风水名词，我国古代时，因为受到含有特定成分的水长期滋养的土壤，非常适合动植物生长，龙又是我国古代传统中最为神圣的祥瑞之兽，因此古人就把受到滋养的、富有生机的特殊土地和土壤称为"龙砂"。古人认为龙砂可以为人带来财富等好运。

■ 明十三陵武官像

这样的设计不仅解决了献陵明堂地域面积小，建不下宝城和前面两进院落的问题，维护了"龙砂不可损伤"的风水信条，而且使陵园山重水复、殿台参差，形成了和谐统一的美。

献陵的陵寝建筑在1785年至1787年间曾得到修缮。在修缮中，明楼的外形未改，但内部木构梁架改成为条石券顶结构。方城下的甬道被封死，右侧增筑了一道可由方院上登宝城的礓磋路。

两旁配殿及神厨等附属建筑大多被拆。祾恩门则缩小了尺寸，而且顶部由歇山式改成了硬山式。神功圣德碑亭被拆除了四壁，仅于台基之上，石碑的四周砌以齐胸高的宇墙。

明景陵是明朝第五位皇帝明宣宗章皇帝朱瞻基与皇后孙氏的合葬陵寝。始自1435年农历正月十一，由太监沐敬、丰城侯李贤、工部尚书吴中、侍郎蔡信等奉命督工营建。1435年6月21日，宣宗入葬景陵。

1536年时，后来的明世宗朱厚熜亲阅长、献、景三陵，见景陵规制狭小，就对从臣郭勋等人说："景陵规制独小，又多损坏，其于我宣宗皇帝功德之大，殊为勿称。当重建宫殿，增崇基构，以隆追报。"

根据《帝陵图说》的记载，这

■ 明十三陵之景陵

次重建景陵增建了神功圣德碑亭，祾恩殿则是"殿中柱交龙，栋梁雕刻，藻井花鬘，金碧丹漆"，殿中有暖阁3间，黼座地屏一直流传至后来的康熙年间。

后来景陵内的祾恩殿台基，仍是嘉靖年间改建后的遗物。从遗存的明代殿宇檐柱柱础石分布可以看出，该殿原制面阁5间，进深3间，后有一间抱厦，前面的御路石雕二龙戏珠图案，比献陵一色云纹，显得更为精致壮观。

明裕陵是明朝第六位皇帝明英宗朱祁镇和皇后钱氏、周氏的合葬陵寝。

明茂陵是明朝第八位皇帝明宪宗纯皇帝朱见深和王氏、纪氏、邵氏3位皇后的合葬陵寝。茂陵的陵名定于1487年9月15日，同日，嗣皇帝明孝宗朱祐樘下旨建陵。陵址由礼部右侍郎倪岳及钦天监监正李华等人卜定，由内官监太监黄顺、御马监太监李良、太傅

二龙戏珠 我国古代祥瑞图案之一。龙是我国古代最为祥瑞的神兽。龙分雌雄，二龙戏珠代表着父母双方共同呵护、爱抚他们的子女。古人认为珍珠光辉灿烂，很像从东方升起的太阳，四大神兽中龙又代表着东方，因此二龙戏珠也有崇拜太阳的意思。

钦天监 也叫"司天台"，是我国古代官署名。钦天监负责观察天象，推算节气，制定历法。由于历法关系农时，加上古人相信天象改变和人事变更直接对应，钦天监的地位十分重要。

兼太子太师保国公朱永、工部左侍郎陈政奉命提督军士工匠营造。1488年4月24日竣工，共用了7个多月的时间。陵寝制度大体如裕陵，但宝城内琉璃照壁后面设有左右两个方向的踏跺，可上登宝山，又与其他各陵均不相同。

茂陵的陵园制度也遵守了献陵的节俭制度。茂陵的神道从长陵神道北五空桥南向东分出，长约1.5千米，途中建单空石桥一座。陵宫朝向为南偏西55度，占地约25 000平方米。宝城因地势修成前方后圆的修长形状。前面的两进方院和后面的宝城连成一体。

中轴线上依次修建祾恩门、祾恩殿、三座门、棂星门、石供案、方城、明楼等建筑。

明泰陵是明朝第九代皇帝明孝宗敬皇帝朱祐樘及皇后张氏的合葬陵寝，在明孝宗去世之后才开始筹建。根据古籍记载，孝宗的儿子武宗即位后，就开始

■ 明十三陵之茂陵

■ 明十三陵神道上石马

着手筹办孝宗的丧事。

当时，礼部左侍郎李杰、钦天监监副倪谦和司礼监太监戴义都对武宗说："茂陵西面有个叫施家台的地方，是个吉地，大行皇帝的陵寝可以在那营建。"于是，工部的许天锡也向武宗建议，派廷臣中精通风水学术的人，前去复视一次。

他还提议说："如有疑，亟移文江西等处。广求术士，博访名山，务得主势之强，风气之聚，水土之深、穴法之正、力量之全，如宋儒朱熹所云，庶可安奉神灵，为国家祈天永命之助。"礼部也赞成这个提议。于是，武宗命太监扶安、李兴、覃观及礼部右侍郎王华前往看视，最后确定在施家台营建孝宗陵寝。

1505年6月5日，陵园正式兴工，并定陵名为"泰陵"。历时4个月后，玄宫落成，于该年10月19日中午将孝宗葬入陵内。在1506年3月22日时，陵园的地

风水学 本为相地之术，也就是临场校察地理的方法，目的是用来选择宫殿、村落、墓地建设等方法。其原意是选择合适的地方的一门学问。风水的历史相当久远，在古代，风水盛行于中华文化圈，是衣食住行的一个很重要的因素。有许多与风水相关的文献被保留下来。由文献中可知，古代的风水多用作城镇及村落选址、还有宫殿建设，后来发展至寻找丧葬地形。

明十三陵石碑

面建筑也全部告成。按记载，整个泰陵的陵寝建筑包括：

金井宝山城、明楼、琉璃照壁各一所，圣号石碑一通，罗城周围为142丈，一字门3座，香殿一座为5室，左右厢、纸炉各两座，宫门一座为3室，神厨、奉祀房、火房各一所，桥5座，神宫监、神马房、果园各一所。

泰陵的营建虽然只有10来个月的时间，但不是一帆风顺。据有关资料记载，在开挖玄宫金井时，曾有泉水涌出，并且"水孔如巨杯，仰喷不止"。吏部主事杨子器亲眼看到，马上上奏给朝廷。

在古代的风水观念中，金井出水是不祥之兆。这样一来，泰陵非改址不可。但当时的督工为了避免迁陵墓地址的麻烦，偷偷命人堵住了泉眼。朝廷里的人始终不知道金井里是出水的，误认为是杨子器说谎。宪宗皇后在宫内听说这件事后，传旨说："没水就算了，何必要怪罪于人呢！"

因此，杨子器才避免了一场杀身大祸。而宫中其他人却始终不知道泰陵有过这种不祥之兆。

明康陵，是明朝第十位皇帝明武宗毅皇帝朱厚照和皇后夏氏的合葬陵寝。明康陵建于1521年，占地27 000平方米，建陵共用时一年，总体布局沿袭前制，呈前方后圆形状。

明永陵是明朝第十一位皇帝明世宗皇帝朱厚熜及陈氏、方氏、杜氏3位皇后的合葬陵寝。但明永陵不是在明世宗驾崩后开始修建的。

1528年时，朱厚熜的皇后陈氏崩。当时，世宗命辅臣张璁及兵部员外郎骆用卿等人秘密为陈皇后，也为自己选择将来的陵地。

骆用卿在嘉靖年间以通晓风水学闻名，他来到天寿山后，外观山形，内察地脉，为世宗选择了橡子岭和十八道岭两处吉壤。随后，世宗就带领从臣和钦天监官员到骆用卿为他选定的两处吉壤察看。

察看之后，朱厚熜还是觉得不放心，就又派人到江西一带找了著名风水师杨筠松、曾文迪、廖三传的后人再次察看。最后才把十八道岭确定为建陵地点。由于明世宗认为十八道岭山的名字不够高雅，就下诏将其更名为"阳翠岭"。

1536年4月22日，也就是在明世宗皇帝登基后的第十五年，明永陵开始动工修建。世宗皇帝亲自主持

■ 明十三陵之康陵

祭告长陵的典仪，武定侯郭勋、辅臣李时奉命总理山陵营建事宜。

明永陵与前七陵相较，有许多独特之处。首先，是规模宏大。在古代，陵园规模的大小，取决于陵园殿庑、明楼及宝城规则。

按照我国明代典章制度以行政法规为主的官修书《大明会典》的记载，永陵宝城直径为270米，祾恩殿为重檐7间，左右配殿各9间，其规制仅次于长陵，而超过献、景、裕、茂、泰、康六陵制度。其祾恩门面阔5间则与长陵相等，其后仅定陵与之同制。

另外，明永陵的方院和宝城之外，还有一道前七陵都没有的外罗城，其制"壮大，甃石之缜密精工，长陵规划之心思不及也"。外罗城之内，左列神厨，右列神库各5间，还仿照深宫永巷之制，建有东西长街。按照《明世宗实录》的记载，世宗皇帝是想把自己的妃子们也葬在自己的陵园内，于是，夏言等人

■ 明十三陵之永陵明楼

设计了外罗城，以便将皇妃们埋葬于外罗城之内，其布葬的位置则拟在"宝山城之外，明楼之前"，也就是明楼前左右宫墙之外，左右相向，依次而袝。

后来，世宗的皇妃们的墓室虽然没有按原议定的方案修在外罗城内，但外罗城还是按照原订计划进行修建了。

明永陵的砖石结构的明楼，造型新颖的圣号碑，别具一格的宝城城台设计，以及宝城墙花斑石垒砌的城垛，还有裬恩殿、裬恩门"龙凤戏珠"图案的御路石雕，都是以前各陵没有的。

在1785年至1787年时，明永陵得到了修整。当时明永陵的裬恩门和裬恩殿虽然有些毁坏，但由于其大木构架尚无大损。

负责修陵的大臣金简、曹文埴等人本应建议按原制修缮，可是，鉴于十三陵修缮范围较大，至乾隆年间时，楠木已经采伐殆尽，若仍照旧式修整，则长陵、永陵两处购求楠木更难办理的情况，经过商议，金简提出了一个拆大改小的建议。

于是，永陵的裬恩门、裬恩殿因此全部被缩小规制建造。裬恩殿由面阔7间，进深5间缩为面阔5间，进深3间；殿顶由重檐式改为单檐式，裬恩门，由面阔5间，进深两间，缩为面阔3间，进深3间，但是单檐歇山顶的形制未变。

明昭陵是明朝第十二代皇帝明穆宗庄皇帝朱载垕及其3位皇后的合葬陵寝。昭陵的陵寝制度在十三陵中属中等规模，其神道从长陵神道七空桥北向西分出，长约2千米，途中建有五孔、单孔石桥各一座。

近陵处建碑亭一座，亭后建并列单孔石桥3座。陵宫建筑，朝向为南偏东38度，占地约34 600平方米。其总体布局也呈前方后圆之形，宝城前设两进院落，方城下甬道做直通前后的方式，以及祾恩殿、配殿为5间，祾恩门为3间的规制均如泰、康诸陵制度。

昭陵的最大特点是率先形成了完备的"哑巴院"制度。明代的帝陵，尤其是从献陵至康陵前后六陵，宝城内的封土都是从宝城内环形排水沟以内开始夯筑"宝山"的，其形状呈自然隆起之态，被称之为"甬道平，宝城小，冢半填"。

但昭陵宝城内的封土填得特别满，几乎与宝城墙等高，正中筑有上小下大的柱形夯土墓冢，封土的前部有弧形砖墙拦挡封土，并与方城两侧的宝城墙内壁相接，形成了一个封闭的"月牙"形院落，俗称为"哑

明十三陵之康陵

巴院"，院外"月牙"形的墙体为"月牙城"。

宝城封土的排水系统也十分讲究。宝城为前低后高形，城内的封土则是中高外低。

宝城的内侧设砖墁凹形水槽，左右两侧稍前处又各设方井两眼，井上覆盖凿有漏水孔的水箅子，井下有暗沟前通"哑巴院"内的两侧排水孔道。

每当下过大雨，封土内的雨水都能从"哑巴院"两侧的排水暗沟顺利排出，有效地保证了玄宫上面封土的干燥。这样一来，昭陵的宝城与泰、康等陵宝城模式相比较，显得更加精致壮观。昭陵会采用这种形制，据说起因是昭陵宝城培土。

据《明神宗实录》记载，1581年5月15日，工部上了一道奏章说：

永陵宝城黄土，自嘉靖十八年以来，至今42年，不为不久，乃十分尚亏其八。

神宗览奏后下旨回应说：

皇祖宝城培土如何40余年尚未完？就这工程重大，若用陵军、班军未免耽延时月，终无完局，依拟通行雇募。朕前恭陵寝，见昭陵宝城也欠高厚，着一体加培，俱不许苟且了事。

这样一来，永、昭两个陵宝城的黄土同时加培，大臣们恐落下"苟且了事"的罪名，自然就按同一规制培筑了。这就是昭陵宝顶与永陵相同，却与长、献、景、泰等陵都不同的原因。

这种形制由于冢前拦土墙的大幅度增高，不仅可以满足以永陵为模式在宝城内填满黄土的需要，而且方城下的甬道和宝城内通向明楼的左右转向礓也可以继续使用，而不致被封土掩埋。这种"月牙城"、"哑巴院"的方式为后来的庆、德两个陵所沿用。

昭陵明楼的斗拱，依明朝制度各陵均为上檐单翘重昂七踩斗拱，下檐重昂五踩斗拱。而修葺后的昭陵却变成了上下檐均为单翘单昂五踩斗拱。明楼内还增加了条石券顶。

明定陵是明代第十三位皇帝，明神宗皇帝朱翊钧和他两个皇后的陵墓。坐落在大峪山下，位于长陵西南方向。1584年至1590年。明定陵的主要建筑有祾恩门、祾恩殿、宝城、明楼和地下宫殿等。明定陵是十三陵中最大的3座陵园之一，地面建筑共占18万平方米。

明定陵早在1584年时开工，历时6年完成。陵墓建成时皇帝只有28

明十三陵之定陵

明十三陵之昭陵

岁，在闲置30年之后，直至1620年才正式启用。

明定陵前有三进宽阔院落，后有一座高大宝城。陵的正门前方是3座汉白玉石桥。过了桥是高大的碑亭。亭周围有祠祭署、宰牲亭、定陵监等建筑物300多座。再往后就是陵园最外面的围墙——外罗城。

陵宫的总体布局也呈前方后圆之形，含有我国古代哲学观念"天圆地方"的象征意义。其外围是一道将宝城、宝城前方院一包在内的外罗城。外罗城仅前部正当中轴线位置设宫门一座，即陵寝第一道门。其制，黄瓦、朱扉、设券门3道。

外罗城内，偏后部位为宝城。宝城之前，在外罗城内设有3进方形的院落。

第一进院落，前设单檐歇山顶式陵门一座，制如外罗城门，为陵寝第二道门，又称"重门"。其左右各设有随墙式掖门一道。院落之内无建筑设施，院落之前（外罗城之内）左侧建有神厨3间，右侧建有神库3间。

第二进院落，前墙之间设祾恩门。其制面阔5间，进深两间，下承一层须弥座式台基。台基之上龙凤望柱头式的石栏杆及大小螭首设置齐备。前后还各设有三出踏跺式台阶。

第三进院落，前墙间建有陵园最主要的殿——祾恩殿。其形制为重檐顶，面阔7间，进深5间，下承须弥座式台基一层，围栏雕饰同祾恩门。台基前部出有月台。

月台前设三出踏跺式台阶，左右各设一出。殿有后门，所以台基的后面也设了一出踏跺式台阶。其中，后面一出踏跺及月台前中间一出踏跺设有御路石，刻着龙凤戏珠及海水江牙的图案。祾恩殿左右各设随墙式掖门一座。院内沿中轴线设有两柱牌楼门就是棂星门一座，石几筵一套。

牌楼门的两柱做出头式，白石雕成、截面为方形，顶部雕龙，前后戗以石抱鼓。石几筵由石供案和石供器组成。石供案做须弥座式，石供器由一座香炉、两座烛台、两座花瓶组成。形制如长、永等陵。

由于宝城的隧道门设在了宝城墙的右前方，帝后棺椁在享殿内举行"安神礼"后，必须途经外罗城内才能进入宝城的隧道门入葬玄宫，同时考虑到建筑的对称性，在第三进院落左右两墙又对称地设有随墙式掖门各一座。

此外，定陵外罗城之前，左侧还建有宰牲亭、祠祭署，右侧建有神宫监、神马房等附属建筑。定陵卫的营房则建于昌平城内。其中，定陵祠祭署的建筑布局是，中为公座，后为官舍，前为门。神宫监有重门厅室，房屋多至300间。

明庆陵是明朝第十四位皇帝明

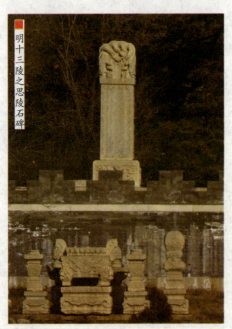
明十三陵之思陵石碑

光宗皇帝朱常洛和皇后郭氏、王氏、刘氏的合葬陵寝。庆陵的地下玄宫自1621年3月定穴营建，7月29日合龙门，历时4个月。工程质量精细，除玄宫全部用石料外，其"后、中、前殿"，有"重门相隔"。1626年，地面建筑完工。

明十三陵定陵内石碑

庆陵的陵园建筑由神道、陵宫及陵宫外附属建筑三部分组成。神道上建单空石桥一座。近陵处建神功圣德碑亭遗作，亭内竖碑，螭首龟趺，无字。

245

帝陵杰作

明十三陵

庆陵宫建筑总体布局呈前方后圆形状，占地约27 000平方米。前面有两进方院，彼此不相连接，在两进院落之间有神道相连，并于第一进院落后建单孔石桥3座。

第一进院落，以祾恩门为陵门，单檐歇山顶，面阔3间。院内建祾恩殿及左右配殿各5间。神帛炉两座。

第二进院落，前设3座门，内建两座牌楼门及石供案，案上摆放香炉一个，驻泰、花瓶各两个。方院之后为圆形宝城，在宝城入口处建有方形城台，城台之上建重檐歇山式明楼。

明楼内竖圣号碑，上刻"大明""光宗贞皇帝之陵"。明楼后宝城内满填了黄土，中央夯筑上小下大的圆柱形体为宝顶，底部直径约28米。

冢前拦土墙与宝城墙等高，并与宝城城台及两侧墙体围成一个平面近于"月牙"形状的院落——哑巴院，院内有随墙式琉璃照壁。零工外还有一些附属建筑，如宰牲亭、神厨、神库、祠祭署、神宫监、朝房、果园、榛厂、神马房等。

庆陵的排水系统也很有特色。对于宝城两侧山壑间的流水，其他各陵都是用明沟排水的方式从陵前绕道排出。而庆陵则是在明楼前修建了一个平面近似"丁"字的地下排水涵洞。

宝城两侧的水流从左右宫墙下的地下涵洞流入，在明楼前的地下汇合后向前排出，从地下躲过环抱于前的龙砂，然后注入砂前的排水明沟，经祾恩殿后的3座石桥，从前院的右侧绕过陵前注入河槽。

明德陵是明代皇帝熹宗朱由校和皇后张氏的合葬陵寝。

位于陵区西南隅鹿马山南麓，是明朝最后一帝明思宗朱由检及皇后周氏、皇贵妃田氏的合葬陵墓。清朝入主中原后，为收买人心，笼络汉族地主阶级为清廷效力，于是将这座葬有崇祯帝后的妃子坟命名为"明思陵"，并在改葬崇祯帝后，营建了地上园寝建筑。

按《清世祖实录》记载，清廷下令以礼改葬崇祯帝后，并营建思陵建筑，时间是1644年5月。

■ 明十三陵之庆陵

明思陵虽然没有金碧辉煌的殿宇楼台，但残存下来的石雕艺术品，构思奇妙，雕工精细，颇引人入胜。石五供，分为前后两套。

前一套是5个相互独立的供器，正中为香炉，雕为四足两耳的方鼎形，上面浮雕饕餮纹。左右为烛台，台腹四面雕刻人物故事，最两边的是花瓶，瓶腹、瓶颈略呈圆形，也浮雕饕餮纹。五供器各施以石座，与明代其他各陵共用一祭台不同。

明十三陵砖雕

后面的一套，祭案的案端做翘头式，案面浮雕绳纹，下做闷户橱形状，四腿因顶部内收而随势弯曲，足部外翻，还保留着明式家具线脚优美、雄浑大方的特色。

案上放有石雕供果5盘，一盘为橘子，一盘为柿子，一盘为石榴，另外两盘分别为寿桃和佛手，形象十分逼真。

碑石雕刻也别有风趣。碑首做"四螭下垂"式，碑身左右雕升龙，碑座前雕5龙，后雕5麒麟。左右雕母狮背负小狮图案，母狮前还有小狮或做戏球状，或伏于母狮身下做哺乳状，形态极为生动。据说，这是象征古代官爵中"太师、少师"的一种吉祥图案。

明楼内的圣号碑碑阳篆额"大明"两个字，下刻

饕餮 我国传说中的一种凶恶贪食的野兽，相传为上古四大凶兽之一，古代青铜器上面常用它的头部形状做装饰，叫作饕餮纹。传说是它是龙生九子之一的第五子。一说是断头的蚩尤。现在用来形容极度好食的人。

"庄烈愍皇帝之陵" 7个大字。前面的神道碑碑阳篆额 "敕建"，下刻由清朝顺治年间大学士金之俊奉敕撰写的碑文。清代乾隆年间，思陵先后两次修缮，陵园建筑规制又发生了新的变化。

1745年9月，刑部左侍郎钱陈群奉命祭祀思陵，发现思陵因长期失修，风雨剥落，殿庑倾圮严重，遂奏请修葺，并提出建议遵世祖章皇帝奢靡不尚之谕旨办理。清朝乾隆皇帝从其所请，下诏修缮思陵。

直隶总督那苏图奉命督办该项工程。

明十三陵依照我国传统风水理论精心选址，将数量众多的建筑物巧妙地安置于地下。十三陵建造体现了我国古代传统的建筑和装饰思想，阐释了我国传统文化的丰富内涵，是我国古代帝陵的杰出代表。

空前绝后的帝陵臣庙

阅读链接

在十三陵中，定陵石碑背面右上角有一块白圆形的痕迹，清晰可见。在当地百姓中流传着 "定陵月亮碑" 的神奇传说。

据说有一天，神宗正在昏睡中，忽然梦见一个红脸、红发的人来到眼前，对他说："我是火神爷，奉上天之命来把你那定陵烧个一干二净！"

神宗听罢大怒，说："要是将来定陵遭到火烧，让我现在就瞎一只眼。"

话音刚落，火神爷竟哈哈大笑而去，一转眼就没影了。神宗吓了一跳，从梦中惊醒，不久就驾崩了。

入葬定陵时，神宗的右眼睛始终睁着，下人怎么摆弄也不能合上。等到神宗遗体安葬完毕，有人发现，定陵石碑背面的右上角立即出现了一个白圆形的东西。

据说这个白圆形的东西是神宗右眼变的，因为他怕火神爷真的要来烧他的陵。

盛京三陵

　　盛京，就是今天的沈阳，满语称"谋克敦"，汉译为"兴盛之城"，它是我国清朝的肇兴之地，在这里修建有清朝开国之君及其父祖们的陵墓。盛京三陵就是清永陵、清福陵和清昭陵，也称"东北三陵"。

　　福陵是清太祖努尔哈赤与皇后叶赫那拉·孟古的陵墓，是清朝命名的第一座皇陵。昭陵是清太宗皇太极及其皇后的陵墓，在盛京三陵中规模最大，结构最完整。永陵在盛京三陵中规模最小，占地仅11000多平方米，但列三陵之首。

陵寝群中的福陵和昭陵

努尔哈赤是满族人，姓爱新觉罗，受明册封为女真族建州部首领，后来统一了女真族各部，建立了后金政权。

1626年，努尔哈赤在盛京去世，因没有找到合适的安葬地点，所以未立即下葬。直到1629年，才选定在盛京东北郊外营建陵墓。同年将皇太极生母叶赫那拉氏的墓从东京杨鲁山迁来此处。

清世祖努尔哈赤画像

初建时，只称作"先汗陵"或"太祖陵"，1636年定名为"福陵"。陵墓1651年基本建成，后来在康熙和乾隆年间又有增建。

福陵是清太祖努尔哈赤与皇后叶赫那拉·孟古的陵墓，是清朝命名的第一座皇陵。福

清福陵西石牌坊

陵坐落在沈阳东北的丘陵山地之间，南临浑河，北靠天柱山。它所在的沈阳是清朝入关前的都城，称为"盛京"。

福陵的布局严谨，规模宏大，陵寝总面积约19.48万平方米。陵区占地近54万平方米，现存古建筑32座。陵园形制为外城内郭，由前院、方城和宝城3部分构成，自南而北渐次升高。这既不同于明朝的陵墓，也不同于清朝入关后建造的陵寝。

陵园四周环绕着红色缭墙，南北长900米，东西宽340米。南面墙正中开三楹歇山式的正门，称"正红门"，两边墙壁上镶嵌有五彩琉璃蟠龙。

门外两侧有下马碑、牌坊、石狮和华表等，原为木制，乾隆时改为石制。门内神道旁排列着狮、马、驼、虎4对石像生。

福陵的南向四周围是红墙，正中是正红门，自南而北地势逐渐升高，门外的两旁对立着石狮、华表、石牌坊和刻有满、蒙、汉、回、藏5种文字的下马碑。正红门是很长的一段神路，路的两侧有坐狮、立马、卧驼、坐虎4对石兽。

和玺　清朝时一种皇宫最高等级的建筑彩画，大多画在宫殿建筑上或与皇家有关的建筑之上。根据建筑的规模、等级与使用功能的需要，分为金龙和玺、金凤和玺、龙凤和玺、龙草和玺和苏画和玺5种。

神路尽头是利用天然山势修筑的108级砖阶，以象征三十六天罡和七十二地煞。是福陵的重要标志。

砖阶之上是牌楼，楼重檐歇山式，黄琉璃瓦顶，内立康熙帝用汉、满两种文字书写的"大清福陵神功圣德碑"。

方城位于牌楼后，是一座城堡式建筑，为陵园的主体。城中央有隆恩殿和东西配殿，是祭祀之所。隆恩殿坐落在须弥座台基上，面阔、进深俱为3间，单檐歇山顶，供奉墓主神牌。

殿前有焚帛楼，殿后有石柱门和石五供。配殿东西各5间，均为周围廊、歇山式建筑。

方城城墙高约5米，周长约370米，南有隆恩门，北有明楼，四周都设角楼。隆恩门是一座3层歇山顶式的门楼。明楼内竖"太祖高皇帝之陵"石碑，楼下为石洞门。方城内的建筑都用黄琉璃瓦铺顶，廊柱俱是朱红色，廊枋间有"和玺"式彩绘壁画。

■ 清福陵明楼

　　方城之后为周长约190米月牙形的宝城，又称"月牙城"。城正中是高2米的宝顶，其下即为安葬努尔哈赤和孝慈高皇后叶赫那拉氏以及3个殉葬嫔妃的灵柩地宫。

　　清福陵的修建以及后来的重建、改建都是在古代堪舆家的指导下进行，从选址至规划设计，考虑了陵寝建筑与自然山川、水流和植被的和谐统一，追求自然环境与陵寝建筑的和谐统一，体现了我国古代"天人合一"的哲学思想。

　　明清陵寝地表建筑，基本上是紫禁城建筑的变例。其主导思想在于宣传皇权至上，其等级、使用材料均与紫禁城宫殿一样，不同的是陵寝是皇帝死后居住之所，不仅要威严，还要适应陵寝这一特殊要求，故明楼宝顶成为其最具代表性的建筑。

　　清福陵不仅是皇室从事礼制活动的主要场所，也是我国帝陵建筑的重要组成部分，更是我国历史文化的最好见证。

　　皇太极是清太祖努尔哈赤的第八子，生于1592年，曾追随其父，统一了女真各部，创建了清政权，是清朝的开创者，戎马征战数十

载，是我国历史上杰出的政治家、军事家，也是清朝历史上最有作为的皇帝之一。

1626年，皇太极继父位称汗，1636年4月称帝，改后金国号为"大清"。皇太极为大清基业和入主中原奠定了坚实的基础，对清朝历史影响重大，堪称"上承太祖开国之绪业，下启清代一统之宏图"的创业之君。皇太极在1643年驾崩，时年52岁，共在位17年，被追尊为"清太宗"。

昭陵是清太宗皇太极及其皇后的陵墓，在盛京三陵中规模最大，结构最完整。因坐落在沈阳北端，所以又叫"北陵"。

昭陵除了葬有帝后外，还葬有关雎宫宸妃、麟趾宫贵妃、衍庆宫淑妃等一批后妃佳丽，是清初关外陵寝中最具代表性的一座帝陵，也是我国现存最完整的古代帝王陵墓建筑之一。

昭陵始建于1643年，与福陵同年竣工，也就是1651年基本建成。经康熙、嘉庆增建，陵区占地面积近48万平方米。

陵寝建筑的平面布局遵循"前朝后寝"的陵寝原则自南向北由前、中、后3个部分组成，其主体建筑都建在中轴线上，两侧对称排列，系仿自明朝皇陵而又具有满族陵寝的特点。

昭陵全陵占地18万平方米，共分三大部分。由南至北依次是，从下马碑到正红门的前部，包括华表、石狮、石牌坊、更衣厅、省牲厅。从正红门到方城的中部，包括华表、石像生、牌楼和祭祀用房。后部就是方城、月牙城和宝城，也是陵寝的主体。

陵区南北狭长，东西偏窄，四周设有红、白、青3种颜色的界桩，其南面还备有挡众木，又叫"拒马木"。陵区的最南端是下马碑、华表和石狮。其中，下马碑有4通，华表一对，石狮一对，它们分别立在道路的两旁。

石狮之北建有神桥。神桥的西面本来有一眼涤品井，后来没有了。神桥往北是石牌坊，石牌坊的东西两侧各有一座小跨院。其中，东跨院是皇帝的更衣亭和净房，西跨院则是省牲亭和馔造房。

昭陵的牌楼是前部的主体建筑，系青石建成，四柱三层，雕刻得

清福陵影壁

空前绝后的帝陵臣庙

■ 辽宁沈阳清昭陵

麒麟 简称"麟"，其外形像鹿，头上有独角，全身覆盖有鳞甲，尾像牛尾。它是我国古籍中记载的一种动物，与凤、龟、龙共称为"四灵"，是神的坐骑，古人把麒麟当作仁兽、瑞兽。雄性称麒，雌性称麟。麒麟是吉祥神兽，主太平、长寿。

玲珑剔透，精美无双，为罕见的艺术珍品。牌楼的尽头就是正红门。

正红门为缭墙的正南门，层楼高耸，十分庄严，两翼装饰着五色琉璃蟠龙壁。正红门的周围是环绕陵区的朱红围墙，又叫"风水墙"。正红门内有一条南北笔直的石路叫"神道"，神道两侧由南往北依次立有擎天柱一对，石狮子一对，石獬豸一对，石麒麟一对，石马一对，石骆驼一对，石象一对。这些石兽统称"石像生"。

石像生里面包括有华表、石兽和大望柱，它们两两相对，十分肃穆。石兽中最精美的是"大白"和"小白"，这两匹石马形象逼真，栩栩如生。据说这两匹石马像正是以清太宗生前最爱骑的两匹骏马为原型雕琢而成。

神道尽头是碑亭，碑亭与正红门相对，是为颂扬清太宗的功绩而建，里面有一通碑写着"昭陵神功圣德碑"。碑亭两侧有朝房，东朝房是存放仪仗及制奶茶之地，西朝房是备制膳食和果品之所。

碑亭之北是方城，方城正门曰"隆恩门"，城门上有楼，俗称"五凤楼"。

出了碑亭就到了昭陵后部方城正南门"隆恩门"。方城建造得如同城池一般，位于缭墙，仿佛是城中之城，而隆恩殿就在方城中心。

隆恩殿以雕刻精美的花岗岩台阶为底座，以金光闪闪的黄琉璃瓦为屋顶，再加上画栋雕梁、金匾红墙，所以显得异常华丽。

隆恩殿前有隆恩门，后有明楼，左右有配殿和配楼，四隅有角楼。隆恩殿的配楼俗名叫"晾果楼"，是晾晒祭祀果品的地方。隆恩殿后有二柱门和石祭台，再后是券门，券门顶端有大明楼。

 清昭陵大门

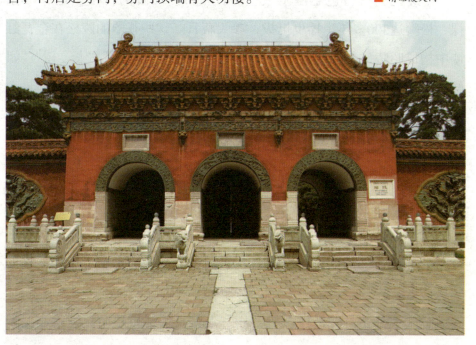

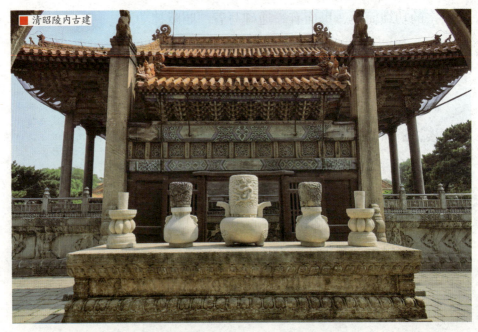
清昭陵内古建

空前绝后的帝陵臣庙

经过明楼，就能到宝城。宝城又称"宝顶"，在方城北端，为"月牙形"。宝城的下面就是地宫，安置着清太宗夫妇的棺椁和陪葬品。宝城之后是人工堆起的陵山，即隆业山。

昭陵的另一特色是漫漫数里的古松群。昭陵的古松多达2000余棵，松龄达300多年，摇曳挺拔，参天蔽日。这些苍翠的陵松在金瓦红墙中构成昭陵又一壮丽景观，其中的"神树""凤凰树""夫妻树""姐妹树""龟树"等更是别具特色。

陵寝西侧、与宝顶遥遥相对还有一组建筑叫"懿靖大贵妃、康惠淑妃园寝"，是安葬太宗众妃的茔地。除此之外，在陵寝东西两翼各有约1千米的陪葬墓，左侧有武勋王杨古里墓及奶妈坟，右侧有贞臣敦达里及安达里殉葬墓。

这种以功臣陪葬的形式是古代陵寝制度，体现了我国古代君王"事死如事生"的愿望，也体现了我国古代传统的忠君思想和严格的等级制度。

陵区之外还有藏经楼、关帝庙、点将台等建筑。昭陵建筑布局严格遵循中轴线及前朝后寝等陵寝规制，陵寝主体建筑全部建在南北中轴线上，其他附属建筑则均衡地安排在它的两侧。

这样的设计体现了皇权至高无上，同时，可以使建筑群稳重、平衡及统一。

昭陵的管理有文武两大衙门。一个叫总管衙门，一个叫关防衙门，总管衙门主要负责陵区的防卫，关防衙门负责祭祀和陵寝建筑的一般修缮。清代后期，昭陵虽然仍由三陵守护大臣负责管理，但由于连年战乱，国库入不敷出，对昭陵无力做大的修缮，以至陵园建筑残破凋零。

总的来看，沈阳昭陵主体建筑仍然完整地保存着，地下基础完好，规划、布局依然完整，古建筑与遗址未受后人过多的干预与改变，自然环境也基本保持原始状态，真实性与完整性程度很高。

阅读链接

昭陵有著名的十景，分为隆山积雪、宝鼎凝晖、山门灯火、牌楼月光、柞林烟雨、浑河潮流、草甸莺鹉、城楼燕雀、华表升仙和龙头瀑布。

这其中，属城楼燕雀的奇景最为壮观。"城楼"指隆恩门的五凤楼，上面筑有许多鸟巢。每当黄昏时，经过一天觅食的燕雀，都会从四面八方云集而来，围绕五凤楼上下翻飞，不断鸣叫。

凤凰是我国古代神话传说中的瑞兽之一，有"鸟中之王"的美称。因此，当地人都认为，百鸟是在每天觅食之后，向五凤楼中的凤凰之灵请安示意。

牌楼月光指的则是神功圣德碑亭。相传，此楼顶上的琉璃瓦有特殊成分，不仅和普通的琉璃瓦一样流光溢彩，光芒醉人，到了夜间，在月光的折射下，还会泛起微光，因此被称为十景之一。

关外三陵之首的清永陵

清永陵是清王朝的祖陵，位于辽宁省新宾满族自治县永陵镇西北启运山脚下，始建于1598年。

这座陵墓在1634年被称为"兴京陵"，在1659年被改尊为"永陵"。永陵内埋葬着努尔哈赤的六世祖、曾祖、祖父、父亲及他的伯父和叔父，按照墓主的身份和辈分，永陵位居盛京三陵之首。

永陵的整体建筑是由陵前参拜道、下马石碑、前院、方城、宝城、省牲所等几部分组成的。

陵前的参拜道南北长840米，以黄沙铺垫。参拜道南北两端的左右各有一通下马石碑。

碑的阳面都竖写着汉、满、蒙、回、藏5种字体的"诸王以下

辽宁新宾清永陵

■ 辽宁新宾清永陵
牌坊

官员人等至此下马"文字，用来告示凡谒陵祭祖之王大臣到此时，必须文官下轿、武官下马，步行入陵，以表对皇陵的尊崇与哀思。

参拜道的中央有一座名叫"玉带桥"的小桥。草仓河由后堡绕陵前，经过玉带桥向西流入西堡龙头月牙泡。因为这条河在陵前呈内弓形，像一条围腰的御带，因此叫御带河。

参拜道北端紧接永陵前院正门名正红门或前宫门。前宫门是小木作硬山式琉璃瓦顶建筑。面阔三楹，进深两间，每间有两扇木栅栏门，上覆红漆。

这种木栅栏是清代皇帝、皇后陵寝中永陵所独有的木栅栏，是满族早期建筑的特色之一，也是源于建州女真人"树栅为寨"的古老生活遗俗。

前院正中东西并列4座单檐歇山式四祖碑亭。按中长次右、左老右少的位序依次为肇、兴、景、显四

女真 又名女贞或女直，是我国古代生活在东北地区的古老民族，也是满族、赫哲族、鄂伦春族的前身。女真人在历史上先后建立过金朝、东夏、扈伦、后金等古代政权。女真族的语言属于阿尔泰语系，通古斯语族，分为建州女真、海西女真、野人女真三大部。

祖碑亭。

亭座为方形高台，条石砌筑。亭身方体，前、后壁各辟券门一座，两扇对开木门。琉璃瓦顶下之沿椽与额枋之间铺做三翘七栖斗拱。木件通体油饰彩画。

牌楼内各立赑屃座神功圣德碑。碑的阳面镌刻着满、蒙、汉3种字体的颂词，用来弘扬四祖的文治武功。

四祖碑亭前东厢5间硬山式青砖瓦房为齐班房两间，祝版房3间，分别是守陵官员值班和用来存放祝版的房舍。西厢5间硬山式青砖瓦房是茶膳房两间，涤器房3间，分别是烧茶做饭、加工供品及洗涤膳具器皿的房舍。

碑亭后的左、右两面，各建了硬山式青砖瓦房3间，前后有外廊，分别是果房和膳房。前院东西墙各辟一门，是为东红门和西红门。在皇帝和皇后谒陵时，皇帝由东红门出入，皇后由西红门出入。

前院紧挨着方城，方城是单檐歇山式建筑，面阔三楹，进深两间，青砖磨缝平砌大山，前后无檐墙。三楹各辟一门，两扇对开，朱

清永陵

■ 清永陵碑亭

漆板门各布了九九八十一枚镏金铜门钉，取意"九九归一"。帝王为九五之尊，横九纵九，唯皇最大。

方城的正门名叫"启运门"，启运门中门为神门，是用来给墓主神灵出入的门。东门是皇帝及大臣出入的门，西门则是皇太后、太后、妃及平常司事人出入的门。两扇划分了出入人等级的门反映了源于清代严格的等级制度。

启运门两翼的缭墙正中，各自镶嵌了一个陶质的双面五彩云龙袖壁，壁中一金龙张牙舞爪，腾于海水江崖之上，腾云吐雾，戏耍火珠，造型生动，雕塑精美，充分体现我们祖先的聪明才智和精湛技艺。

方城内的正殿叫"享殿""启运殿"，是供奉四祖神位及祭祀的场所。启运殿高筑于方形的墀陛之上，是单檐歇山式琉璃瓦顶建筑，面阔三楹，门四窗八。明间后墙辟券门一座以通宝城，殿外三面环廊，

门钉 是钉于大门扇外面的圆形突起，是我国古建筑大门上的一种特有装饰。我国古建筑中，尤其在北京的宫殿、坛庙、府邸这些古建筑的大门上，都有纵横排列的门钉。这些门钉不仅是装饰品，而且体现着封建的等级制度。门钉起源久远，我国古代为防御外侵，城门制作十分坚厚，在大门上包有铁板，且用戴帽的门钉钉住。这种方法沿用了数千年。

■ 清永陵四组碑亭

龙吻 又称"大吻"或"正吻"，是我国古代建筑的装饰物之一。龙吻表面饰龙纹鳞甲，四爪腾空，龙首怒目，张口吞住正脊，脊上插有一把宝剑。龙吻不仅是一种重要的装饰物，而且还能衔接殿顶正脊与垂脊之间的重要关节，使殿顶封闭、防止雨水渗入。

龙吻透雕"日""月"两个字，各分东、西，取"破明"之意。

启运殿内有4座暖阁，暖阁里有宝床、枕被，是用来给四祖神灵休息的地方。

暖阁前各自放置了4座龙、凤宝座，宝座上放置了神牌，分别是肇祖原皇帝、肇祖原皇后，兴祖直皇帝、兴祖直皇后，景祖翼皇帝、景祖翼皇后，显祖宣皇帝、显祖宣皇后的汉、满文合璧神牌。

龙、凤宝座前是放置各种供品的供案，供案前则是4套掐丝珐琅祭器，每套5件，共20件。祭器的座是楠木香几。

启运殿前还有东、西配殿各三楹，都是单檐歇山式建筑，琉璃瓦顶、三面环廊。

东配殿是维修启运殿时，恭藏肇、兴两个祖牌位、神器及祭祀的临时场所。

而西配殿主要是祭祀时供喇嘛打坐、念经、超度亡灵的地方，平时恭藏乾隆御笔"神树赋"碑。启运殿与西配殿之间，还有一座青砖、瓦砌筑的高近3米的歇山式，名叫"焚帛亭"的小建筑。焚帛亭俗称"燎炉"，是在祭祀永陵时用来焚化祝版、制帛及金银锞子及纸钱的祭炉。

启运殿后就是宝城。宝城的平面呈马蹄形，前有泊岸，后有八角弧形罗圈墙，高3.6米。宝城内南北长18.7米，东西宽22.4米。分前、后两层台地。

上层台中葬兴祖、左昭景祖、右穆显祖。兴祖墓东北是肇祖衣冠冢。下层台左葬武功郡王礼敦，台右葬恪恭贝勒塔察篇古。中间是礓磜三段共21级。兴祖墓前以前有一棵古榆，枝杈离地1米，枝干弯曲，壮若游龙，枝叶繁茂，绿荫厚大，足以覆盖宝城。

根据传说，这棵榆树就是离地1米的悬龙之穴。当年老汗王背他父亲的尸骨时，放在这棵离地1米的榆树上，然后尸骨就长到树里再也取不下来了，老汉王只好把祖先葬骨在树间，结果他的后代就当了皇帝。

宝城后就是陵山，即启运山。启运山石骨棱峥，山脊此起彼伏状若行龙，俗传"悬龙"。据

■ 辽宁清永陵东配殿

空前绝后的帝陵臣庙

■ 辽宁清永陵东配殿

垂花门 是我国古代建筑院落内部的门，因其檐柱不落地，垂吊在屋檐下，称为垂柱，其下有一垂珠，通常彩绘为花瓣的形式，故被称为垂花门。旧时人们常说的"大门不出，二门不迈"，"二门"即指此垂花门。因垂花门的位置在整座宅院的中轴线上，界分内外，建筑华丽，所以，垂花门是全宅中最为醒目的地方。

说，龙脊上有几个山包，清朝就会有几个皇帝。

前院的西面有一个独立的院落，院内有正房5间，西厢房3间，前有一座垂花门，东与西红门相通。此院名省牲所，是屠宰祭祀牛、羊的场所。省牲所西墙外原有冰窖一个，是冬季贮冰，防止供夏季祭祀的供品腐烂变质、防暑降温用的。

清永陵不仅以神奇的传说，丰富的内涵，重要的价值闻名于天下，而且在建筑形制、布局、造型、工艺上都有自己的建筑特点和艺术特色。

清永陵的基本陵寝形制是前朝后寝，二方一圆，南北排列，三进院落。所谓二方一园的三进院落，是指第一进院落前院是方形，第二进院落方城也是方形，第三进院落宝城是圆形。

而清永陵的位置，按照我国传统的学术风水学来讲，是坐北朝南、神道贯穿、居中当阳，中轴不偏，位于启运山南麓，背风朝阳。也就是说，清永陵是在窝风藏气的龙脉正穴之前营造了宝鼎正殿。

在宝鼎正殿的位置，又由正穴向南修筑了一条长约1千米的笔直通道，称为"神路"。这条神路是陵寝的中轴线，也是陵寝的坐向线。享殿的启运殿就建在中轴线的北端，有"居中当阳"之意。

启运门、正红门都在轴线上坐北朝南依次排开，既有层层拱护正殿的作用，又有突出中心，强化皇权的重要寓意。

永陵的殿寝左右对称，彼此呼应，均衡布局主次分明，陵寝的东配殿与西配殿、果房与膳房、肇祖碑亭与兴祖碑亭、齐班房祝版房与茶膳房涤器房，东下马碑与西下马碑皆以中轴线为中心，左、右对称排列，均衡布局，主次分明，彼此呼应，平衡、稳定、庄重又圆满。

清永陵的陵寝建筑经纬组合，高低错落，逐级升高，对比衬托，由前至后纵横排列。

如下马碑纵向，前宫门横向，东西厢房纵向，四祖碑亭横向，果膳房纵向，启运门横向，东西配殿纵向，启运殿横向。

正视则一纵一横，交替进行，经纬组合，灵活多变。这种经纬交

清永陵界石

错排列给人以生动、新鲜、灵活、深邃之感。侧视陵寝建筑，由前至后则呈低—高—低—高，波浪起伏形式。这种波浪状的建筑物轮廓线随着地势的逐步升高，势若波涛汹涌。

启运殿后的宝城宝鼎是奉安帝、后尸骨的地宫寝殿称"后寝"。我国古代观念认为，"事死如事生"，认为皇帝死后到阴间仍然当皇帝，因此陵寝的方城，就是他们阴间的皇城，享殿就是他们在阴间上朝临御的宫殿。而宝城内的宝鼎地宫则是他们阴间的寝宫。

之所以将方城建成方形，将宝城宝鼎建成圆形是分别象征着地和天，以合"天圆地方"之说。

清永陵由下马碑、前宫院、方城、宝城、省牲所、冰窖、果楼等部分组成，整体建筑具有鲜明的我国古代建筑特色和满族艺术风格。清永陵居于著名的清初关外三陵之首，号称清朝"关东第一陵"。

阅读链接

清永陵的封宝城内有一棵"神树"。关于这棵树还流传着这样一个传说。当年努尔哈赤的祖父背着祖先的尸骨从长白山下来。走到永陵时天色已经很晚了。但当时的人都很迷信，看到他背着骨灰匣就不让他住店。

努尔哈赤的祖父无奈地站在路边举目北望，突然发现在乔山的脚下有一棵粗大的榆树，而且还有个树杈，他就把祖先的尸骨夹到了树杈上。

第二天早上，努尔哈赤的祖父发现尸骨竟然长在树上取不下来了。这时，一位风水师告诉他："这是一块风水宝地，后面的山是一条龙脉，你将尸骨正好压在了龙脉的正中，你的后人会是天子。"风水师还预言他的后世有12代天下。

后来，经过计算，从努尔哈赤登基至清朝末代的皇帝溥仪，正好是12位皇帝。

清东陵

清东陵坐落在河北省遵化市西北部马兰峪的昌瑞山，是清朝三大陵园中最大的一座。清东陵共有帝陵5座，世祖顺治帝之孝陵、圣祖康熙帝之景陵、高宗乾隆帝之裕陵、文宗咸丰帝之定陵、穆宗同治帝之惠陵。

此外，孝庄文皇后昭西陵、慈禧太后的普陀峪定东陵及慈安太后的普祥峪定东陵也建于此。

清东陵占地78平方千米，是我国现存规模最宏大、体系最完整、布局最得体的帝王陵墓建筑群。

清东陵的曲折发展历史

在距离北京125千米的河北省遵化，有个地方叫马兰关，也被称为"马兰口"。它地处长城隘口，北临兴隆县，南与马兰峪相望，东傍雄山，西倚关城，是自古以来兵家的必争之地。

明代时，马兰关建有东西两个城，东城周围约770米，连垛高6米多，有城门两座。南门名"马兰谷关"，西门无字。西城周围约500

清东陵遗迹

米，高5米至6米不等。有城门两座，东城门名"永镇"，南城门名"建安"。东西两城的北面都靠倚万里长城，东、西两城之间那段长城是一个城口，名为"正关城口"。至清顺治年间，年轻的顺治皇帝也像以往的皇帝那样，早早地给自己选择陵址。

据说清朝祖制，在皇帝登基的同一天，就要派出大臣，会同钦天监官员，外出寻找"万年吉壤"。当时派出的是江西术士陈壁珍，可他找了两年多，却没有找到中意的地方。

有一次，顺治帝带着随从狩猎，来到遵化马兰峪，走到一个高阜时，顺治帝勒马四顾，看到凤台山苍松翠柏，岗峦起伏。而昌瑞山又蔚然深秀，明丽喜人，特别是这里的层峦叠嶂的山峰若起若伏，又有石壁峭立，俨然一扇门的样子，其势可纵可合，顿感王气葱郁，有龙蟠凤翥的感慨，使他不禁驻足浏览。

于是，顺治骑在马上便说道："此山王气葱郁，可为朕寿宫。"清世祖的孝陵陵址就这样定在马兰峪凤台山了，清东陵的陵墓工程也就这样开始了。

■ 顺治皇帝画像

后来，钦天监刻漏科杜如预、五品挈壶杨宏量等人，专门又去昌瑞山凤台岭相看地形地貌，勘测地质、水文状况，进行总体设计，他们都对当地可作为最佳陵墓的风水宝地惊叹不已。后来，有个风水先生路过此处，惊讶地说："即使命令我们踏遍四海，也难找到这样一块万年吉地。"

东陵地方，龙脉来于太行，连接燕山，势如巨波。山如五魁站班，指峰佛手。所依的昌瑞山，前有金星峰，似朱雀翔舞，后有分水岭，若玄武垂头，左有鲇鱼关，青龙蜿蜒，右有黄花山，白虎麒祥。

左右两水，分流夹绕，天地邂逅，龙虎交牙，烟炖、天台两座山对峙，形成天然关隘，称为兴隆口，确实尽得风水之吉。

按选陵的规矩，随行的堪舆大臣、钦天监官员要用木铣在地上挖个磨盘大的圆坑，叫作"破土"，这个圆坑叫作"金井"，然后在圆坑上盖一个斛形的木箱，使金井永远见不到日、月、星三光。再以金井为中心，支搭一座高约43米，圆径200米的大圆席棚，这是为了避免三光照射，挡住飞鸟遗屎。

顺治皇帝是清朝入关后的第一个皇帝，他笃信佛教。在他当政时，常把和尚召进皇宫，和他们研讨佛门理论。由于顺治皇帝笃信佛教的灵魂升天说，因此曾多次嘱咐大臣说，自己驾崩后务必要实行火葬。

龙脉 我国古代风水学把绵延的山脉称为龙脉。古代风水术首推的地理五诀，就是龙、穴、砂、水、向。相应的活动是觅龙、察砂、观水、点穴、立向。而龙就是山的脉络，土是龙的肉、石是龙的骨、草木是龙的毛发。

1661年的时候，这位佛门天子因病驾崩了。大臣们不敢违背顺治皇帝的遗旨，破例为他举行了火葬。要是完全按照佛教的讲究来说，教徒死后是要靠宝塔来代替墓室的。

可是尽管顺治皇帝信佛，却始终自认为是一位真龙天子，仅仅一个宝塔是绝对不够纪念他的，也不够显示皇家的威严。

于是，大臣们经过认真的讨论，决定不建宝塔，而是仍然按照传统的皇家礼制标准，为顺治皇帝兴建一个大型的陵墓，而且陵墓的建制和规模也要和自古以来其他的皇陵一样。

但由于火葬的原因，陵墓中将无法存放一个完整的龙体，而是一个盛着顺治皇帝遗体骨灰的骨灰罐。由此，清孝陵是清东陵中的第一座帝陵，也是我国唯一一座只有皇帝遗体骨灰的黄帝陵。

273

石雕宝库

清东陵

■ 清东陵神道

在1661年，也就是顺治皇帝去世的那一年，陵墓开始动工修建，与顺治皇帝合葬的还有孝康章皇后佟佳氏和孝献端静皇后董鄂氏。

至1664年，清孝陵的主体工程告竣了。

1668年，营建神功圣德碑亭。

1674年，康熙皇帝的嫡皇后孝诚仁皇后崩逝，康熙皇帝下令开始筹建景陵。

1676年，景陵破土兴工。

在1681年孝诚、孝昭两位皇后入葬时，景陵隆恩殿还在修建之中。与此同时，埋葬康熙帝纪嫔的景陵妃园寝已经完工了，成为清王朝在关内修建的第一座妃园寝。

1688年康熙皇帝遵照祖母遗命，在风水墙外，大红门东侧建造暂安奉殿。在孝庄文皇后的暂安奉殿建成后不久，康熙皇帝就决定在孝陵东侧为顺治皇帝的孝惠章皇后兴建陵寝，这座陵墓约于1693年建成。

清东陵景陵

■ 清景陵棂星门

这是清王朝营建的第一座皇后陵，开创了清代为皇后单独建陵的先例。因位于孝陵东侧，又与孝陵为同一体系，因此名为"孝东陵"。

1722年，康熙皇帝驾崩。与康熙帝同葬景陵的有辅政大臣索尼的孙女，也就是孝诚仁皇后赫舍里氏、辅政大臣遏必隆的女儿，孝昭仁皇后钮祜禄氏、佟国维的女儿，孝懿仁皇后佟佳氏、雍正帝的生母，康熙的德妃，孝恭仁皇后乌雅氏和十三皇子怡亲王胤祥的生母，敬敏皇贵妃章佳氏。

清景陵是清代五朝在清东陵界内营建的第二座黄帝陵，其建筑规模稍逊于孝陵，局部有所改创，但在建筑规模的总体上还是以孝陵为蓝本。比如说，在圣德神功碑亭内立了双碑，将石像生缩减为5对，改龙凤门为牌楼门等。

清景陵在葬制上也有重大变革，开创了先葬皇后，附葬皇贵妃的制度，还摒弃了尸体火化入葬的传

辅政大臣 由于新皇帝太过年幼或无法执政时，由先皇指定的帮助新皇帝打理朝政的大臣。辅政大臣一般都是曾经跟随先皇多年忠心耿耿的大臣，又因为新皇帝缺少执政能力，所以辅政大臣在治理朝政的方面也要有过人的能力。

统而改为土葬。

清景陵皇贵妃园寝位于距离清景陵大约东南1千米处，建于1737年。清景陵皇贵妃园寝是坐北朝南而建，内葬康熙皇帝的悫惠皇贵妃和敦怡皇贵妃。

在清代本来没有给两位妃子单独建园寝的传统，因此这座皇贵妃园寝是一个特例。虽然入葬的是康熙皇帝的皇贵妃，但这座园寝却是康熙皇帝的孙子，后来的乾隆皇帝为她俩单独修建的。

■ 清景陵石像生

1772年，当时的皇孙弘历，也就是后来的乾隆皇帝，在宫中生活期间，得到了这两位皇贵妃的精心照料，而这两位妃子在乾隆登基后仍健在，所以乾隆皇帝为表示自己的孝道，回报她俩的抚育之恩，不仅为她俩单独修建园寝，还大大拓展了园寝的规制。

景陵妃园寝位于清景陵东侧500处，内葬49人，有康熙帝的48位妃嫔和一位皇子。在48位妃嫔中，贵妃1位、妃11位、嫔8位、贵人10位、常在9位、答应9位。这些人均各自为券，其葬位按生前地位而定，地位高者在前，居中，地位低者在后，列两侧。景陵妃园寝是清代内葬人数最多的妃园寝。

孝东陵的墓主人是博尔济吉特氏孝惠章皇后，她是顺治帝生母孝庄文皇后的侄孙女，也是蒙古的科尔

孝道 是我国主要的传统美德之一，是我国传统伦理道德的中心。"孝"在我国古代时期被作为一个伦理观念正式提出，孝的含义主要有尊祖敬宗和传宗接代这两个方面。我国传统孝道也包括要从物质上供养父母，即赡养父母。

沁贝勒绰尔济的女儿。博尔济吉特氏在1654年5月入宫，被顺治册封为妃，6月时又被立为皇后。

顺治帝驾崩时，博尔济吉特氏年仅21岁。因为是顺治皇帝的孝惠章皇后，虽然没有子女，但在康熙皇帝继位后，孝惠章皇后与康熙皇帝的生母孝康章皇后一同被尊为母后皇太后。

孝惠章皇后在1717年农历十二月初六崩，终年77岁，1718年入葬孝东陵。与孝惠章皇后一同葬入孝东陵的还有7位妃子，分别是恭靖妃、淑惠妃、端顺妃、宁悫妃、恪妃、贞妃和悼妃。

此外，孝东陵内还葬有17个格格和4个福晋。虽说她们的封号是格格和福晋，但实际上都属于顺治帝的嫔妃。只是由于清初时，后宫的典制章法还不齐全才使封号混乱了。

孝东陵首开了为皇后单独建陵的体制，其规制是

常在 清朝的宫女称号，与"答应"一样，是最低级妃嫔的称号，但常在要比答应高一等。清朝康熙帝的常在有9位，分别是尹常在、色常在、路常在、寿常在、常常在、瑞常在、贵常在、徐常在、石常在。

石雕宝库

清东陵

■ 清东陵石像生

■ 乾隆裕陵地宫

格格 满语的译音，对贵族女性的称谓之一。一般是把国君、贝勒或者无正式封号的贵族的女儿称为格格。在清代，格格这个称号有时候也被用于尊称其他地位高贵的女性，比如亲王的低阶妾。低阶妾所称的格格地位在侧福晋、庶福晋之下。

后世皇后陵效法的蓝本。

1723年的时候，雍正皇帝将他的万年吉地确定在遵化境内的九凤朝阳山，并运去大量的建筑材料。

但至1729年，雍正皇帝改变了主意，以九凤朝阳山"规模虽大而形局未全，穴中之土又带砂石"为由而废置了它，又在河北易县泰宁山下另辟兆域，营建泰陵。自此才有"清东陵""清西陵"之分。

乾隆皇帝弘历继承父祖之业，励精图治，奋发有为，武功十全，拓疆10 000千米，使清王朝达到了极盛时期，是我国历史上享有盛名的贤明君主。

1742年，乾隆皇帝将东陵境内的胜水峪确定为自己的万年吉地作为皇陵，1743年2月破土兴工，1752年完工，1799年定名"裕陵"。

清裕陵明堂开阔，建筑崇宏，工精料美，气势非凡，其规制既承袭了前朝，又有拓展和创新。陵寝建筑，基本上是沿袭明朝十三陵建造，并加以改进。

往北依次为东西朝房、班房、隆恩门、东西燎炉、东西配殿、隆恩殿、陵寝门、二柱门、石五供、方城、明楼、月牙城、宝城、宝顶，周围红墙环绕，与隆恩门相衔接，工精料美，富丽堂皇，其雄伟与豪华程度令人称奇。

在裕陵的体系中也没有皇后陵，只有一座妃园寝依附于裕陵之侧。裕陵妃园寝中的一石一瓦，同样印证了乾隆时期的繁荣与富足。

裕陵妃园寝是乾隆皇帝的妃园寝，位于清裕陵的西旁，始建于1747年，又在1760年时进行了大规模的续建，增建了方城、明楼、宝城和东西配殿。

为了平衡清东陵和清西陵的关系，1796年太上皇弘历曾谕令以后各帝陵按昭穆次序在东、西两陵

279

石雕宝库

清东陵

■ 清东陵建筑

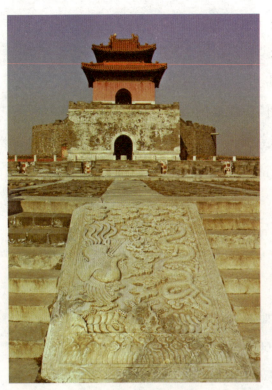

■ 清东陵建筑

分建。道光皇帝即位以后，遵照此谕，1821年在东陵境内的宝华峪营建陵寝，1827年建成。其妃园寝和公主园寝也随之完工。

宝华峪陵寝建成第二年因发现地宫渗水，道光帝震怒，不仅严惩了建陵臣工，而且不顾昭穆东西分建的谕旨，另在西陵境内相度陵址。随之将已建成的东陵宝华峪陵寝及妃园寝废掉，拆运到西陵重建，于是在东陵界内留下了一片废墟。

咸丰皇帝即位以后，又命令大臣在清东陵和清西陵两个地相度陵址，由江西巡抚及吏部尚书等人商量后，最后选定清定陵的陵址在东陵界内的平安峪。

咸丰皇帝亲临阅视后同意了，他形容平安峪说："左龙蜿蜒，右虎训俯，贴身蝉翼、牛角两砂隐约缠护；虾须、金鱼二水界划分明，灵光凝聚，穴法甚真……洵属上上吉地。"

于是，清定陵的修建日期就定在了1859年。虽然始建是在1859年，但清定陵的大部分营建还是在咸丰帝驾崩之后，也就是1861年。

清定陵兴工不久后，大臣们在清定陵规制的修建上发生了一场争论。工部侍郎宋晋认为，道光皇帝的

侍郎 我国古代时期的官位之一。是郎官的一种，起初是宫廷的近侍，后来作为尚书的属官。属官初任为郎中，满一年为尚书郎，满三年就是侍郎了。侍郎的地位很重要，在我国古代设立了六部之后，每个部的侍郎都是辅佐尚书主官的人，也是实际执行者。

清慕陵撤去了大牌楼、石像生、二柱门、方城、明楼等建筑，还将隆恩殿、东西配殿规模缩小，使陵墓朴实无华，更节省了民力。再加上修陵工程应该抓紧进行，因此应该把清定陵仿照清慕陵的规制营建。

但宋晋的这个建议遭到了礼亲王世铎等人的反对，他们认为清定陵还是要按皇家祖陵的传统规制为主的好。

最后，两宫皇太后采纳了王世铎的建议，坚持以祖陵的传统规制为主，同时又部分效仿清慕陵，裁撤了大牌楼、二柱门，地宫内也不再雕有经文、佛像等。

直至1866年，清定陵才最后完工，但清定陵的妃园寝1865年8月时就完工了。清定陵妃园寝与定陵同时兴工，位于清定陵以东的顺水峪，是咸丰帝妃嫔的墓地。定陵妃园寝内共葬有咸丰帝的15位妃嫔。

清惠陵是清穆宗爱新觉罗·载淳，也就是清同治帝的陵寝，位于距离清景陵东南3千米处的双山峪。同治帝生前从未选过陵址以及修建陵墓，因此，在1874年，同治皇帝驾崩之后，朝廷才选择双山峪作为同治帝的万年吉地，为陵墓定名叫"清惠陵"。

■ 清东陵之裕陵妃园寝

■ 清东陵浮雕

清惠陵从1875年农历八月初三动工，直至1878年农历九月才竣工，历时3年多。承修的大臣有醇亲王奕譞、左都御史魁龄、户部侍郎荣禄、署理工部侍郎翁同龢等人。

清惠陵妃园寝坐落在清惠陵西侧的西双山峪，是清穆宗爱新觉罗·载淳，也就是同治帝的妃园寝。清惠陵妃园寝内葬有淑慎皇贵妃、恭肃皇贵妃、献哲皇贵妃和荣惠皇贵妃。其中，淑慎皇贵妃宝顶居前排正中，恭肃皇贵妃、献哲皇贵妃和荣惠皇贵妃的宝顶居后排。

昭西陵是清太宗爱新觉罗·皇太极的皇后孝庄文皇后的陵寝，位于清东陵的大红门外东侧，与东陵之间有一道风水墙相隔。

孝庄文皇后虽然也属于入葬在清东陵之内的皇族，地点却在清东陵的大红门外东侧，这其中有几点原因。

一是，孝庄文皇后是顺治帝的生母，但顺治帝的清孝陵就建在清东陵的昌瑞山主峰之下，处在陵园内至尊无上的位置。因此，清东陵内的任何一处其他地点的尊位都低于孝陵，和孝庄文皇后的地位是不相称的。

贵妃 我国古代皇帝妃嫔的封号之一。贵妃的地位在皇后和皇贵妃之下。在唐宋两个朝代，贵妃、淑妃、德妃、贤妃并称四夫人，爵位正一品。明朝时期，宫中皇妃的封号有很多，如顺妃、宁妃、良妃等，但贵妃仍是最高级的封号。

二是，孝庄文皇后是太宗皇太极的皇后，皇太极的陵墓称为"昭陵"，因此孝庄文皇后的陵名要叫"昭西陵"。把皇太极的皇后陵墓葬在清东陵的陵园之外，是为了区分等级。

三是，在清代，无论皇帝还是钦点的皇子王公谒陵，都要先从辈分最高墓主的陵寝开始。孝庄文皇后身为清东陵所有内葬人中辈分最高的墓主，所以在谒陵时，每次都必须先从昭西陵开始。大红门是清东陵的正门，是谒陵人的必经之处，而昭西陵就在大红门一侧，对于谒陵来说提供了极大的方便。

四是，清代有左方为尊贵之位的说法，把昭西陵建在大红门的左侧，也正反映了孝庄文皇后的后代子孙们对她的尊崇景仰之意。而且从清东陵地势来说，右侧低洼多石，又濒临西大河，常有水患之虞，所以昭西陵建在大红门东侧也是理所应当。

1687年，孝庄文皇后崩了。按清朝早期葬制来说，皇后无论死于皇帝前后，都要与皇帝合葬，同陵同穴。但孝庄文皇后在生前就曾嘱咐康熙帝说：

太宗文皇帝梓宫安奉已久，卑不动尊，此时未便合葬。

清东陵建筑群

河北清东陵昭西陵

若别起茔域，未免劳民动众，究非合葬之义。我心恋汝父子，不忍远去，务必于遵化安厝，我心无憾矣。

康熙帝向来对祖母非常孝顺，所以在孝庄归天后，他听从她的意见没有将其葬入昭陵，而是在东陵边修建了暂安奉殿。院内有享殿和暂安奉殿各一座，未建地宫。

康熙前往遵化祭谒暂安奉殿大都集中在冬季。他有意将谒陵安排在地冻冰封、难于行进的日子，是为了要在临近当年祖母与他诀别时，去拜谒、慰藉祖母。

1725年，是皇太极与孝庄成亲的100周年。雍正皇帝以孝庄文皇后暂安以来国家昌盛，圣祖在位历数绵长、子孙繁衍为由，认为此地颇吉，所以将暂安奉殿改为"昭西陵"。因地势原因，未建马沟槽和桥梁涵洞。

1866年，慈安太后和慈禧太后派大学士周祖培等人，来清东陵为她们选择万年吉地。因为清定陵西侧是西大河，就只能在清定陵的东侧选中了平顶山和普陀山。

1873年，慈安、慈禧到清东陵谒陵的时候，亲自阅视地势雄秀，山川环抱的平顶山和菩陀山，觉得很满意，当时就确定为万年吉地，并将平顶山改名为"普祥峪"，菩陀山改名为"菩陀峪"。

　　普祥峪定东陵是孝贞显皇后，也就是慈安皇太后的陵寝，位于昌瑞山南麓偏西的普祥峪，东边并排而建的是慈禧太后的菩陀峪定东陵，由于两陵都在咸丰帝的清定陵之东，所以统称为"定东陵"。

　　慈禧陵与慈安陵在规模、规制上完全一样。尽管陵寝的修建规制崇宏，典制齐备，在有清一代诸后陵中均属上乘之作。

　　但在1895年，慈禧仍然下令将菩陀峪的方城、明楼、宝城、隆恩殿、东西配殿、东西燎炉全部拆除重建，把宫门、朝房、小牌楼、神厨库等建筑也揭瓦大修，连地宫各券及石五供也在维修之列。这个浩大的重修工程从1895年开始至1908年才告结束。

　　清东陵的15座陵寝是按照"居中为尊""长幼有序""尊卑有别"的传统观念设计排列的。

　　入关第一帝世祖顺治的孝陵位于南起金星山，北达昌瑞山主峰的中轴线上。清孝陵的左边是清圣祖康熙皇帝的景陵，再左边是穆宗同治皇帝的惠陵。而清孝陵右边是清高宗乾隆皇帝的裕陵，再右边是文

清东陵大红门

宗咸丰皇帝的定陵，这个格局形成了儿孙陪侍父祖的局面，突现了我国古代长者为尊的伦理观念。

同时，皇后陵和妃园寝都建在本朝皇帝陵的旁边，表明了他们之间的主从、隶属关系。此外，凡皇后陵的神道都与本朝皇帝陵的神道相接，而各皇帝陵的神道又都与陵区中心轴线上的孝陵神道相接，从而形成了一个庞大的枝状系，其统绪嗣承关系十分明显，表达了瓜瓞绵绵、生生息息、江山万代的愿望。

清东陵建筑恢宏、壮观、精美，体现了明清两代宫廷建筑的基本形式。整座清东陵在木构和石构两方面都有精湛的技巧，可谓集清代宫殿建筑之大成，是我国建筑学和历史文化方面不可多得的遗产。

空前绝后的帝陵臣庙

阅读链接

清代的乾隆皇帝共当政60年，终年88岁，这一寿龄在我国古代帝王中是名列第一的。原因之一，乾隆是个品茶高手。民间流传着很多关于乾隆与茶的故事。

传说，乾隆私巡杭州时，曾在狮峰山茶园一杯接一杯地啜饮"色香味形四绝"的当地龙井。喝过之后，乾隆余兴未尽，又挥毫题诗，有"火前嫩，火后老，唯有骑火品最好"之句，足见乾隆品茗功底不凡，堪称行家。

当时的茶农为感恩这位皇帝知音体己，就把乾隆"垂青"过的18棵茶树围作"御茶园"，以志纪念。

乾隆还在太湖边品尝了一种叫"吓煞人香"的绿茶，对其冲泡出来的绿汤澄汁，"一嫩(芽叶)三鲜(色香味)"大加赞赏，于是根据茶叶螺状的外形，改名为"碧螺春"。从此碧螺春名闻天下。

恢宏壮观的清帝王陵寝

　　清孝陵是清东陵的主体建筑，陵园前矗立着一座由汉白玉制成的石牌坊，上面浮雕着云龙戏珠、双狮滚球和各种旋子大点金彩绘饰纹，刀法精湛，气势雄伟，堪称清代石雕艺术最有代表性的作品。

清东陵孝陵神道

空前绝后的帝陵臣庙

■ 清孝陵龙凤门

龙凤呈祥 我国传统的吉祥图案之一。在我国的传统理念里，龙和凤都是神圣的祥瑞之兽，代表着吉祥如意。龙凤一起使用更是代表着喜庆之事。在龙凤呈祥的图案里，一般都是龙、凤各居一半。龙是升龙，张口旋身，回首望凤，凤则是翔凤，展翅翘尾，举目眺龙。龙凤周围瑞云朵朵，一派祥和之气。

紧靠着石牌坊的是大红门。这扇大红门是清孝陵，同时也是整个清东陵的门户，红墙逶迤，肃穆典雅。门前有"官员人等到此下马"的石碑。

穿过大红门就是牌楼。牌楼中立有两通高大的圣德神功碑，碑上分别用满文和汉文两种文字镌刻着顺治皇帝一生的功绩。

龙凤门位于神道中间，共有三门六柱三楼，彩色琉璃瓦盖，龙凤呈祥花纹装饰，富丽多彩。过了龙凤门就是七孔桥，它是清东陵近百座石桥中最大的一座，也是最有趣的一座。

清孝陵的七孔拱桥在石桥中是等级最高的一种。这样的七孔拱桥在清东陵中，只有清孝陵有。七孔桥桥长110米，两侧安设石栏板126块，石望柱128根，抱鼓石4块，远观似长虹卧波，雄伟壮观。

七孔桥的桥身全部用汉白玉石拱砌而成，选料奇特，如果顺栏板敲击，就会听到5种音阶金玉般的声响，因此又叫作"五音桥"。

神道的北端就是巍峨的隆恩殿，是举行祭祀活动的主要场所，也是陵园的主体建筑。整个隆恩殿被金龙环绕，富丽堂皇。

清东陵各座陵寝的序列组织都严格地遵照"陵制与山水相称"的原则，既要"遵照典礼之规制"，又要"配合山川之胜势"。在这方面，世祖顺治皇帝的清孝陵足可称为成功的范例。

清孝陵以金星山为朝山，以影壁山为案山，以昌瑞山为靠山，三山连线即为孝陵建筑的轴线。由于金星山、昌瑞山之间的距离超过8千米，为突出体现两座山的关系而又能形成恢宏的气势，营造者特意设置了一条长约6千米的神路，将自石牌坊至宝顶的几十座建筑贯穿在一起，并依山川形势分成了三个区段。

朝山 又名"朝砂"，是风水学中的说法，指前方与穴山遥相对应，作朝揖之状的山。风水学认为，朝山若能重重叠叠，节节增高，独具气象，显出立山穴场的王侯之尊，那么就能使墓主的子嗣高官厚禄，富比陶朱。

289

石雕宝库

清东陵

■ 清东陵孝陵望柱

空前绝后的帝陵臣庙

一是石牌坊到影壁山间长约1.5千米的区段。配置了宽大的石牌坊和高耸的神功圣德碑亭，与拔地而起的金星山及平圆的影壁山相呼应。

二是影壁山至五孔桥间长约3.5千米的区段。配置了石像生、龙凤门、一孔桥、七孔桥和五孔桥等低平建筑，以同周围的平坦地势相协调。

三是五孔桥至宝顶间长约1千米的区段。配置了神道碑亭、隆恩门、隆恩殿、方城、明楼等主要礼制性建筑。并且这些建筑由南至北依次升高，以与昌瑞山及两侧护砂相互配合。

这些建筑的配置与组合，均以风水学中的形势理论为指导，其大小、高低、远近、疏密皆以"百尺为形，千尺为势"的尺度进行视觉控制。

并将山川形胜纳于景框之中，作为建筑的对景、底景和衬景，实现了"驻远势以环形，聚巧形而展势"的目的，给人以"高而不险，低而不卑，疏而不旷，密而不逼"和"静中有动，动中有静"良好的视

■ 清东陵七孔桥

觉印象和强烈的艺术感受。

■ 清孝陵石牌坊

　　清孝陵神路南起金星山下的石牌坊，北到昌瑞山下的宝城、室顶，沿朝山、案山、靠山的三山连线，将清孝陵的数十座形制各异、多彩多姿的建筑相贯串，形成一条气势宏伟、序列层次丰富、极为壮观的陵区建筑中轴线。

　　它虽然因势随形，多有曲折，但曲不离直，明确显现了南北山向的一贯，配合了山川形势，强化了主宾朝揖的天然秩序。孝陵神路是清陵中最长的神路，也是最壮观、最富艺术性的神路。

　　清孝陵的石牌坊仿木结构形式，五间六柱十一楼，面阔31.35米，高12.48米，全部用巨大的青白石构筑而成。夹杆石的顶部圆雕麒麟、狮子，看面分别浮雕云龙、草龙、双狮戏球等图案。

　　梁枋上雕刻旋子彩画，折柱、花板上浮雕祥云，

旋子彩画 也叫"蜈蚣圈"，是我国古代彩画艺术的其中一种，等级仅次于和玺彩画。旋子彩画最大的特点是在藻头内使用了带卷涡纹的花瓣，就是所谓旋子。旋子彩画最早出现于我国元代，明初时基本定型，清代时进一步程式化，是明清官式建筑中运用最为广泛的彩画类型。

斗拱、橡飞、瓦垅、吻兽、云墩、雀替均为石料雕制，做工细巧，刻技精湛，历经数百年毫无走闪之迹，像这样高大精美的石牌坊，在国内已不多见。

清孝陵的石像生共有18对，其中文臣的石像有3对，武将的石像有3对。站卧马的石像各一对，站坐的麒麟石像各一对，站卧的大象石像各一对，站卧的骆驼石像各一对，站坐的狻猊石像各一对，站坐的狮子石像各一对，另外还有一对望柱。

这些石雕像都是用整块的石料雕刻而成的。在雕刻这些石像时，古代的石匠艺人并没有刻意追求形似，而是更加注重神似，因此这些石像生的风格粗犷、雄浑、朴拙、威武，气度非凡。

这18对石雕对称地排列在神道两侧，南北长800多米，构成威武雄壮的长长队列，使皇陵显得更加圣洁、庄严、肃穆。清孝陵的石像生是清代陵寝中规模最大、最具特色的一组。

清景陵北依昌瑞山，建筑布局由南往北依次为圣德神功碑亭、五孔拱桥、望柱、石像生、下马碑、神厨库、牌楼门、神道碑亭、二柱

卧马石像

门、台石五供、方城、明楼、宝城、宝顶，以及宝顶下的地宫。

这些大大小小的建筑以一条宽9.70米的神路贯穿成一个完整的序列，该神路南与清孝陵的神路相衔接，北端直达宝城，弯环如龙，盘曲有情。

由于从五孔桥至牌楼门段的神路受到地形影响而呈弯环的曲线，无法像其他陵寝那样对称地布置，因此当时修建清景陵的官员就干脆根据神路的走向，因地制宜地设计出弯曲的路。除了弯曲的神路，清景陵的石像生布置也有别于清代其他所有的帝陵。

■ 清东陵景陵石像大臣

清景陵皇贵妃园寝的建筑布局是，从南至北依次为一孔拱桥及平桥、东西厢房、东西值班房，大门、燎炉、东西配殿、享殿、园寝门，后院内东、西并建两座方城、明楼和宝城、宝顶。

清景陵皇贵妃园寝的大门以内建筑以绿琉璃瓦盖顶，厢房及值班房用灰布瓦盖顶。按照清朝的建制，妃园寝本来是不该建东西配殿和方城、明楼的，但这个园寝却一应俱全。

另外，妃园寝享殿前本来也不该有丹陛石，而这座园寝享殿前却设置了一块"丹凤朝阳"的丹陛石，这些乾隆皇帝为尽孝道而升级的规制，使清景陵皇贵妃园寝成为了清朝等级最高的妃园寝。

燎炉 也指香炉，是我国古代用来焚香的器具。历代使用的香器包含博山炉、手炉、香斗、卧炉、香筒等不同形状的香炉，以及熏球、香插、香盘、香盒、香夹、香铲、香匙、香筒及香囊等香器，使用的质料包括铜、陶瓷、金银、竹木器、珐琅及玉石等。

清东陵景陵石像生

景陵妃园寝是清五朝在关内营建的第一座妃园
寝，后院内是宝顶群，院内共建有大、小宝顶49个，
分7层排列。

宝顶下的墓室结构有石券、砖券、砖池3种。大
门、享妃、燎炉等以绿琉璃瓦盖顶，厢房、值班房覆
以灰布瓦。建筑格局成了清代妃园寝的样板。

清王朝建造的第一座皇后陵是孝惠章皇后，就
是顺治帝皇后的孝东陵。孝东陵的建筑布局是由南
往北的。

这些建筑一次是一座三孔拱桥，各5间东西朝
房，各3间东西值班房，一座5间隆恩门，各一座东
西燎炉，各5间东西配殿，一座5间隆恩殿，3座陵寝
门，一座石五供，还有方城、明楼、宝城和宝顶。

方城前神道两面，各有14座小宝顶，都是南北纵
向排列的，每旁两行，东旁的外侧是10座小宝顶，内
侧是4座小宝顶。西旁的外侧是11座小宝顶，内侧是3

座小宝顶。这种宝顶排列形式继承了关外盛京妃园寝的遗风。

以顺治皇帝的清孝陵为轴心，向西就是乾隆皇帝的清裕陵。清裕陵的陵堂开阔，建筑宏伟，做工精细，用料考究，富丽堂皇，堪称皇家陵墓中的上乘之作。

清裕陵是乾隆皇帝的陵寝，其圣德神功碑亭是重檐歇山式的建筑，以黄色琉璃瓦覆盖顶，厚重的墩台四面，各辟了券门。

亭内高6.64米的两通石碑分别竖立在两只巨大的石雕龙趺之上，东碑刻满文，西碑刻汉字。碑文由仁宗嘉庆皇帝撰写，文字由清代著名书法家、高宗乾隆帝第十一子成亲王永瑆亲书。此碑始终保存完整无损，字迹清晰。

亭外广场四角各竖一根白色大理石雕刻而成的华表。每根华表由须弥座、柱身、云板、承露盘和蹲龙组成。柱身上雕刻着一条腾云驾雾的蛟龙，屈曲盘旋，奋力升腾，寓动于静，栩栩如生。

八角须弥底座和栏杆上也雕满了精美的行龙、升龙和正龙，一组华表上所雕的龙竟达98条之多。

清裕陵的玉带桥在隆恩殿后、陵寝门前的玉带河上。单孔拱券，三桥并排。

■ 清东陵华表

空前绝后的帝陵臣庙

　　桥面两侧安装白石栏杆，龙凤柱头。该桥造型优美，雕刻精细，小巧玲珑。清裕陵不仅在陵前神路上的石像生数量就超过了康熙皇帝的清景陵，单是这座陵寝门前小小玉带桥的奢华与精美，在历代皇陵中就可谓独树一帜了。

　　清裕陵的地宫由九券四门构成，进深54米。从第一道石门开始，所有的平水墙、月光墙、券顶和门楼上都布满了佛教题材的雕刻。如四大天王、八大菩萨、五方佛、二十四佛、五欲供、狮子、八宝、法器及30 000多字的藏文、梵文经咒。刀法娴熟精湛，线条流畅细腻，造像生动传神，布局严谨有序，被誉为"石雕艺术宝库"和"庄严肃穆的地下佛堂"，是研究佛学和雕刻艺术难得的实物资料。这样的地宫在我国已开发的皇家陵墓中，只此一例，可谓是独一无二。

　　裕陵妃园寝从1752年葬入仪嫔开始，直至1823年时葬入晋妃为止，前后有嫔妃陆续入葬到裕陵妃园寝的时间达71年之久。

裕陵妃园寝一开始叫作妃衙门，建有一孔拱桥及平桥、东西厢房、东西值班房、大门、燎炉、享殿、琉璃花门、宝顶，环以红墙。

1760年，因为乾隆帝的宠妃纯惠贵妃薨了，乾隆帝就下令改建妃园寝，增建了东西配殿各5间和方城、明楼、宝城。乾隆皇帝又下令把3座园寝门及两侧的面阔墙拆除，改建到享殿两旁。这项改建工程直至1762年时才完工。

裕陵妃园寝内葬有乾隆皇帝的1位皇后、2位皇贵妃、5位贵妃、6位嫔、12位贵人、4位常在，共计36人。其中较著名的后宫嫔妃有纯帝继皇后乌拉那拉氏、纯惠皇贵妃、庆恭皇贵妃陆氏和容妃。裕陵妃园寝室是清代妃园寝中规制较高的一座，显现了清朝鼎盛时期的特色。

衙门 又称"六扇门"，是我国古代官吏工作的官僚机关。衙门是由"牙门"转化而来的，牙门中的"牙"指的是猛兽的利牙。我国古时常用野兽的牙来象征武力，因此"牙门"是古代军事用语，是军旅营门的别称。

石雕宝库

清东陵

■ 清东陵建筑

薨 我国古代时期对人的去世的一种说法，用来形容地位级别在皇贵妃以下，嫔以上的嫔妃的死亡。我国古代形容死亡的说法最常见的就是"卒"了，早亡一般用"殇"，帝后级别用"崩"，对特殊地位或特殊方式死亡的，称为殉、殁或自尽等。

清定陵是咸丰皇帝爱新觉罗·奕詝的陵寝，始建于1859年4月，完工于1866年12月，前后共计有7年半的时间。

清定陵位于清东陵界内最西端的平安峪。清定陵的神道在七孔桥的南边与清孝陵的神道相接，一直西行，直至西大河的东岸才向北折。

沿神道走，第一个建筑是一座五孔平桥，每侧栏板7块，然后是涵洞一座、五孔拱桥一座、望柱一对，还有狮子、大象、骏马、武将、文臣的石像生共5对。

石像生后面的是冲天牌楼门和神道碑亭，西侧有神厨库院一座、北为三路三孔石桥，桥北东西相对朝房各一座，东西相对布瓦卷棚顶值班房各一座，正中为隆恩门，隆恩殿仅月台南东西三面有石栏杆，大殿本身没有环绕的石栏杆，殿后为3座门，清定陵裁撤了二柱门，其余的建制都与清代的祖陵一样。

■ 清东陵乾隆妃嫔陵墓

■ 清东陵三路三孔桥

清定陵妃园寝从设计到施工，完全是按照我国古代妃园寝规制的标准兴建的。清定陵妃园寝的建筑从南至北依次建有一孔拱券桥及平桥各一座、东西班房各一座、一座大门、一座左侧燎炉、一座享殿5间、一座琉璃花门、两座随墙门。后院建有3排宝顶，环以朱垣。

清惠陵大部分仿照了清定陵的建筑规制，除了没有修建圣德神功碑亭和二柱门以外，又缩短了石像生连接主神道的神路。

清惠陵的陵寝外围环绕着砂山，建筑布局从南往北依次的建筑是一座五孔拱桥、两座平桥、两根石望柱、一座牌楼门、东西下马碑各一座、一座神道碑亭、一座神厨库、一座井亭、三路三孔拱桥、两座平桥、东西朝房各一座、东西值班房各一座、一座隆恩门、东西老燎炉各一座、东西配殿各一座、

朝房 是我国古代大型建筑中，御路作用两侧东西相向的房子。朝房是我国古代时期清朝帝王陵墓的建筑标准配置之一，一般分为东西两间，东朝房是在祭祀时做面点的场所，西朝房是烧制奶茶的场所。朝房也指古代时，供官吏上朝前休息的房子。

一座隆恩殿、3座琉璃花门、一座台石五供、方城、明楼、宝城、宝顶各一座，还有宝顶下的地宫。除了东西的值班房是布瓦盖顶外，其他建筑屋顶都是覆盖着黄琉璃瓦。

清惠陵的建筑所用木料都是楠梃木。楠梃木木质坚硬，有"铜梁铁柱"之称，因而宫殿的木制构架始终保存完好。

清惠陵妃园寝仿照清定陵妃园寝而建，主要建筑由南而北依次为一孔拱桥、一座三孔平桥、东西厢房、东西值班房、大门、东燎炉、享殿、园寝门、宝顶，宝顶下有地宫，周围环以朱垣。大门外的建筑是灰布瓦盖顶，而大门内的建筑都是以绿琉璃瓦覆顶。

昭西陵坐北朝南，建筑由南往北依次为下马碑、神道碑亭、东西朝房、东西值班房、隆恩门、3座琉璃花门、东西燎炉、东西配殿、隆恩殿、陵寝门、台石五供、方城、明楼、宝城、宝顶以及宝顶下的地宫。

昭西陵陵寝前东侧建有制作祭品的神厨库。隆恩门面阔5间，单檐歇山顶，黄琉璃瓦，有燎炉两座。隆恩门内为一道围墙，开3扇琉

空前绝后的帝陵臣庙

清东陵裕陵的陵寝门

璃门与内院相通。在清朝帝后陵建筑中，3扇门是隆恩殿后的后寝园门。而昭西陵的3扇门建在隆恩殿前，与诸陵不同，是有其原因的。

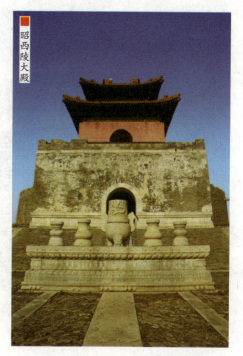
昭西陵大殿

昭西陵隆恩殿在1688年至1725年是作为宝城用的。在内院设燎炉两座，东西配殿各5间，只存柱础。正面隆恩殿为重檐庑殿顶，关内清代帝后陵仅此一例。月台上有铜炉、鹤、鹿各一对。殿内有暖阁3间，殿内后部有一石基座，高约0.3米，宽约2米。

隆恩殿的大殿东西两侧有卡子墙，各开一道小门与后院相通。石五供比较低矮，方城下月台前比较陡峭，内立一座碑，满蒙汉三文写道："孝庄文皇后之陵"，宝顶为圆形。昭西陵四周地势平坦开阔，没有其他帝后的后帐和东西砂山环绕。

普祥峪定东陵综合了清代帝后陵寝的诸多特点，成为最为完备的后陵。

普祥峪定东陵的建制规整齐全，自南而北依次为东西下马碑2座、井亭1座、正中建神道碑亭1座、三孔石拱桥1座、东西便桥各1座、东西朝房 各5间、东西值班房各3间、隆恩门5间、东西燎炉各1座、东西配殿各5间、隆恩殿5间、琉璃 花门3座、石五供1座、方城、明楼、宝城、宝顶各1座，环以红墙，东侧为神厨库，内有神厨 5间、南北神库各3间、省牲亭一座、开阔进深房各3间。

菩陀峪定东陵是慈禧皇太后的陵寝。其隆恩殿及东西配殿用料考究、做工精细、装修豪华。木构架全部采用名贵的黄花梨木。梁枋彩

画不做地仗，不敷颜料，而在木件上直接沥粉贴金，其图案为等级最高的金龙和玺彩画。

隆恩殿的殿内墙上雕有寓意"万福万寿、福寿绵长"的砖雕图案，并全部筛扫红黄金。三殿的64根露明柱子上全部盘绕半立体的镀金铜龙。封护墙干摆到顶，拔檐砖上雕有"万福流云"图案。大殿周围的石栏杆，无论栏板、望柱，还是抱鼓石上，全部浮雕各式龙凤呈祥、海水江崖图案。

隆恩殿殿前的丹陛石以高浮雕加透雕的技法，把丹凤凌空、蛟龙出水的神态刻画得惟妙惟肖，是一件难得的石雕艺术杰作。贴金的彩画、扫金的墙壁、镀金的盘龙、精雕细刻的石栏杆，把三殿装饰得金碧辉煌，精美绝伦。这种豪华装修不仅在明清两代皇陵中独一无二，就是在皇宫大殿内也难以见到。

自顺治皇帝的孝陵在昌瑞山下落成以后，清代黄帝陵的规制就已基本形成。其布局可分为3个区，即神路区、宫殿区和神厨库区。

孝陵的神路区建筑配置最为丰富，自南至北依次为石牌坊、东西下马碑、大红门、具服殿、圣德神功碑亭、石像生、龙凤门、一孔桥、七孔桥、五孔桥、东西下马碑、三路三孔桥及平桥。

　　宫殿区按照前朝后寝的格局营建，自南至北依次为神道碑亭、东西朝房、隆恩门、东西燎炉、东西配殿、隆恩殿、陵寝门、二柱门、石五供、方城、明楼、琉璃影壁及月牙城、宝城、宝顶，宝顶下是地宫。宫门以北部分环以围墙，前后三进院落。

　　神厨库区位于宫殿区前左侧，其建筑有：神厨、南北神库、省牲亭，环以围墙，坐东朝西。围墙外建井亭。

　　3个区所有带屋顶的建筑除班房覆以灰布瓦外，全部以黄琉璃瓦覆顶。其中大红门为单檐庑殿顶建筑，圣德神功碑亭、神道碑亭、隆恩殿、明楼和省牲亭为重檐歇山顶建筑，具服殿、隆恩门、配殿、燎炉为单檐歇山顶建筑，朝房为单檐硬山顶建筑，神厨、神库为单檐悬山顶建筑，陵寝门为琉璃花门，井亭为盝顶建筑，班房为单檐卷棚顶

■昭西陵入口

建筑。

入关第二位皇帝，康熙皇帝的景陵承袭孝陵规制，宫殿区和神厨库区与孝陵相同，唯神路区有较大改动。

主要表现在，一是神路与孝陵神路相接，不单建石牌坊、大红门、具服殿；二是圣德神功碑亭改竖双碑，分书满汉碑文；三是石像生由18对缩减为5对；四是改龙凤门为五间六柱五楼的牌楼门；五是裁撤了七孔桥、一孔桥，保留了五孔桥和三路三孔桥；六是五孔桥改建在石像生以南。

入关第四帝，乾隆皇帝的裕陵基本承袭了景陵规制，但稍有展拓。一是神路区的牌楼门以北增加了一孔拱桥；二是石像生增至8对，比景陵多出3对；三是在陵寝门前增设了三路一孔玉带桥；四是在三路三孔桥两侧对称地各增设了一座三孔平桥。

入关第七帝，咸丰皇帝的定陵基本沿用了祖陵的规制，但又仿效了其父道光皇帝慕陵的某些做法，裁撤了圣德神功碑亭、一孔拱桥、二柱门，将陵寝门前的玉带桥改为3座平便桥，将石像生改为5对。

入关第八帝，同治皇帝的惠陵规制更为减缩，不仅没有建造石像生，连与孝陵相接的神路也被撤掉，成为割断光绪的孤陵。

■ 昭西陵隆恩殿

埋葬孝庄文皇后的昭西陵由于是由暂安奉殿改建而成，因而规制极为特殊。

一是神路区只设下马碑和神道碑亭，未设桥涵；二是宫殿区建了两层围墙，外层围墙的正面设置了隆恩门，内层围墙的正面设置3座琉璃花门；三是陵寝门设置在隆恩殿左右的卡子墙上；四是隆恩殿为清代建筑等级最高的重檐庑顶。其规制与其他皇后陵迥异，当为特例。

慈安皇太后和慈禧皇太后的定东陵是清王朝营建的最后两座皇后陵，其规制基本参照了孝东陵，但又有所区别。一是在神路区增建了下马碑和神道碑亭，三孔拱桥两侧对称地增建了平桥；二是陵内不再埋葬妃嫔，比起孝东陵来规制有所拓展。

在清东陵营建的第一座妃园寝是景陵妃园寝，其布局只有宫殿区。自南向北依次为：一孔拱桥和平桥、东西厢房、东西班房、宫门、燎炉、享殿、园寝门。后院建49个小宝顶。厢房、班房均以灰布瓦覆顶。大门、享殿为单檐歇山式建筑，并以绿琉璃瓦覆顶。景陵妃园寝成为后世妃园寝的蓝本。

景陵皇贵妃园寝是清东陵内建造的第二座妃园寝。乾隆皇帝出于对康熙帝的两位皇贵妃的尊重和孝顺，拓展了规制。

■ 清东陵建筑

305

慈安皇太后 钮祜禄氏，咸丰帝的孝贞显皇后，是镶黄旗人，广西右江道三等承恩公穆扬阿的女儿。1852年时她被封为贞嫔，后来晋升为贞贵妃，然后又被立为皇后，时年16岁。1861年时，她与孝钦显皇后两宫并尊，称"母后皇太后"，又称"东太后"。

与景妃园寝相比，有以下3点不同：一是增加绿瓦单檐歇山顶的东西配殿；二是享殿月台前设置了丹陛石；三是为两位皇贵妃各建立了方城和绿瓦单据歇山式的明楼，从而使该园寝成了清代等级最高的妃园寝。

清东陵内建造的第三座妃园寝是裕陵妃园寝。该园寝规制接近景陵皇贵妃园寝，所不同的是享殿前未设丹陛石，园寝门开在享殿两侧的面阔墙上，有一座方城明楼，后院内建34座小宝顶。

定陵妃园寝和惠陵妃园寝是清东陵内营建的第四、第五座妃园寝，它们的规制均与景陵妃园寝相同。

清东陵是我国规模最宏大、体系最完整、布局最得体的帝王陵墓建筑群，其壮丽的风姿和雄伟的建筑无一不蕴含着浓厚的传统文化艺术，是我国历史遗产中的瑰宝。

空前绝后的帝陵臣庙

阅读链接

康熙皇帝一生共有55位后妃，除却4位皇后和敬敏皇贵妃祔葬景陵外，其他50位妃嫔有48位入葬景陵妃园寝，另外悫惠皇贵妃和惇怡皇贵妃二人单独葬在了景妃园寝东南的景陵皇贵妃园寝。为她们单独营建千秋兆域，是乾隆皇帝的手笔。

乾隆帝自幼蒙皇祖康熙钟爱，被抚育宫中，曾得到悫惠皇贵妃和惇怡皇贵妃提携照顾。即位后，乾隆帝知恩图报，在1737年5月20日发下谕旨，派人为这两位太妃另建园寝，规制加崇，作为酬劳。悫惠皇贵妃先于1743年入葬，居东。1768年惇怡皇贵妃入葬其中。

清西陵

清西陵位于河北省易县城西永宁山下，离北京120多千米，周界约100千米，面积达800余平方千米。

清西陵是清代自雍正时起4位皇帝的陵寝之地，共有14座陵墓，包括雍正的泰陵、嘉庆的昌陵、道光的慕陵和光绪的崇陵。此外还有3座后陵以及若干座公主、妃子园寝。

清西陵北依峰峦叠翠的永宁山，南傍蜿蜒流淌的易水河，古木参天，景态雄伟。陵区内千余间宫殿建筑和百余座古建筑、古雕刻，气势磅礴。

万年吉地的清代黄帝陵

雍正的陵址本来是选在清东陵九凤朝阳山，但他认为"规模虽大而形局未全，穴中之土又带砂石，实不可用"，因而将原址废掉，下令另选万年吉地。

这时候，受命选陵址的人奏称说："易县永宁山是：乾坤聚秀之区，阴阳汇合之所，龙穴砂水，无美不收。形势理气，诸吉咸备。"

清西陵泰陵琉璃瓦

■ 清西陵神道

雍正皇帝览奏后十分高兴，也认为这里"山脉水法，条理详明，为上吉之壤"。

自此，清各代皇帝便间隔分葬于遵化和易县东、西两大陵墓。清西陵自1730年首建泰陵至1915年光绪的崇陵建成，历经186年，共建有帝陵4座，后陵3座，王公、公主、妃嫔园寝7座。埋葬着雍正、嘉庆、道光、光绪4个皇帝，9个皇后，56个妃嫔及王公、公主等共80人。

泰陵是清西陵的首陵，埋葬着雍正及他的孝敬宪皇后、敦肃皇贵妃。雍正皇帝的泰陵，位于永宁山主峰之下，始建于1730年。泰陵是西陵的主体建筑，规模大，体系完整。

西陵以泰陵为中心，其余各陵分布在它的东西两侧，规制与清东陵基本相同。

泰陵的神道，由3层巨砖铺成，两边苍松翠柏，

孝敬宪皇后 即乌拉那拉氏，在雍正皇帝登基之前就是他的正室夫人，曾为雍正生下长子弘晖。因为孝敬宪皇后为人温和恭敬，所以无论是在掌管六宫，还是在藩邸的时候，她和嫔妃、宫娥之间的关系都很好。孝敬宪皇后在1731年崩，后来，与雍正合葬于泰陵。

■ 泰陵狮子石雕

石狮子 就是用石头雕刻出来的狮子，是在我国传统建筑中经常使用的一种装饰物。在我国的宫殿、寺庙、佛塔、桥梁、府邸、园林、陵墓以及印钮上都会看到它。但是更多的时候，"石狮"是专门指放在大门左右两侧的一对狮子。其造型并非我们现在所看见的狮子，可能是因为中土人士大多没有见过在非洲草原上的真正的狮子。但也有说法是西域狮与非洲狮体态不同的缘故。

向南往北分布着40多项大大小小的建筑。

第一座建筑物是进入陵区的一座联拱式五孔桥，桥北有3座高大的石牌坊，巍然矗立。牌坊的建筑庄重、美观，色彩调和。

这3座石坊，都是五间六柱十一楼形式，用青花石筑成，上刻有山、水、花、草、禽兽等图形，形态生动，被视为西陵建筑艺术中具有代表性的作品。

过一座联拱式的五孔桥，进入陵区，前有3座精美高大的石牌坊和一条宽10余米，长2.5千米的神道贯穿陵区全部。依次建造石牌坊、大红门、具服殿、圣德神功牌楼、七孔石拱桥、石像生、隆恩门、隆恩殿、方城明楼和宝顶等一系列建筑和石雕刻。

为颂扬雍正的功劳，1737年6月在大红门北面建筑了一座圣德神功牌楼，高26米，黄琉璃瓦盖顶，牌楼内地面中心有巨石台基，雕有寿山福海和鱼鳖虾蟹，石基上卧巨型石雕狴犴一对，各驮石碑一通。

碑帽皆伏缠浮雕龙4条。碑额有"大清泰陵圣德神功碑"字样，碑身镌刻着满、汉两种文字，颂扬雍正的功德。

在牌楼外的广场上，四角各有石雕华表一根，高达12米，华表也称"恒表"，古代用以表示王者纳谏或指路的木桩。而设在陵墓前的大柱又名"墓表"，4根墓表顶部，各蹲有石雕怪兽一尊，名称"望天吼"。寓意是"望君出，盼君归"，劝祭祀的君主及时回朝治理政务。墓表通身浮雕巨龙盘绕向上，加之如意云朵、云板，颇为壮观。

过了圣德神功牌楼，是清西陵最大的一座桥梁——七孔石拱桥和石像生。5对石像生分别是狮子、大象、骏马和文臣武将。

这些石雕动物和人物以对称的形式分别排列在神道两旁，象征着皇帝的仪仗队守卫在陵前。石像生本姓阮，是秦始皇的爱将，身高两丈，智勇双全，屡建战功，大败匈奴。阮翁仲死后，秦始皇深表哀悼，命工匠铸一翁仲铜像，立于咸阳宫司马门外，犹如英勇的卫士。后来，人们把陵墓前的石像生称为"翁仲"。

这些石像生各有寓意：文臣武将，均为皇帝的爱卿，把他们的石像置于皇帝的陵寝之中，表示君臣永不分离，心心相印。

在辽阳战役中，努尔哈赤被明朝总兵李成梁围困，幸亏战马善于驰骋才免于危难。所以清朝历代皇帝对马都十分钟爱，所以，把马的雕像置于陵前，象征着帝王虽死，雄心尚存，开疆扬威，备以骏马。

骏马 是历代皇帝征战、行猎及生活中不可缺少的坐骑。据说，雍正的曾祖皇太极一生戎马，继位以后，依旧人不解甲、马不离鞍，他率领的铁骑踏遍了白山黑水，统一了东北地区，被称为"马上皇帝"。

■ 泰陵骏马石雕

■ 清慕陵

大象温顺驯服，寓意皇帝广有顺民。石象背上还雕有宝瓶，谓之"太平有象"或"天下太平"。狮子凶猛，吼声震天，象征着皇家势力强大，威震天下。

在古代，石狮子不但皇陵有，就是官府衙门和有钱有势的家门前，也置放石雕狮子，以示权威。

穿过石像生，走过龙凤门，再经过两座三孔石桥，就是宫殿区。宫殿区最显眼的是一座神道碑亭，内有狴犴驮碑一通，碑面镌刻着皇帝的庙号、谥号和徽号。

再往北是隆恩门，门内宏伟壮观的隆恩殿居中，东西配殿分列两旁，与隆恩门构成一个宽敞的四合院布局，给人一种庄严肃穆的感觉。西配殿是喇嘛念经的地方。

隆恩殿是陵区内最大的建筑有3间暖阁，中间为明间，设神龛仙楼，挂帷幔、供奉帝、后牌位。西暖阁内安置宝床，床上设檀香宝座，供奉妃嫔

檀香 一种极香的木材，可制器物，也可以入药。檀香自古以来就被视为珍品，是一种重要的香料和中药材。我国古代的贵族常用檀香为香料熏染衣物或使用由檀香木雕刻而成的家具。檀香也是一味重要的中药，历来为医家所重视。

牌位。皇帝谒陵时，帝、王、公皆素服，行大飨礼时，皇帝穿朝服，陪祭的王公百官也穿礼服参加谒陵。

泰陵后寝院内还有二柱门、石五供、方城、明楼、宝城、宝顶、地宫等建筑。石五供是皇家女眷祭祀的地方，供台分上下两部分构成，上部有石香炉一个居中，两侧各有石花瓶、石蜡分列，共计3种5样供品，均用青白石雕成，故称"石五供"。

供座是由两块巨石雕成的须弥座，须弥座周围有很多精美的雕刻图案，如传说中的"八仙"图案等。

石五供祭台之北，屹立着方城、明楼，是整个陵区最高的建筑物，雄伟壮观的方城，把精巧多姿的明楼高高托起，镶嵌在湛蓝的晴空里，构成一幅美丽的图画。

明楼内有一通石碑，碑基为须弥座，游龙浮雕，

313

最后皇陵

清西陵

■ 清西陵隆恩殿内大堂

施有五彩，碑身以朱砂涂面，碑面用满、汉、蒙三种文字刻着"世宗宪皇帝之陵"字样。

方城两边有高大的城墙，绕墓一周叫"宝城"。宝城中间隆起的巨大土丘，便是雍正皇帝的坟墓，名字叫"宝顶"。泰陵宝顶面积为3600多平方米，在西陵诸宝顶中面积最大。

宝顶下面是工程浩大的地下宫殿。地宫内除埋葬着雍正皇帝外，还附葬着孝敬宪皇后和敦肃皇贵妃。

昌陵是嘉庆皇帝爱新觉罗颙琰和孝淑睿皇后喜塔腊氏的陵寝，位于泰陵以西1千米，以一条神道与泰陵相接，是西陵中唯一有神道与主陵相接的陵墓。

1796年，清朝入关第五代皇帝仁宗爱新觉罗·颙琰即位，他遵循父亲的依昭穆次序在东陵、西陵界内分建陵寝的制度，在泰陵之西500米处选定了陵址，于当年开始兴建，至1803年竣工。

工程结束后，陵寝定名为"昌陵"。这是清西陵营建的第二座皇帝陵寝。与此同时兴建、同时完工的还有嘉庆皇帝17位嫔妃的园寝，即昌陵妃园寝。

嘉庆帝来到陵寝视察，见陵寝壮观华美，十分满意，封赏了负责工程的官员们。

昌陵的建筑形式与布局，跟泰陵基本上是一致的，其豪华富丽也不亚于泰陵。隆恩殿大柱包金饰云龙，金碧辉煌，地面用贵重花斑石墁地，黄色的方石板上，带有紫色花纹，光滑耀眼，好像满堂宝石，别具特色。

昌陵有清朝建立的最后一座圣德神功碑亭，此后清朝皇帝各陵均不建圣德神功碑亭。

从前面的神道到最后的宝城，一应俱全，但昌陵的宝城比泰陵还高大。昌陵的隆恩殿很有特色，地面铺的是很贵重的黄色花斑石，黄色的方石板上有天然雅致的紫色花纹，光彩耀目，满殿生辉，素有"满堂宝石"之称。

嘉庆皇帝的皇后陵昌西陵的回音石、回音壁，回音效果绝妙无比，可与北京天坛的回音壁相媲美。

回音壁 北京天坛的皇穹宇的围墙，有回音的效果。回音壁墙高3.72米，厚0.9米，直径61.5米，周长193.2米，墙壁是用磨砖对缝砌成的，墙头覆着蓝色琉璃瓦。围墙的弧度十分规则，墙面极其光滑整齐。

315

最后皇陵

清西陵

■ 昌陵功碑亭

清宣宗道光帝的陵墓称为"慕陵"，位于清西陵的昌陵西15千米处的龙泉峪。该陵建造得很特殊，与其他帝陵都不相同，是道光帝别出心裁之作。

起初道光的陵寝设在清东陵，陵寝本着道光追求节俭的精神，取消了二柱门、地宫瓦顶、内刻经文、佛像等部分，大殿、碑亭、石像生体量也小了，1828年完工。

葬入了孝穆皇后，殊不料一年后发现地宫渗水，道光帝震怒之下，全部陵寝被夷为平地。道光帝不顾乾隆定下的祖宗昭穆相间的定制，改在清西陵选址重建陵寝。

慕陵设计上更加刻意求简，仅有建筑27座，占地30 400平方米，比泰陵缩小近53 000平方米。

但其实外"俭"内"奢"，其用料材质异常精美，围墙采用磨砖对缝、干摆灌浆工艺到顶，不涂红挂灰，改变了传统的上身糙砌灰砖，刷红浆，下肩干摆的做法，加之两建一拆的经历，道光建陵耗资超过了西陵任何一座陵墓。

慕陵的特点是规模小，没有方城、明楼、大碑亭、石象生等建筑，但其工程质量之坚固，则超过泰、昌两陵。整个围墙，磨砖对缝，干摆灌浆，墙身平齐结实。

隆恩殿的建筑彩绘工艺精巧，大殿全用金丝楠木，不饰油彩，保

■ 慕陵全景

■ 慕陵牌坊

持原木本色，打开殿门，楠木香气扑鼻而来。天花板上每一小方格内有龙，而且檩枋、雀替，也雕上游龙和蟠龙。这些龙都张口鼓腮，喷云吐雾。

道光认为，地宫浸水，可能是群龙钻穴，龙口埕水所致。如果把龙都移到天花板上去，就不会在地宫吐水了，于是，他命千百个能工巧匠，用金丝楠木雕成许许多多的龙，布满天花藻井，造成"万龙聚会，龙口喷香"的气势。

清慕陵以精致小巧的建筑模式、清丽淡雅的建筑风格、工艺卓绝的楠木雕龙成为清帝陵中最具特色的一例。楠木烫蜡后褐然的色泽，灰黄交融的墙垣，配以蓝天白云，绿树金顶，典雅肃穆，清碧绝尘，自有一番幽远神秘、古朴超然的气度。

慕陵神道放弃与泰陵相接，最南端是一座五孔桥，道光帝下令取消了歌功颂德的圣德神功碑和石像生。五孔桥之北即龙凤门，与孝陵、泰陵、昌陵相

藻井 我国传统建筑中室内顶棚的独特装饰部分。一般做成向上隆起的井状，有方形、多边形或圆形凹面，周围饰以各种花藻井纹、雕刻和彩绘。多用在宫殿、寺庙中的宝座、佛坛上方最重要部位。古人穴居时，常在穴洞顶部开洞以纳光、通风、上下出入。出现房屋后，仍保留这一形式。其外形像个凹进的井，"井"加上藻文饰样，所以称为"藻井"。

同，但略小。

  龙凤门以北建有下马碑东西各一通，神道碑亭体量较小，石碑正面刻有宣宗谥号，背面按道光遗嘱，刻有咸丰帝亲自撰写记述宣宗一生事迹的碑文，这在清陵中绝无仅有，其实是兼有圣德神功碑的作用。

  神道碑亭往北，是神道桥，慕陵没有按照三路三孔的惯例，而是变成了一路拱桥，东西两侧各有一平桥。桥北东西朝房各一座，前出廊，面阔3间，但进深缩小为两间。朝房之北各有一座班房。

  隆恩门建在石质须弥座上，台面铺金砖，面阔5间，黄琉璃瓦单檐歇山顶，中开大门3道，门内燎炉已无。东西配殿较小，面阔仅3间，进深两间，前出廊，单檐歇山顶。

  隆恩殿最为特殊，一改面阔5间的惯例，缩为3间，进深也3间，改重檐歇山顶为单檐歇山顶。殿四周设有回廊，裁撤了月台和大殿周围的栏板和雕龙头，月台上仅设铜炉两樽，不设鹿、鹤。月台东西两角有石幢和嘉量各一座。

  大殿正面3间都开门，殿东西两侧中间开门，其余为砖墙封闭。

  隆恩殿、东西配殿所有木构件全部采用珍贵的金

■ 光绪皇帝画像

石幢 古代祠庙中刻有经文、图像或题名的大石柱，有座有盖，像个塔，多建于佛教寺庙。刻着佛号或经咒的石幢叫经幢。石幢一般是八棱形，按佛教的说法，在石幢上面书写经文，可以使靠近幢身或接触幢上尘土的人减轻罪孽，得到超脱。

318

空前绝后的帝陵臣庙

丝楠木，造价惊人，不饰彩绘，以楠木本色为基调。其天花、群板、绦环板、雀替等处一改传统的金莲水草案，而是用高浮雕和透雕手法雕刻上千条云龙、游龙和蟠龙，三殿共有木雕龙1318条，成为清代帝王陵寝中独具风格的艺术珍品，只有承德避暑山庄澹泊敬诚殿与之相同。

隆恩殿内北部有3座暖阁，中暖阁供奉道光帝神牌，西暖阁供奉3个皇后的神牌，东暖阁存放谕旨。

崇陵是光绪皇帝爱新觉罗·载湉的陵寝，位于泰陵的东南面约4千米的金龙峪。光绪在位34年。崇陵是我国历代皇帝中最后一座陵寝。

崇陵始建于1909年，1915年竣工。陵址名金龙峪，在泰陵东5千米，光绪驾崩时，陵还未建，他的梓宫在故宫观德殿暂安。

1913年崇陵地宫建成，11月16日申时，光绪的棺椁才正式安放于崇陵地宫之中。1913年病逝的隆裕皇后也同葬地宫。

崇陵的建筑物数量与规模，完全依照同治的惠陵。建筑工巧，陵园仪树中有罕见的罗汉松和银松。

整个崇陵的陵寝根据守卫和祭祀的需要，建筑了五孔桥、巡房、牌楼门、神厨库、三路三孔桥、朝房、班房、隆恩门、燎炉、配殿、隆恩殿、

嘉量 我国古代的标准量具，全套量器从大到小依次为斛、斗、升、合、龠5个容量单位。其中，两龠为一合，10合为一升，10升为一斗，10斗为一斛。嘉量含有统一度量衡的意义，象征着国家的统一和强盛。

319

最后皇陵

清西陵

■ 崇陵石五供

三座门、石五供、方城、明楼、宝顶、地宫。

为了增强排水性能，每个宫殿基部都建有两米宽的散水，明楼前和三座门前分别挖砌了御带河，地宫内凿有14个水眼与龙须沟相通。

隆恩殿木料均为异常珍贵的铜藻、铁藻，质地坚硬无比，用这种木料制作一把普通太师椅，重量竟高达上百千克，所以隆恩殿被誉为"铜梁铁柱"。而且梁架之间增加了隔架料，既能托顶，又使殿内更加美观。

隆恩殿内的4根明柱，底部有海水江涯图案，柱身为一条金龙盘绕向上，较其他帝陵的宝相花更加富丽堂皇。

崇陵规模虽不如雍正、嘉庆的陵墓那样庞大，没有大碑亭、石像生等建筑，但它除继承清代建陵规制，参照咸丰帝定陵、同治帝惠陵的风格外，又吸收了古代建筑技术的一些精华，仍具有它的特色。

阅读链接

由于雍正皇帝在西陵首建泰陵，从而产生了"昭穆相间的兆葬之制"。

这其中的原因是，在雍正皇帝首先在西陵建陵后，雍正的儿子乾隆认为如自己也随其父在西陵建陵，就会使已葬于清东陵的圣祖康熙、世祖顺治帝受到冷落。但是如果在东陵建陵，同样又会使其父雍正皇帝受到冷落。

为了解决这个难题，乾隆皇帝定下了"父东子西，父西子东"的建陵规制，规定如果父亲葬东陵，则儿子要葬在西陵。如果父葬西陵，则儿子要葬东陵，将此称之为"昭穆相间的兆葬之制"。

也正是由于这种墓葬制度才形成了清东陵、清西陵现有的格局，造成了清东陵、清西陵两大陵墓群与我国明朝以前历代皇家陵寝建陵制度的根本不同。

清代帝陵中的皇后陵墓

泰东陵内安葬的是雍正皇帝的熹妃，乾隆皇帝的生母、乾隆朝的圣母皇太后，孝圣宪皇后。泰东陵坐落在河北易县清西陵境内，位于雍正帝泰陵东北约1千米处的东正峪。

■ 泰东陵石桥

户部 我国古代的官署名称，吏、户、礼、兵、刑、工的六部之一。户部负责掌管全国的疆土、田地、户籍、赋税、俸饷及一切财政事宜，其内部按地区分工而设司。各司除掌核本省钱粮外，也兼管其他衙门的部分庶务，职责多有交叉。

泰东陵是清西陵3座皇后陵中规模最大的一座。

1736年9月，主持泰陵工程事务的恒亲王弘晊，内大臣、户部尚书海望向乾隆帝请示：雍正帝入葬泰陵地宫后，是否给皇太后预留分位？乾隆帝不便做主，转而请示皇太后。

皇太后降懿旨写道：

世宗宪皇帝奉安地宫之后，以永远肃静为是。若将来复行开动，揆以尊卑之义，于心实有未安。况有我朝昭西陵、孝东陵成宪可遵，泰陵地宫不必预留分位。

■ 泰东陵石碑

乾隆帝遵照皇太后懿旨，于1737年在东正峪为皇太后营建泰东陵，约于1743年建成。

泰东陵的主要建筑由南至北依次为：三孔拱券桥一座、东西下马碑、东西朝房各5间、东西值房各3间、隆恩门一座5间。东西燎炉、东西配殿各5间、重檐大殿一座5间。陵寝门3座、石五供、方城、明楼、宝城、宝顶。宝顶下是地宫。陵前左侧是神厨库。库外井亭一座。

泰东陵与其他皇后陵相

比，有3点独创之处。

一是首创隆恩殿月台上设铜鹿、铜鹤之制。

在泰东陵之前建成的昭西陵和孝东陵，隆恩殿月台上只设铜炉一对。而泰东陵则又增设铜鹿、铜鹤各一对。很明显，这是仿照帝陵之制，首创了皇后陵设铜鹿、铜鹤的制度。以后建的各皇后陵改为设铜鹿、铜鹤各一只，成为定制。

二是首创大殿内东暖阁建佛楼之制。

在泰东陵以前建的皇帝陵和皇后陵，均无佛楼之设。泰东陵则在隆恩殿东暖阁建了佛楼，为一层。这与孝圣皇后笃信佛教有关。

从此以后，凡皇帝陵均建佛楼。皇后陵只慈禧陵建了佛楼。凡以后建佛楼均为上下两层。

三是地宫内雕刻经文、佛像。

以前总认为清代皇陵中，第一个在地宫内镌刻经文、佛像的是乾隆帝的裕陵。清宫档案记载，泰东陵地宫里也镌刻了经文、佛像。泰东陵早裕陵6年而建。这表明第一个在地宫内镌刻经文、佛像的不是裕陵而是泰东陵。

■ 昌西陵建筑

镶黄旗 清代八旗之一，因旗色为黄色镶红边而得名，与正黄旗和正白旗并称为上三旗。旗内无王，由皇帝所亲统。镶黄旗有八大老姓，分别是瓜尔佳氏、钮祜禄氏、舒穆禄氏、叶赫那拉氏、辉发那拉氏、乌拉那拉氏、郭罗络氏和伊尔根觉罗氏。

清宫档案还记载，泰东陵地宫的地面不是用条石铺墁，而是用金砖铺墁。具体泰东陵地宫的规制、经文佛像的内容，因为地宫尚未开启，档案也不全，还有待我们进一步研究、考证。

昌西陵建于1851年至1853年，陵内安葬着嘉庆皇帝的第二任皇后，孝和睿皇后。她也是有清一代坐在皇后位置上时间最长的一个。

孝和睿皇后，钮钴禄氏，满洲镶黄旗人，一等侯恭阿拉之女。颙琰即位前，她是颙琰的侧室福晋，颙琰当了皇帝以后，封其为贵妃。1797年2月，孝淑皇后薨逝，百日之后，太上皇乾隆敕封钮钴禄氏为皇贵妃，居中宫，并举行了册封钮钴禄氏为皇贵妃的典礼。

1801年，加封钮钴禄氏为皇后，其父恭阿拉也由承思公晋封为一等侯。

1820年7月，颙琰崩于承德热河行宫，道光继位，将孝和尊封为皇太后。1849年12月，孝和薨逝，终年74岁。当时，道光帝春秋已高而且有病。

1851年，为孝和兴建昌西陵，竣工后葬于地宫奉安。谥号全称为"孝和恭慈康豫安成钦顺仁正天熙圣睿后"。

昌西陵既不像孝圣皇后的泰东陵那样宏伟富丽，也不如慈禧皇太后的定东陵那样豪华奢侈，它近似于道光皇帝的慕陵那种典雅风格。

隆恩门以内的建筑，从前至后，一座高于一座，陵寝围墙前方后圆，表示"天圆地方"。在宝顶月台前面，神道上的第七块石板是块回音石，站在上面说话，无论声音大小，都可以听到洪亮的回音。环绕宝顶的罗锅墙，是回音壁。

325

最后皇陵

清西陵

昌西陵回音石与回音壁的构成，是清代建筑学家把声学原理用于陵寝建筑的新创造。罗锅墙为半圆形，声波的波长小于围墙半径，声波沿墙面连续反射前进，站于围墙两端的人便能听到对方的声音。

慕东陵是道光帝孝静成皇后的陵寝，位于慕陵东北方的双峰岫，

■ 昌西陵神厨库

军机大臣 又称大军机或枢臣，是我国古代清朝时辅佐皇帝的最高政务机构的官职之一。军机大臣负责辅佐皇帝处理军国大政，由亲王、大学士、尚书、侍郎或京堂充任，无定员，一般六七人。其中资历最深者叫首席军机大臣或领班军机大臣。

原本是慕陵妃园寝。

孝静成皇后博尔济锦氏，曾生皇二子顺郡王奕纲、皇三子慧郡王奕继，均不足3岁即夭折。1832年11月21日生皇六子恭亲王奕䜣，封静贵妃。

孝全成皇后去世以后，静贵妃代为抚养其子咸丰帝。咸丰继位后，尊静贵妃为皇考康慈皇贵太妃，颇受恩养。

但当她去世后，其子恭亲王奕䜣请求咸丰授予她皇后封号入葬，咸丰皇帝没有正面回应，只是含糊地"哦，哦"了两声。

但奕䜣记挂着母亲的尊号，就趁着自己身为军机大臣的便利，让军机处恭办了静贵妃为"皇太后"封号的事宜，咸丰帝无奈之下只能接受了静贵妃已经被定好的封号。

对此，咸丰皇帝极为不满和愤怒，虽然他后来没

■ 慕东陵建筑

有取消封号，但在静贵妃的丧葬礼仪上对礼仪标准和排场摆设一再降级，还不准在静贵妃的谥号上加上先帝道光帝的"成"字。

为了惩罚恭亲王以权谋私的行为，在丧葬仪式过后不久，咸丰皇帝就罢免了恭亲王的军机大臣职务。

在咸丰皇帝去世后，恭亲王重掌军机处，被封为议政王，就将其母静贵妃的神牌升入太庙。因为静贵妃没有庙号，就给她加谥号为"孝静成皇后"。

就这样，这位博尔济锦氏的静贵妃既不是道光帝生前所立的皇后，她的儿子恭亲王也不是皇帝，却得到皇后头衔入葬，并配享太庙。

最南端是神道旁两通下马碑，左侧有神厨库和井亭，神道全为砖墁，没有皇后陵神道的中心石和两侧牙石，3座五孔平桥，都是妃园寝留下的痕迹。

东西朝房面阔5间，进深两间，黄琉璃瓦硬山顶，布瓦东西班房各3间、隆恩门面阔3间，黄琉璃瓦歇山顶。这里原为绿琉璃瓦，后全改为黄色。

门内有两座燎炉，东西配殿面阔3间，隆恩殿面阔3间，前出月台，但无拦板、铜鼎鹿鹤。

殿后为面阔墙一道，中门有门楼，黄琉璃瓦单檐歇山顶，正面额枋上为青白石匾额，上书满蒙汉"慕

■ 咸丰皇帝像

庙号 指驾崩后的皇帝在庙中被供奉时所称呼的名号。在我国古代，为了避免祭祀上的麻烦，在君王驾崩几代之后就会毁去原庙，用一个太庙合并祭祀几位君主。在这几位君主之中，只有对国家有大功、值得子孙永世祭祀的先王才会被追封庙号。

慕东陵宝顶

东陵”字样，中门两侧开角门。

墙北是石五供，北为月台，上建圆形宝顶一座，无方城和明楼。宝顶东侧并列建有宝顶一座，为庄顺皇贵妃乌雅氏。

孝静成皇后宝顶北部，分散建有宝顶3排，葬15人，共有贵妃3位、妃4位、嫔4位、贵人4位。

阅读链接

乾隆微服私访时留下了很多有趣的传说。说砀山一家汤馆来了两位客人。伙计端上两碗汤，客人立马为这香气扑鼻、黄澄晶莹的鲜汤所吸引，问道：“这是什么汤？”

汤馆掌柜回答说：“过去叫雉羹，后来以乌鸡代雉，既然你问是什么汤，那就叫懒汤好了。”

听了这话，其中一位客人十分赞赏，吟诗说道：“一奚乌鸡鸡羹传世。”另一位客人马上说：“戋金竹笺钱铿调鼎。”

这个绝妙的对联让在场的所有人赞叹不已。后来他们才知道，上首落座的客人便是当朝皇帝乾隆爷，下首者乃当朝大学士纪晓岚。从此，“懒汤”之名便流传于世。

空前绝后的
帝陵臣庙

千古祭庙

历代帝王庙与名臣庙

我国在很早的时候，就出现了专门供奉先祖的场所，夏代时称为"世室"，殷商时称为"重屋"，周代时称为"明堂"，从秦汉时起称为"太庙"。太庙最初只是供奉皇帝先祖的地方，后来，那些有功于江山社稷的皇后和功臣经皇帝批准后也被供奉在太庙里。到了明清时期，太庙的建筑形制和祭祀功能更加完善，体现了追崇和缅怀先人这一传统的历史传承。

明清时期，最为著名的供奉先祖的场所是北京的历代帝王庙，它不仅是我国古建筑宝库中的精品，更是吸引海内外华人祭奠炎黄、颂扬先贤、增强历史自豪感和民族凝聚力的重要文化场所。

君王庙

侍奉历代皇室先祖的太庙

在我国夏代的时候，人们将先祖供奉在固定的地方，后来逐渐成为皇帝的宗庙，当时称之为"世室"。到了殷商时期，这种古代的祭祀场所被称为"重屋"，周代时称为"明堂"，从秦汉时起称为"太庙"，这一称谓就被一直沿用到后来。

北京太庙大门

最早的太庙只是供奉皇帝先祖的地方。后来，皇后和功臣的神位经皇帝批准也可以被供奉在太庙。还有有功于社稷的臣子和子民，去世后不仅以郡王之礼厚葬，经皇帝允许，他们还可以享用在太庙被祭祀的待遇。到了明清时期，太庙成了皇帝祭奠祖先的家庙。

■明清太庙琉璃门

我国太庙建筑不仅历史悠久，而且建筑形制也不断变化。据文献记载，按周代的礼制，太庙位于宫门前东侧。夏商周时期的宗庙，是每庙一主，夏5庙，商7庙，周亦7庙。到了汉代，不仅京城立庙，各郡国同时立庙，于是其数达176所，这和后来天子宗庙仅太庙一处的制度是很不相同的。

据考古发现，除殷墟、二里头、周原有可能为宗庙遗址外，较为明确的遗址，应为西安汉长安故城南郊的"王莽九庙"遗址。

"王莽九庙"遗址的宗庙建筑有11组，每组均为

郡王 我国古代爵位名，始于西晋，晋武帝封司马伷为东莞郡王。一般封号为一个字的王为亲王，封号为两个字的王为郡王。唐宋以后，郡王皆为次于亲王一等的爵号。除皇室外，臣下亦可封郡王。清代宗室封爵第二级称为多罗郡王，简称郡王。

■ 北京太庙辟雍

正方形地盘，四周有墙垣覆瓦，四面墙正中辟门，院内四隅有附属配房，院正中为一夯土台，主体建筑仍采用高台与木结构结合的形式。每组边长自260米至314米不等，其规模相当大。

这种有纵横两个轴、四面完全对称的布局方法，大约是西汉末年祠庙的通例。并且可以见于明堂、辟雍、陵墓、早期佛寺和某些祭坛的平面形式等。

到了魏晋时期，这种每庙一主的形制，变为一庙多室、每室一主的形制。魏有4室，西晋为7室，东晋增至10~14室，因为是把隔了几代祖宗的神主迁入远祖之庙了。

至唐代时，定为一庙9室。明清时期亦沿袭一庙9室，并立有"祧庙之制"，也就是到了第九代就要被祧出去。

明清时期的北京太庙，位于北京市天安门广场东北侧，是皇帝举行祭祖典礼的地方，是紫禁城建筑群的重要组成部分。它始建于明永乐年间的1420年，是

> **辟雍** 亦作"璧雍"等，原本是西周天子为教育贵族子弟设立的大学。取四周有水，形如璧环为名。其学有5所，南为成均，北为上庠，东为东序，西为瞽宗，中为辟雍。其中以辟雍为最尊，故统称之。西汉以后，历代皆有辟雍，但多为祭祀用。

根据我国古代"敬天法祖"的传统礼制建造的。

北京太庙是世界上现存最大、最完整的祭祖建筑群。主要有宰牲亭、神厨、神库、井亭、燎炉、配殿等。最为重要的是大戟门和三重殿堂，即享殿、寝殿、祧庙，俗称大殿、二殿和三殿。

北京太庙整个建筑布局严谨，巍峨宏丽，庄严肃穆。建筑采用中轴对称式布局，琉璃门、汉白玉石拱桥、戟门、三大殿依次排列在中轴线上，井亭、神厨、神库配殿依次排列于两侧。整个太庙建筑群，基本为明嘉靖年间的重建规模，是研究明代建筑群整体组合造型处理的良好典型。

殿宇均为黄琉璃瓦顶，建筑雄伟壮丽。前殿面阔11间，进深4间，重檐庑殿顶，周围有三重汉白玉须弥座式台基，四周围石护栏。其主要梁柱外包沉香木，其余木构件均为金丝楠木，天花板及柱皆贴赤金花，制作精细。太庙虽经清代改建，其规制和木石部分，大体保持原构，是北京最完整的明代建筑群之一。

北京太庙建筑群中最雄伟壮观的是享殿，又名前殿，是明清两代皇帝举行祭祖大典的场所。享殿是整个太庙的主体，为中国古代最高等级的黄琉璃瓦重檐庑殿顶，檐下悬挂满汉文"太庙"九龙贴金额匾，坐落在3层汉白玉须弥座上，面积达2060平方米。

享殿的梁、柱、枋、檩、镏金斗拱等大小木构

北京太庙燎炉

件，均为金丝楠木，60根楠木大柱，高12.58米，最大底径达1.17米，是我国现存规模最大的金丝楠木宫殿，楠木大柱更是举世无双，建筑品质和文物价值只有明长陵的祾恩殿可与其相匹。

享殿内原供奉木制金漆的神座，帝座雕龙，后座雕凤。座前陈放有供品、香案和铜炉等。两侧的配殿设皇族和功臣的牌位。

清代皇帝祭祖，每年四季首月祭典称"时享"，岁末祭典称"祫祭"，凡婚丧、登极、亲政、册立、征战等国家大事之祭典称"告祭"。享殿内陈设金漆雕龙雕凤帝后神座及香案供品等。

清代时享殿内部陈设宝座，宝座数与中、后殿所供奉的牌位数一致，在举行祫祭等大型祭祀时，即将中、后殿神龛内的帝后牌位移至前殿，安置于宝座之上，至清亡，前殿有宝座36座，另有大小供桌、铜灯、铜祭器等物。祭前先将祖先牌位从寝殿、祧庙移来此殿神座安放，然后举行隆重的仪式。

整个享殿建筑雄伟庄严，富丽堂皇。按照当时的制度，不算临时

性的祭祀，每年春夏秋冬和年底要大祭5次。每次举行大典时，仪仗整肃，钟鼓齐鸣，韶乐悠扬，佾舞翩跹，是中华祭祖文化的集中体现。

太庙以古柏著名，树龄多达数百年。在西区苍翠的柏树中，有一株形状像奔驰回首的梅花鹿，被称为"鹿柏"。说起它的来历，还有一段神奇的传说。

太庙祭祖，需要牛、羊、猪、鹿作为祭品摆在贡桌上，叫作"牺牲"。这些动物，平时圈养在水草丰美的南苑，到了皇帝祭祖的前十几天，才从神厨门运到太庙里的"牺牲所"。先圈养清洗几天，然后在"宰牲亭"屠宰，送到神厨制成祭品。

话说清代乾隆时期有个老太监叫刘福，大家都叫他福爷。他和小太监李九儿一起负责喂养这些用来祭祀的动物。有一年秋天，离秋祭日子不远了，李九儿

韶乐 史称舜乐，为上古舜帝之乐，是一种集诗、乐、舞为一体的综合古典艺术。韶乐是我国宫廷音乐中等级最高、运用最久的雅乐，由它所产生的思想道德典范和文化艺术形式，一直影响着我国的古代文明，被誉为"中华第一乐章"。

君王祭祀

君王庙

■ 北京太庙享殿和东西配殿

在给刚选进来的牲口刷毛，发现一头母鹿特别肥，肚子圆滚滚的。他把肥鹿的事跟福爷一说，福爷也觉得蹊跷。

深夜，福爷带着李九儿来到鹿圈，发现"肥鹿"不肥了，干草地上多出了一只小鹿羔。福爷大惊：鹿下崽见血，乃是不祥之兆，不能让上面知道。否则，鹿圈养鹿的、送鹿的都要杀头，连他们俩也得吃瓜落儿，落个知情不报的罪名。

于是，福爷用低沉沙哑的声音对李九儿说："赶紧把地上清理干净，铺上新草，给母鹿擦干身子，把小鹿羔子挖坑埋了。"

李九儿一听就急了，反问福爷："这么好的小鹿养着不好吗，为什么活埋了？"

福爷叹了一口气，说道："傻小子，你哪儿知道宫里的规矩？"

李九儿苦苦哀求福爷，说要偷偷养着这头小鹿，反正平时也没有人到太庙来，等养大了即使再做"牺牲"，也算活了一遭。

北京太庙内皇帝座椅

福爷见李九儿执意要留下这头小鹿，把心一横，说道："也罢！咱就留下它吧，也算行个善事，不过，一要喂好，二要藏好。"

得到福爷的同意，李九儿高兴得一蹦老高。爷儿俩连夜在草深僻静的地方用树枝给小鹿搭了一个圈，偷偷地养起来。

李九儿新增添了小伙伴，还给小鹿起个名字叫"十儿"，因为自己是"九儿"，

■北京太庙内景

小鹿是"十儿"，就如同是自己的小弟弟一样。

光阴似箭，日月如梭，眼看过了一年，"十儿"长成了一头健壮的梅花鹿。

转眼到了年底大祭，乾隆皇帝来到太庙，正在行大礼时，鼓乐大奏。这不仅惊起了柏树上的小鸟，"十儿"也受到惊吓，在太庙狂奔起来。

御林军马上进行驱赶，"十儿"跑出琉璃庙门，往西再向北，进入一片柏树丛中，惊魂未定地站在那儿往回张望。

正在此时，一名御林军迂回到它后面西北方向，搭弓射箭。只听"嗖"的一声，利箭从鹿的左后身斜着射入。

就在这时，突然传来一声巨响，闪出一片金光，照得众人睁不开眼睛。待到再睁开眼睛时，只见"十儿"已化作一棵柏树，身上还插着那只铁箭。

御林军 亦称"羽林军"，顾名思义，在我国是护卫皇帝、皇家、皇城的特殊军队。始于汉武帝刘彻，此后，历朝历代的御林军多有变化，隶属系统、机构统领、职能权力和地位都不一样。一般设总统领、右统领、左统领、带刀护卫、敢死队、大将军、将军等职。

乾隆皇帝闻听此事，将信将疑，在御林军首领的带领下，来到鹿化作柏树的地方。发现鹿化的柏树上落满仙鹤，有的仙鹤悠闲漫步，有的引颈长啼，有的振翅欲飞，有的以嘴梳毛。

乾隆皇帝想了想，说道：“此乃天意，鹿化为柏，柏上栖鹤，这是鹿鹤同春的吉兆，想必明年定是好年景啊！”于是亲自赐名“鹿柏”，向鹿柏作揖，拜了三拜，并命看庙太监仔细养护。

在远处早已吓得战战兢兢的福爷和随时准备以命相拼保护“十儿”的李九儿，也因此躲过了一劫。

这棵鹿柏经风沐雨，迎寒斗暑，依然苍翠茂盛地屹立在太庙西侧。只不过身上的铁箭早已朽烂了，仅留下了一个疤痕。

太庙享殿的东配殿是供奉有功亲王牌位的地方，

■ 北京太庙寝殿

北京太庙享殿

始建于明代，黄琉璃瓦单檐歇山顶，面阔15间，殿前出廊，廊柱上端卷收，并向内倾斜，屋檐起翘平缓，是典型的明代官式建况。

东配殿内供奉配享满蒙有功亲王的牌位。清代供奉13人，如代善、多尔衮、多铎、允祥、奕訢等。每间设一龛，内置木制红漆金字满汉文牌位。

太庙享殿的西配殿是供奉有功大臣牌位的地方，始建于明代，黄琉璃瓦单檐歇山顶，面阔15间。殿前出廊、廊柱上端卷收，并向内倾余，屋檐起翘平缓，是典型的明代官式建筑。

西配殿内供奉配享满蒙汉文武功臣的牌位，清代供奉13人，如鄂尔泰、张廷玉、傅恒、僧格林沁等，内部设置同太庙享殿东配殿一样。

太庙中殿在清代时期，内部分有17个小隔间，每间供奉一代帝后，即所谓"同堂异室"，隔间内设置

君王祭祀

君王庙

傅恒（约1720—1770），富察氏，字春和，满洲镶黄旗人。清代乾隆时历任侍卫、总管内务府大臣、户部尚书、领班军机大臣加太子太保、保和殿大学士、平叛伊犁统帅等职，谥文忠。撰写《钦定旗务则例》《西域图志》等书。清嘉庆帝以子福康安平苗功，追封郡王，配享太庙，入祀贤良祠。

■ 北京太庙祧殿

牌位 又称灵牌、灵位、神主、神位等，是指书写逝者姓名、称谓或书写神仙、佛道、祖师、帝王的名号、封号、庙号等内容，以供人们祭奠的木牌。牌位大小形制无定例，一般用木板制作，呈长方形，下设底座，便于立于桌案之上。古往今来，民间广泛使用牌位，用于祭奠已故亲人和神祇、佛道、祖师等活动。

有神龛，龛内供奉帝后牌位，左边陈设有帝后的玉册，右边陈设有帝后的玉宝。在隔间外置有宝座，数目与龛内牌位数一致。至清亡时，中殿内尚有6个隔间尚未使用。

太庙后殿在清代时期，内部分有隔间，共有9间，正中一间与其左右各两间内供奉清代4朝先祖帝后牌位与玉册、玉宝等物，隔间外亦设宝座，数目与牌位数一致。

祧殿是放置牌位的地方，始建于1491年，黄琉璃瓦单檐庑殿顶。面阔9间，长61.99米，进深4间，宽20.33米，殿内陈设和寝殿的陈设一样。清代正中供奉肇祖、左兴祖，再左显祖、右景祖。

每季首月"明享"，皇帝委托官员在本殿祭祀，岁来将先祖牌位移至享殿。此殿自成院落，四周围以红墙。东南隅原有铁燎炉一座，为焚烧祝帛之用。

北京太庙由高达9米的厚墙垣包绕，封闭性很强。南墙正中辟券门3道，用琉璃镶贴，下为白石须弥座；凸出墙面，线脚丰富，色彩鲜明，与平直单一的长墙强烈对比，十分突出。这一入口处理是相当成功的，入门有小河，建小桥5座，再北为太庙戟门。

戟门建于明永乐年间的1420年。黄琉璃瓦单檐庑殿顶，屋顶起翘平缓，戟门的檐下斗拱用材硕大，汉白玉绕栏须弥座，中饰丹陛，两侧各有一旁门。

戟门是太庙始建后唯一没有经过改动的遗物，是明初官式建筑的重要代表。门外车间原有木制小金殿一座，为皇帝临祭前更衣盥洗之处。按最高等级的仪门礼制，门内外原有朱漆戟架8座，共插银镦红杆金龙戟120支。

戟门桥始建于明代，乾隆年间引故宫御河水于此，并对原桥进行改建，形如玉带，故又称"玉带桥"。桥宽8米，为七座单孔石桥，两侧有汉白玉护栏，龙凤望柱交替排列。中间一座为皇帝走的御路桥，两边为王公桥，次为品官桥，边桥两座供常人行走。

北京太庙戟门

西北门始建于明代，清代改建。据说清代雍正皇帝为确保安全，到太庙祭祖的时候不走太庙街门，而从此门进入，于是加筑琉璃随堵门，形成内外两门，并且建筑高墙，以防刺客。

乾隆皇帝60岁以后，为减少劳累，改由此门乘辇而入，故又称"花甲门"。原门及墙已不存在。留存下来的为黄琉璃瓦单檐庑殿顶，是后代人们改建的。

北京太庙整个建筑群虽历经修葺，大部分仍保持了明代的建筑法式，是现存最为完整的明代建筑群，其历史和艺术价值极为珍贵，是研究明代建筑群整体组合造型处理的良好典型。

空前绝后的帝陵臣庙

阅读链接

1850年2月25日，是农历的正月十四，元宵节的喜庆气氛已经渐渐开始弥散了。此时的紫禁城笼罩在一片哀伤阴霾的气氛里，因为大清国的最高执政者道光皇帝已撒手人寰。在弥留之际，道光皇帝却留下了一道朱谕，那就是百年之后灵位不进太庙，不立神功圣德碑。举国欢庆的元宵节变成国丧日，道光皇帝的这一遗嘱，堪称惊世骇俗。

道光皇帝的遗诏说不准把自己移入太庙，是因为他感到自己没有守住大清江山，无颜面对列祖列宗。但道光皇帝的儿子咸丰帝很为难，不入太庙，就没有办法进行祭祀，更没有先例。所以最终还是将自己的父亲道光皇帝的牌位放入了太庙。

祭祀帝王的历代帝王庙

"三皇五帝"是中华民族的人文始祖，历来为人们所景仰，并由此形成了祭祀祖先的传统。而明代建立的历代帝王庙，就是祭祀祖先和帝王的场所，体现了华夏文明对历代先贤的尊崇与缅怀。

考察我国历史，帝王庙之设，远早于明，但帝王庙冠以"历代"

■ 历代帝王庙庙门

空前绝后的帝陵臣庙

■ 历代帝王庙内牌位

三皇五帝 传说盘古开天辟地后，人类最初出现的上古中华文明创造者。"三皇五帝"根据典籍记载众说纷纭，并无定论。一般认为，三皇为天皇伏羲、地皇神农和人皇女娲，五帝为黄帝、颛顼、帝喾、唐尧和虞舜。三皇五帝是后人对远古时期帝王、三皇五帝朝代的概括，而非全指，是华夏文明对祖先的尊崇与缅怀。

二字，则是明太祖朱元璋于明初在南京首创的。

朱元璋建立了明王朝后，以文化祭祀为切入点，在南京创建历代帝王庙，于1374年8月落成，朱元璋亲临致祭。在当时，这里集中入祀"三皇五帝"和夏禹王、商汤王、周武王、汉高祖刘邦、汉光武帝刘秀、唐太宗李世民、宋太祖赵匡胤和元世祖忽必烈。既体现了汉民族大一统王朝开国帝王的主体地位，也认可元王朝为中华正统，让忽必烈同享崇祀，对缓解汉蒙矛盾，起到了至关重要的作用。

朱元璋创建历代帝王庙，意义非同小可。他第一次用庙宇祭祀的形式，彰显了中华一统帝系的历史传承，也体现了对元王朝的民族包容。

明成祖朱棣迁都北京后，南京历代帝王庙一直由太常寺负责祭祀。后来继位的明世宗朱厚熜，对礼制研究很是痴迷，厘定了不少祭典制度，改建或新建了一批皇家坛庙，新建北京历代帝王庙，就是其中之一。

明世宗认为，历代帝王庙远在南京，不便前往亲祭，而在北京祭祀历代帝王，只附属于南郊之祀，也很不正规。于是决定在北京新建历代帝王庙。1532年夏，历代帝王庙在阜成门内大街建成，当年8月，明世宗亲临北京历代帝王庙致祭。

北京历代帝王庙是明清两代皇帝祭祀先祖的地方。其政治地位与北京的太庙、孔庙相齐，合称为"明清北京三大皇家庙宇"。从明嘉靖时期至清末的近400年间，在历代帝王庙共举行过662次祭祀大典。

朱元璋时确定祭祀的帝王是18位，清王朝顺治皇帝定都北京后定为25位。清代康熙、雍正、乾隆3朝皇帝对历代帝王庙都非常重视。康熙帝曾下谕旨：除了执政无道之君和亡国之君外，历史上所有曾经在位的皇帝，均在帝王庙中为其立牌位。乾隆帝更是提出了"中华统绪，绝不断线"的观点，把庙中没有涉及的朝代，也选出皇帝入祀。

北京历代帝王庙占地1.8万平方米，古建筑面积6000平方米。建筑规模庞大，整体布局气势恢宏，显示了皇家庙宇的尊贵和气派，是我

历代帝王庙内牌位

■ 历代帝王庙下马碑

国古建筑中举世无双之精品。它自建成之后基本没有大变，只是清代在景德殿两侧增建了4座碑亭和景德门外西院诸殿。

历代帝王庙由南至北依次为：影壁、景德街牌楼、石桥、下马碑、庙门、景德门、景德崇圣大殿和祭器库。大殿两侧有东、西配殿，还有4座御碑亭和2座燎炉。东南侧有钟楼、神厨、神库、宰牲亭、井亭。西南侧有乐舞执事房、典守房、斋宿房。此外，还有单独成体的有"庙中庙"之称的关帝庙。

历代帝王庙的影壁是明嘉靖年间的1530年始建的原构，至今已有480多年的悠久历史了。它位于历代帝王庙整座建筑群的中轴线的最南端，其规模和形制均与这座皇家庙宇相一致。

我国古建中的影壁通常分为"一"字形和"八"字形。历代帝王庙影壁系绿琉璃筒瓦硬山调大脊，长32.4米，高5.6米。南北厚1.35米，呈"一"字形。影壁的基座为砖砌的须弥座，壁身是砌成长方体的立墙，通体朱红色。它的四棱都由绿琉璃筒瓦包嵌，南北两个壁面为"中心四岔"。

所谓"中心四岔"，是指壁身的中心位置和四角位置，都有琉璃雕花纹饰。中心为团花，图案是缠枝

须弥座 指安置佛、菩萨像的台座。现已发展成为由土衬、圭角、下枋、下枭、束腰、上枭和上枋等部分组成一种叠涩很多的建筑基座的装饰形式，通常用于尊贵的建筑物基座。开始形式简单，由数道直线叠涩与较高束腰组成，没有多少装饰，且对称布置。后来逐渐出现了莲瓣、卷纹饰、力神、角柱、间柱等，造型日益复杂。

牡丹，4个岔角也是缠枝牡丹纹饰。

景德门牌楼各设于景德门前东西两侧，是随着历代帝王庙的兴建而营造起来的，形制基本一致。这两座牌楼为三间四柱七楼，两侧有戗柱相对支撑，造型古朴端庄，制作华美。它们与北面的帝王庙建筑群和南面的影壁，形成一个建筑群体，体现出皇家礼制建筑规制的整体风貌。

在历代帝王庙大门两侧的"八"字墙前，各立有一块高大的下马碑。这两座下马碑，高大、肃穆却又低调。下马碑是昔日皇家设立的谕令碑，是一种显示封建等级礼仪的标志。

历代帝王庙前的这两块下马碑，立于清代。每块碑均用满、汉、蒙、回、藏、托忒6种文字镌刻"官员人等至此下马"，以示历代帝王庙的威严与尊贵。东侧下马碑阳面为满、汉、蒙文，阴面为托忒、回、藏文；西侧下马碑阳面为托忒、回、藏文，阴面为满、汉、蒙文，以示民族平等。碑座是长方形，没有龟趺，民间流传"有碑没有驮"指的就是这座下马碑。

根据清代乾隆时期的《礼部则例》等书记载，"下马牌"原本是木牌，清乾隆时期才换成了石碑。木牌原立于桥南朱栅外，改成石碑后立在了3座旱石桥的两侧，旱桥拆除后，下马碑移至门廊前。

下马碑的功能，就如碑上所镌刻的文字"官员人等至此下马"一样，它告知所有官员民众，来到历代帝王庙门前必须下马步

历代帝王庙内石碑

行，以表示对历代帝王和先贤功臣的尊崇。

说起下马碑，有一则民间故事。相传在几百年前，人们喜欢在历代帝王庙门前纳凉。

有一天多了一位陌生人，他在庙门前练武打拳，跟谁也不搭理。周围的人起先有些好奇，日复一日，也就见怪不怪了。

有一天晚上，历代帝王庙附近的百姓在睡梦中被一声巨响惊醒了。天亮后，他们发现庙门前的下马碑上有个五指大掌印，掌印中间好似有个珠子大的凹痕。到底发生了什么事？谁也弄不清。后来，这里来了一位云游四方的老和尚，他说碑上留下的不是掌印，而是龙爪印，在那个凹痕里原来藏有"二龙戏珠"的夜明珠，被那个练武的人偷走了。

庙门与影壁隔街相望，黑琉璃筒瓦绿剪边歇山顶调正脊，面阔3间，通宽15.6米，通进深9.5米，平身科为单昂三踩斗拱，两边有"八"字墙，下有汉白玉石台阶，中有御路，雕云山纹。在庙大门两侧各有一间旁门，为黑琉璃筒瓦绿剪边歇山顶调正脊。门前原有小石

历代帝王庙景德门

桥3座，象征帝王之居。

■ 历代帝王庙景德崇圣殿

景德崇圣门位于庙门正北，黑琉璃筒瓦绿剪边歇山顶调正脊，面阔5间，通宽26.6米，通进深14.8米，平身科为单昂三踩斗拱，旋子彩画，四周绕有汉白玉石护栏，前后均三出陛，中为御路，两侧有垂带踏步。在景德崇圣门两侧各有侧门一间，黑琉璃筒瓦绿剪边歇山顶调正脊。

景德崇圣殿始建于明嘉靖年间的1530年，是历代帝王庙的主体建筑，寓意为"景仰德政，崇尚圣贤"。景德崇圣殿坐北朝南，面阔9间，51米，进深5间，27米，象征天子的"九五之尊"。与故宫的太和殿是一个级别。

景德崇圣殿为重檐庑殿顶，金丝楠木柱，地面墁金砖。清雍正、乾隆时期曾大修，更换成黄琉璃瓦顶，重绘金龙彩画。殿内悬有清乾隆帝的御联和匾，

天子 顾名思义，天之嫡长子。我国古代，封建君主认为王权为神所授，其命源天对封建社会最高统治者的称呼。自称其权力出于神授，是秉承天意治理天下，故称帝王为天子，也自称为朕。朕代表皇帝的说法，出自于秦国丞相李斯。他对秦始皇说："臣等昧死上尊号，王为泰皇。命为制，令为诏，天子自称曰朕。"

匾上有"报功观德"4个字，对历代帝王的奉祀活动就在景德崇圣殿内举行。大殿内奉祀历代帝王，只在中心位置设立牌位，不立塑像。

景德崇圣殿铺设的是专门为皇家烧制的地砖，也就是俗称的"金砖"。金砖给人光润如玉、踩上去不滑不涩的感觉，其颗粒细腻、质地密实。这次修缮用的"金砖"是在当年苏州的"御窑"定制的，其选料、烧制、加工均有严格的工序，铺设前还要经过桐油浸泡、表面打磨等处理。

清乾隆年间的1784年，景德崇圣殿供奉的入祀帝王增至了188位，共分7龛供奉，位居正中一龛的是伏羲、黄帝、炎帝的牌位，左右分列的6龛中，供奉了传说时代的"五帝"，夏、商、周、汉、唐、五代十国、宋、元、明等历朝历代的185位帝王牌位。

景德崇圣殿东西两侧的配殿中，还祭祀着伯夷、姜尚、萧何、诸葛亮、房玄龄、范仲淹、岳飞、文天祥等79位历代贤相名将的牌位。这些历史名人中没有秦始皇、杨坚和李渊，是有一定历史原因的。

秦始皇作为我国历史上第一个大一统王朝的皇帝，却未能入祀北京历代帝王庙，有一种说法是因为秦始皇的"焚书坑儒"。由于秦代

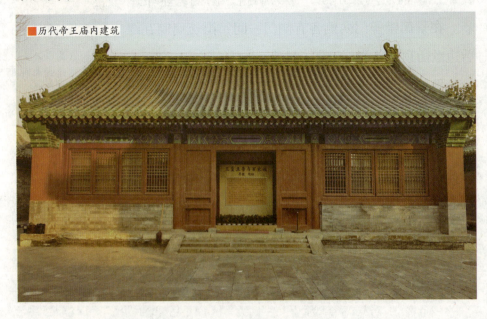
历代帝王庙内建筑

■历代帝王庙内的关帝庙

以后的帝王大都尊崇儒家，从儒家思想的观点看，秦始皇被看作无道暴君，他虽然创造了一统中华等伟业，但是在过去的史书和人们的心目中，更强调的是他"焚书坑儒"等对儒家的打击，所以没有将其列入景德崇圣殿供奉的帝王之中。

杨坚是隋王朝开国皇帝，是西魏大将军杨忠之子。杨忠跟随西魏权臣宇文泰起义关西，宇文泰奠基北周政权，是为北周文帝。至北周宣帝宇文赟去世后，其长子宇文阐继位，是为北周静帝。当时宇文阐8岁，杨坚入宫辅政，任宰相，总揽军政大权。

后来，杨坚取代后周自称为帝，国号隋，随即灭南朝陈而统一了全国。杨坚史称隋文帝，他一度因隋之创建者而享祀，但终因其篡权夺位而被撤出。

唐高祖李渊是唐王朝开国皇帝，理应入历代帝王庙享祀。但因他原是隋王朝重臣，其开国之功远不及他的儿子唐太宗李世民而被撤祀。

历代帝王庙中的单体建筑关帝庙于清代增建，硬山顶，面阔3间，进深一间，带前廊，用于专门祭祀关羽。关羽之所以被祭祀于"帝王"庙宇之中，与关羽的官民信仰有关。

有人认为，关羽历来被官民共同奉为保护神，在历代帝王庙建筑群里，单独建关帝庙，是想借助其忠义仁勇的"关帝"来镇恶辟邪，起到护卫的功能。

还有人推测说，关羽曾被众多皇帝尊崇为"武圣"。倘若按功臣名将的身份，把关羽供奉在东西配殿中显得待遇有点低了；倘若真要按帝王身份供奉在景德崇圣殿里，与历代帝王共聚一室又嫌不够资格，因此，只好为他单独建庙，供人祭祀。

也有人分析说，入祀的帝王按规制都必须生前在位的，但关羽生前未当过一天帝王，而那些享祀的功臣名将，又无一人去世后封王称帝的。唯独关羽一人屡屡被封为"关帝"，所以，在尊崇关羽最盛的明清两代，一座相对独立的关帝庙出现在西跨院里，并同时建起配套的祭器库。

在历代帝王庙建筑中，景德崇圣殿、景德门、东西配殿的主要构件都是明代遗留下来的，而壁画、琉璃瓦等多是清代乾隆时期的。北

■历代帝王庙碑亭

京的故宫、颐和园、天坛、孔庙等建筑虽然都始建于明代，但留存的明代构件不多，像历代帝王庙这样保留大量明代原构件的极为少见。

配殿位于景德崇圣门的北面，景德崇圣殿东西两侧，各7间，分别为西、东向，黑琉璃筒瓦绿剪边歇山顶调大脊，通宽33.4米，通进深14.6米，平身科为单昂三踩斗拱，旋子彩画，内顶为井口天花，下方砖铺地。

■ 历代帝王庙燎炉

东西配殿为从祀历代功臣的场所，其中的鼎炉、燎炉、殿后祭器库5间，皆不存。

环绕景德崇圣殿共有4座碑亭，月台两侧各有碑亭1座，黄琉璃筒瓦重檐歇山顶调大脊，方形，每面面阔3间，上檐平身科为重昂五踩斗拱，下檐平身科为单昂五踩斗拱，和玺彩画。

殿两山两侧亦各有碑亭1座，黄琉璃筒瓦重檐歇山顶调大脊，方形，每面面阔3间，各宽10米，上檐平身科为重昂七踩斗拱，下檐平身科为重昂五踩斗拱，均和玺彩画。

在这4座碑亭中，正西一座建于1733年，内为无字碑；东南一座也建于1733年，碑体阳面为雍正御制碑文，阴面为乾隆御制碑文；西南一座建于1764年，阳面和阴面均为乾隆御制碑文；正东一座建于1785年，阳面为乾隆御制满汉合文碑文，阴面无字。

和玺彩画 又称宫殿建筑彩画，在清代是一种最高等级的彩画，大多画在宫殿建筑上或者与皇家有关的建筑之上。其根据建筑的规模、等级与使用功能的需要，分为金龙和玺、金凤和玺、龙凤和玺、龙草和玺及苏画和玺5种。

正脊 又叫"大脊""平脊"，位于屋顶前后两坡相交处，是屋顶最高处的水平屋脊，正脊两端有吻兽或望兽，中间可以有宝瓶等装饰物。庑殿顶、歇山顶、悬山顶、硬山顶均有正脊，卷棚顶、攒尖顶、盝顶没有正脊，十字脊顶则为两条正脊垂直相交，盝顶则由4条正脊围成一个平面。

钟楼在东侧门之北，黑琉璃筒瓦绿剪边歇山顶，重楼重檐调正脊，方形，每边面阔3间，上檐平身科为单昂三踩斗拱，旋子彩画，下檐平身科为一斗二升交麻叶头斗拱，旋子彩画。

其实，历代帝王庙的彩画艺术是首屈一指的。历代帝王庙的彩画经历了3个阶段，第一个阶段是明嘉靖始建时期，第二个阶段是清雍正大修时期，第三个阶段是清乾隆修缮时期。其中最有价值的是明代始建时期的彩画，在留存下来的建筑上还有遗存，可惜常人不易见到了。

在景德崇圣殿天花板上边，有3间彩画，从纹饰到工艺，是非常有价值的明代彩画。景德门正面西侧的天花彩画非常漂亮，纹样是金莲水草，3朵莲花分别代表天皇、地皇、人皇；颜色鲜艳，用的都是天然矿石质颜料。

在景德门的脊部也留有一间明嘉靖始建时期的彩

■历代帝王庙钟楼

画，也在天花板上面。它的纹饰与正殿不一样，做工没有大殿精细。

此外，东跨院的神库神厨，也留有始建时期的彩画痕迹。在宰牲亭的南侧和西侧有一两件。后人把清代彩画做在老地仗上了，所以留下一些痕迹来。景德崇圣殿天花面除3间彩画，其他都是白木头茬，这可以说明它是明嘉靖时期的原活儿，后来几次修缮脊部都没动。

北京历代帝王庙并不是宗教场所，它供奉祭祀的对象，既不是神也不是佛，而是祭祀我国历代的帝王。这样一来，同一个"庙"字，有的属宗教类建筑，有的仍是祭祀用的建筑。

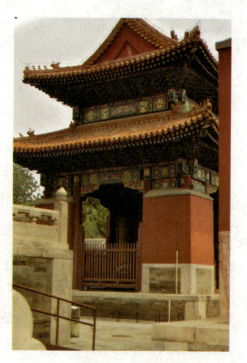

■ 历代帝王庙碑亭

北京历代帝王庙是全国唯一集中祭奠"三皇五帝"、历代帝王和功臣名将等中华先贤于一庙的神圣殿堂。有祭祀就离不开礼乐，何谓礼乐呢？礼和乐都是对天地万物、自然规律的仿效或体现。

礼是取法天地的高下有别、四时的轮换有序、六气的相互生发、万物生养各有所宜的原则而制定的。乐则是对自然界合规律又合目的的构成和运动变化的规律及形态的模拟与感觉。

礼、乐的产生都是为了适应社会的需要。礼，主要用于"辨异"，以区分个体成员的贵贱等级，使其明确各自的地位、职责和义务。乐，主要用于"求

礼乐是我国古代文明的重要组成部分。早在夏商周时期，古代先贤就通过制礼作乐，形成了一套颇为完善的礼乐制度，并推广为道德伦理上的礼乐教化，用以维护社会秩序上的人伦和谐。礼乐文明在数千年的中华文明发展史上产生了重大而深远的影响，至今仍有其强大的生命力。

和"，调节人的内在情感，和谐不同成员之间的人际关系，使之相亲相爱。

礼和乐都必须合"度"，若"过"便会引起混乱。礼和乐似孪生兄妹，形影不离。在礼乐文化体系中，礼居于主导地位，支配着乐；乐处于从属地位，服务于礼。

在历代帝王庙的祭祀活动中，不同的礼仪演奏不同的乐舞，不得混用，而且不同等级身份的人，只能享用不同规格的乐。从天子、诸侯、大夫到士，所用乐舞都有严格限制。乐队规模的大小，舞队人数的多少，演奏的乐章，歌唱的诗篇，甚至演出程序，都根据不同的用乐场合，用乐者的不同身份，不得僭越。

总之，北京历代帝王庙不仅是我国古建筑宝库中的精品，也以其完善的礼乐制度承载着中华民族数千年来祭祀祖先的传统，是我国统一多民族国家发展进程一脉相承、连绵不断的历史见证。

阅读链接

在我国历史上，帝王庙冠以"历代"二字，是明太祖朱元璋在明王朝初年创建的。朱元璋以文化祭祀为切入点，在南京创建历代帝王庙，集中入祀"三皇五帝"和夏禹王、商汤王、周武王、汉高祖刘邦、汉光武帝刘秀、唐太宗李世民、宋太祖赵匡胤和元世祖忽必烈，既体现了华夏、汉民族大一统王朝开国帝王的主体地位，也认可元王朝为中华正统。明王朝迁都北京后，对历代帝王的祭祀或在南京进行，或在北京郊区和故宫文华殿进行，明嘉靖皇帝朱厚熜于1530年兴建了北京历代帝王庙，祭祀人物沿袭南京旧制。

朱元璋用庙宇祭祀的形式，彰显中华一统帝系的历史传承，体现了对蒙元王朝的民族包容。

武后庙

武则天是我国历史上唯一正统的女皇帝，也是即位年龄最大、寿命最长的皇帝之一。武则天在主政期间，善于治国，重视延揽人才，首创科举考试的"殿试"制度，出现了政策稳定、百姓富裕的局面，故有"贞观遗风"的美誉，亦为其孙唐玄宗李隆基的"开元之治"打下了长治久安的基础。

因为武则天对历史做出过巨大贡献，所以人们对她立祠进行祭祀，尤其是山西文水的武则天故里和四川广元的皇泽寺，两地的祭祀活动和建筑风格别具一格。

祭祀武则天的寺庙皇泽寺

那是在唐代初年，四川利州即现在的广元有一个从事木材买卖的商人叫武士彟，公元624年正月二十三这一天，武家诞生了一个女婴，她就是后来被称为我国历史上唯一正统的女皇帝武则天。武家家境殷实、富有，武则天在广元度过了童年和少年时期。

武则天画像

隋炀帝大业末年，唐高祖李渊任职河东和太原之时，曾多次在武家留住，因而结识武士彟。李渊在太原起兵后，武士彟曾资助过钱粮衣物，故唐王朝建立以后，武士彟曾以"元从功臣"历官工部尚书，扬州都督府长史，利州、荆州都督等职，封应国公。

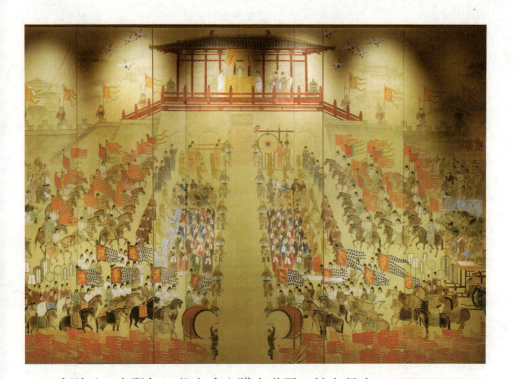

■ 武则天称帝

武则天12岁那年，父亲武士彟去世了，她和母亲受到族兄的虐待。到了武则天14岁时，唐太宗李世民听说她仪容举止美，召她入宫，封为才人。唐太宗最初非常宠爱她，赐名"武媚娘"，但不久便将她冷落一边。

649年，唐高宗李治即位，此后，武则天由才人升为昭仪，再升为皇后。唐显庆末年，唐高宗患风眩头重，目不能视，难于操持政务，皇后武则天得以逐渐掌握朝政，朝廷内外称他们为"二圣"。从此，武则天成为掌握唐王朝实权的人，唐高宗则处于大权旁落的地位。

690年，武则天正式登上皇帝宝座，成为我国历史上有作为的女皇帝，改国号为周。那一年，武则天已是67岁的老人。705年，唐中宗李显继位，武则天

才人 我国古代宫廷女官的一种，通常兼作妃嫔。始设于晋武帝司马炎，沿用至明代。唐代制度，才人初定为宫官之正五品，后升为正四品。武则天就曾做过唐太宗李世民的才人。上官婉儿也曾做过唐中宗李显的才人。

空前绝后的帝陵臣庙

■皇泽寺二圣殿内景

李冰 战国时代著名水利工程专家。被秦昭王任为蜀郡太守之后，李冰治水，创建了奇功，建成著名的都江堰水利工程，其建堰的指导思想，就是道家的"道法自然""天人合一"的思想。后世为纪念李冰父子，在都江堰修有二王庙。都江堰也成为著名的风景名胜。

还周于唐。当年11月26日，武则天去世，临终前留下遗诏：去帝号，称则天大圣皇后。

在我国的历史上，通过幕后操控或者垂帘听政等手段主持国家大权的女人不在少数，但她们当中，真正敢于堂堂正正从幕后走到台前、高坐皇位君临天下的，唯有武则天一人。

传说武则天逝后变成了神仙，民间遂给她建庙命名"皇泽"，是祈望她的"在天之灵"能泽被乡梓，因此在广元建立寺庙供奉她的真容像。

武则天逝后成神当然只是民间的一种说法而已，事实上，皇泽寺创建于北魏晚期，原名乌奴寺，也叫川主庙，相传是为了纪念李冰与二郎神的，历经北周、隋代、唐初的不断发展，渐成规模。武则天建立周武政权以后，施脂粉钱修建当时已具规模的川主庙，并取"皇恩浩荡，泽及故里"之意，改川主庙为皇泽寺。

据明代陈鸿恩所撰《皇泽寺书事碑》载："皇泽寺相传为武后创。"清代张邦伸《云栈记程》中也说："武后秉政，建皇泽寺于此。"

后来，后蜀时的当地知府于959年对该寺进行了改造扩建，形成唐则天皇后武氏新庙。当时的皇泽寺，临江是则天门、天后梳洗楼、乐楼即戏楼，还有弥勒佛殿、铁观音殿等建筑。在此之后，皇泽寺屡有毁建，保存下来的建筑基本上为清代建筑。

皇泽寺的主体建筑有大门、二圣殿、则天殿、大佛楼、吕祖阁、五佛亭等，寺依悬崖，下瞰江流，雕梁画栋，错落有致，气势不凡，颇有巴山蜀水之秀丽巍峨。

跨进皇泽寺的大门，首先看到的是二圣殿，大殿正中，供奉着二圣，也就是唐高宗和武则天。殿内

■皇泽寺寺门

武后行从图

左右两侧，塑有唐高宗、武周朝时期的9位著名大臣，分别是李勣、李义府、魏元忠、李昭德、狄仁杰、娄师德、张柬之、来俊臣和上官婉儿。

二圣殿后，是则天殿，该殿始建于唐代，历史上曾称"武后真容殿""则天圣后殿"。与一般"民办"的寺庙不同，皇泽寺这座由女皇御敕建造的"官办"寺庙内没有"大雄宝殿"，因此，则天殿就是皇泽寺的主殿。两旁对联为《华严经·序》摘句，对联写道：

金仙降旨大云之偈先彰；
玉扆披襟实雨之文后及。

则天殿的殿内，有武氏家系图。据史载，武则天的父亲武士彟是太原文水人，因曾相助于李渊，是唐王朝开国元勋之一，一直深受唐高祖信任并因此成为唐高祖时期的朝廷重臣。

则天殿正中，立有一尊国内唯一的武后真容石刻像。宋人《九域志》记载："武则天当皇帝后，赐寺刻其真容。"

武后真容石刻像高1.8米，由整块砂岩雕成。其形象方额广颈，神态安详，头戴佛门宝冠，身着僧尼衣袍，肩披素帛，项饰珞圈，双手相叠于膝，作法界禅定印。据说，这是武则天晚年之像，虽俨然佛家装束，却颇具人神兼备之气。

武后真容像在后世曾遭劫难，被人从香案前推倒地下，将头身分离。之后人们将其复原时，发现石像颈部比原造像短了1.5厘米。加之衣饰彩绘褪色，更显老态龙钟了。所幸后人用金箔800克为这尊则天真容像换上了金衣，愈见流光溢彩。

殿内有一尊武则天的石刻画像碑，碑上刻着女皇头戴冕旒，身着王服，云环雾鬓，舞带霓裳，是后世之人临摹明代陈鸿恩所著《无双传》中之"金轮遗像"所刻，当是武则天为"王"时的神态。有一首古诗对其赞美道：

绝代佳人绝世雄，衣冠万国冕旒崇。

须眉有幸朝宸下，宰辅多才到阁中。

六尺遗孤兴浩劫，千秋高视仰丰功。

残山剩水留纤影，依旧倾城醉雁鸿。

则天殿还陈列有一块升仙太子碑。其中的碑文是武则天于699年农

■ 皇泽寺武氏家庙

■ 皇泽寺五佛亭

封禅 封为祭天，禅为祭地，是指我国古代帝王在太平盛世或天降祥瑞之时的祭祀天地的大型典礼。远古暨夏商周三代，已有封禅的传说。古人认为群山中泰山最高，为"天下第一山"，因此人间的帝王应到最高的泰山去祭过天帝，才算受命于天。

历二月初四，由洛阳赴嵩山封禅返回时，留宿于偃师县缑山升仙太子庙，一时触景生情而撰写并亲为书丹的。

升仙太子碑的碑文表面记述周灵王太子晋升仙故事，实则歌颂武周盛世。笔法婉约流畅，意态纵横。碑额"升仙太子之碑"6个字，以"飞白体"书就，笔画中丝丝露白。碑文33行，每行66字，行书和草书相间，接近章草书体。

碑文上下款和碑阴的《游仙篇》杂言诗、题名等，分别出自唐代著名书法家薛稷、钟绍京之手。历代书法爱好者都视《升仙太子碑》为书法艺术珍品。

皇泽寺大门北侧，有凤阁、钟楼，南侧则有写《心经》洞、武氏家庙和鼓楼。据说，武士彟出任利州都督后，为官清廉，政绩卓越，颇得百姓爱戴，故特建庙纪念他。

武氏家庙内，塑有武则天全家像，正中是武士彟及后妻杨夫人，武士彟的原配是相里氏，相里氏去世后，唐高祖亲自做媒，为其娶继室，也就是隋朝王室宰相杨达之女杨氏，后封为荣国夫人。

右侧是武士彟与原配相里氏所生的两个儿子：武元庆和武元爽。左侧是武士彟与杨夫人所生的3个女儿：长女名顺，字明则，嫁越王府法曹贺兰越石，生贺兰敏之及一女而寡，后封韩国夫人，出入禁中，得幸于唐高宗，去世后又追封郑国夫人。次女即武则天。季女史书没有记录名字，嫁郭孝慎，早卒不显。

武氏家庙东南是鼓楼，东北是写《心经》洞。唐代宗初年，书法家颜真卿为利州刺史，曾写《心经》1卷，刻于此处，因此俗称写《心经》洞。

写《心经》洞洞区有造像，分布于巨石3面，共计19龛，东面主要雕刻经幢和"六道轮回"的内容；西面造像常年埋于土中，后来在修葺的过程中被发现，主要内容为三世佛及释迦、多宝佛的题材。

南面的两个洞窟为武则天的父母武士彟、杨氏开凿，时间为628年，因此，这两个窟可能是为武则天的出

都督 我国古代军事长官的官职。最初都督主管监督军队，后来发展成为地方军事长官，又发展成为中央军事长官。大都督是一品官，不常置，属加官。加此官者，代表着持有天子威权的黄钺的高级将领。

■ 皇泽寺吕祖阁

供养人 是一个佛教名词，是指因信仰某种宗教，通过提供资金、物品或劳力，制作圣像、开凿石窟、修建宗教场所等形式弘扬教义的虔诚信徒。现在也指那些出资对其他人提供抚养、赡养等时段性主要资助的个人或团体。

生祈福所开，窟内现存有武氏夫妇礼佛图一组，弥足珍贵。

大佛楼又叫"大佛石窟"，原本无楼，是则天殿侧依山摩崖造像石窟。该楼初建于清代道光年间，后因年久失修已坍塌，后又重新建造，悬"大佛楼"3个字匾额于楼上，于是便习惯上称为"大佛楼"了。

大佛窟高7米，宽6米，深3.6米，开凿于唐代中期。主佛阿弥陀佛，立于莲台之上，左手曲举胸前，右手施无畏印，体态雄健魁伟，表情庄严肃穆。

主佛左右侍立迦叶、阿难二弟子。迦叶袒右肩，左手执香炉，右手握拳下垂；阿难左手捻串珠，右手上举，拇指中指相并。外侧观音、大势至二位菩萨，也都刻得眉目清秀，端庄慈祥。左右护法、金刚、力士等造像，惜风雨剥蚀，已面目难辨，但所见一肢一臂，仍旧雄姿英发，形态不凡。

这座石窟内刻有一尊供养人像，在天下的"佛界"中再也找不出相同的面孔。他身着官服，头戴唐制双翅官帽，双手合掌跪于佛前虔诚祷告，在大佛足下，显得卑微而又渺小。据当代国画大师张大千考证认为，此"供养人"应为被废后的唐

■ 皇泽寺大佛楼

中宗李显，因希求复帝，以取悦母后，正为其母祈祷之。

另一说法为章怀太子李贤。因李贤曾令史学家范晔诠释《后汉书》，有影射皇权旁落之嫌而得罪武则天，被废为庶人；后令李贤监造"皇泽寺"时，令石工将自己的像雕于大佛脚下以示忏悔请罪。

中心柱窟位于则天殿之上、大佛楼左侧的中心柱窟，为皇泽寺造像年代最早的一处，也是四川地区唯一的中心柱窟。

中心柱窟又名塔庙窟、支提窟，深2.76米，宽2.6米，窟约13立方米，窟室方形平面，平顶略弧，窟中央立方柱，由窟底直通窟顶，三壁各开一大龛两小龛。

中心柱是一根完整的石柱，又是一座造型精美的经塔，由塔基、身、顶3部分组成。第一、第二层四面各凿一龛，龛中凿一佛二菩萨3尊像。这些佛龛造像，刻法古朴，坐佛褒衣从正面敞开，下缘垂于台座下；左右侍立菩萨，发作双髻，长裙曳地，阔幅天衣于胸前作"V"

■皇泽寺石窟中心柱

形交叉于双肩成双角若翼。

三面石壁上的3个大龛内，造一佛二弟子二菩萨，佛像均身躯颀长，菩萨则面颐丰润，通身无璎珞，造像坚挺有力，富于体积感。三壁上部饰千佛，但3个大龛内的造像为后代改凿。

皇泽寺不仅是国内唯一的武则天祀庙，寺内还保存着开凿于北魏至明清的6窟、41龛、1203躯皇泽寺摩崖造像及其历代碑刻，不仅有极高的文物价值，而且有极高的观赏和研究价值，更被誉为中华传统文化的瑰宝。

在皇泽寺馆藏文物中，一组宋墓浮雕石刻无疑是我国宋代石刻艺术中的珍品，浮雕石刻共24块，每块长2米，宽0.8米，都是由本地黄砂岩石刻成。根据墓内清理出来的买地卷记载，制作年代当为南宋时期，最晚的一座宋墓已经近800多年了。

经过人们的精心修葺后，宋墓浮雕石刻被镶嵌在总长28米，高4米，厚0.8米的照壁上。分成《四宿神兽图》《戏剧演出图》《大典演奏图》《男女武士图》《孝行故事图》《墓主生活图》《花卉图》七大类。

《四宿神兽图》中，有东青龙、西白虎、南朱雀、北玄武4兽。相传为威震四方，避邪荣昌之

青龙 我国传统文化灵兽，以五行论，东为青色，故青龙为东方之神，亦称"苍龙"。龙是中华民族的图腾，自黄帝授命于天，咸泽四方，龙就成为中华民族乃至整个中国的象征。东方传说中，青龙身似长蛇、麒麟首、鲤鱼尾、面有长须、特角似鹿、有五爪、相貌威武。

神兽。

《戏剧演出图》和《大曲演奏图》共7幅，图中男伎身着圆领长衫系腰带，头戴软帽或硬翅冠，正手舞足蹈表演着；女伎或挽发髻或扎小辫，或罩长披或着短衫，手执檀板、横笛、竖箫、芦笙、唢呐、三弦、手鼓、腰鼓、扁鼓、马锣、桶鼓等站立演奏着。个个形态各异，生动风趣。

《男女武士图》中，人像高约1.45~1.51米，男武士戴头盔，穿虎头铠，手执长钺，浓眉亮目，威武而怒。女武士头戴女冠，身着软甲战袍，手执长钺，眉目传神，肃穆端庄。在我国宋墓出土中尚属唯一发现。

《孝行故事图》中，共有5幅，均取材于《二十四孝》中的"王祥卧冰""孟忠哭笋""乔庄打柴""董永别妻""扼虎救父"等孝行故事，意在宣扬孝道，弘扬传统。

《墓主生活图》中，有《抬轿图》《椅轿图》《牵马图》《庖厨图》《夜梦图》《念佛图》《焚香图》《飞壶酌酒侍宴图》等。其中的《飞

■皇泽寺宋墓浮雕石刻

■ 皇泽寺大佛窟佛像

壶酌酒侍宴图》令人见之不忘，在一张辅有桌围的桌子上，置执壶、瓜果、食盒等，但无侍者，酒壶悬空，似有隐身人在酌酒于杯似的。构思奇巧，引人妙思。

《花卉图》中，系石刻牡丹、芍药、莲花，显示墓主的高雅和富贵，极具象征意义。

这批宋墓石刻不仅具有较高的观赏价值，而且也是研究宋代社会风俗、文化艺术、宗教传统、道德理念等最宝贵的实物资料。

《蚕桑十二事图》碑也是皇泽寺中保存的珍贵碑刻。相传在清代嘉庆年间，广元有一县令名曾逢吉。此人乃湖北京山人氏，举人出身，清嘉庆年间的1812年以军功授昭化县令。

曾逢吉赴任后深入民间探索富民之道，号召县民植桑养蚕，颇有政绩。逐渐得出植桑养蚕致富之理。4年后曾逢吉调任广元县令，仍一如既往地倡导栽桑养蚕，并对全县每株桑树逐一造册登记，颁行只能增植，缺一补一，严禁砍伐的县规。在他的苦心经营下，广元境内所有道路两旁皆桑树成荫，绿色夹道。

1827年，曾逢吉升任松潘知州，临行前，赶绘了这套极似连环画的石刻《蚕桑十二图》碑，告诫当地

执壶 最初的造型是由青铜器而来，南北朝早期的青瓷当中，已经完成了这种执壶的造型。其后在唐宋两代是金银器中的一种酒具，这从唐宋绘画上是很容易看到的。

百姓及继任县令不要荒废了植桑养蚕造福百姓的事业。

《蚕桑十二事图》碑高1.3米，全长5.8米。首图绘着嫘祖倚马小憩，一只蚕虫在一株桑枝上悬丝坠向嫘祖头顶的画面，此图取材于嫘祖与白马的传说。

传说上古时代，嫘祖之父是一部落酋长，不幸在一次外出狩猎中与外敌发生战斗，酋长战败被俘。嫘祖得知消息后万分着急，便召集部落众人商议救父之策，并当众许下诺言，谁救回嫘父者，她当嫁他为妻，但是部众均无良谋。

然而酋长家的大白马闻言，却长啸一声脱缰而去，傍晚时分驮回了嫘父。可在以后的几天里，白马不吃不喝，嫘父甚怪。问之众人，嫘祖遂谈及许诺救父配婚之语。嫘父闻言大怒，说："人畜焉能配婚？"遂斩杀白马，剥皮暴晒于烈日之下。

可刚将马皮晒出，突然狂风陡起，马皮与嫘祖被一同卷上天空，尔后一声雷响，嫘祖化为一只蚕虫，悠然从天上悬丝而下，而埋入土中的白马骨骼渐渐长出一株大树，蚕虫悬挂树上，以叶为食，吐丝作茧。这树后人叫它伤心树或桑树，寓意嫘祖那一段伤心的往事。

《蚕桑十二事图》碑中，《选桑葚》《种桑》《树桑》《条桑》4幅图，展现了我国清代培植桑树的情景。《窝种》《种蚕》《喂蚕》

武则天塑像

■皇泽寺大佛窟佛像

《起眠》《上簇》《分茧》《腌蚕》《缲丝》8幅图，一一展现了清代人养蚕、缲丝、纺织的全过程。这组石刻图碑的拓片被广泛收藏，成为我国十分珍贵的史料实物和古代科普创作艺术瑰宝。

在皇泽寺，有两通看似平常，但却十分难得的碑石，这便是后蜀时的959年所刻的《广政碑》和清代1286年广元路总管府总事王世明立石的《广元府记碑》。

其中的《广政碑》是研究"皇泽寺"历史较早的实物资料，也是考证武则天出生于广元的重要证据。要点有二，一是因为此碑上明确写有"皇泽寺"这个名称，比北宋《元丰九域志》记载要早120余年；二是碑文中有"天后武氏其人也，事具实录"句，表明武则天是在其父亲任利州都督期间，生于广元。

《广政碑》的碑文还记载了唐五代时期，武则天已被当地人当作神明膜拜，一遇灾事"军民祈祷于天后之庙，无不响应"，以及当时建寺规模、庙产等情况。后来，祈求武后赐福这样一种民间的自发祭祖活动，演变为在武则天生日那天即"正月二十三，妇女游河湾"的广元民俗，也是广元现在每年9月1日的"女儿节"的由来。由此可见此碑的价值非凡。

每到每年的农历正月二十三，皇泽寺都要举行庙会，广元人民要去皇泽寺前乌龙潭一带划舟竞渡、游河湾，以此纪念武则天的生日。

《广元府记碑》碑高2.6米，宽1.38米，厚0.24米。原碑存于旧县衙，后被移入皇泽寺保存。碑文中，有"全蜀咽喉，古今要地，山川神秀，而历代设置营建以及官制统属。仰尝求广元之义，其在易则曰广大配天地，其在春秋则谓一为元；今天下一统，其亦广元二字有以闻其先乎？……至元二十六年六月记"的记载，从中可略知"广元"这一地名的由来。据清代乾隆年间《广元县志》记载：

　　今上皇帝龙飞之十八年至元丁丑广元路从学教授章霆撰文广元路总管府知事王世明立石。

《广元府记碑》碑文已无从辨认，所幸清代乾隆年间的《广元县志》录有该碑文，为后人留下了一篇了解广元历史沿革的可贵史料。

阅读链接

据传说，武则天执政时，有一天心血来潮，想为自己取一个好字，可是琢磨了好几日，还是没有找到最合适的，就决定向天下文人征求最吉利的字，于是一张征求御字榜文贴到了长安城墙上。当时有一个少林寺和尚叫明空，把皇榜揭了。他见了武则天，说道："我这个字，字典里没有。"于是写了一个"曌"字，并说："日月当空普照大地，就叫照吧！"武则天听了大喜，赏赐明空10万两银子重建少林寺。明空和尚欢欢喜喜地回少林寺去了。

后来，武则天做了皇帝，还为这个字作了一首打油诗："日月当空曌，则天长安笑；一朝做皇帝，世间我最傲。"

武则天祖籍地的则天庙

武则天的母亲杨氏出身于隋王朝皇室，杨氏的父亲是隋观德王杨雄之弟遂宁公杨达。相传当武则天还在襁褓中时，当时的著名相士袁天罡有一次见到杨氏，便对她说："夫人法生贵子！"

杨氏听了这话，便把两个儿子武元庆、武元爽领出让袁天罡相

■武则天故事——袁相识面

■ 武则天故事——
杨氏奇梦

面。可是袁天罡一看说可以官至三品，只不过是能保家的主儿，还不算大贵。

杨氏又唤出武则天的姐姐让袁天罡相，袁天罡称"此女贵而不利夫"！

最后由保姆抱出穿着男孩衣裳打扮的武则天，袁天罡一见襁褓中的武则天大为震惊，说她"龙瞳凤颈，极贵验也"！

果然，武则天后来于690年正式登上皇帝宝座，成为我国历史上很有作为的女皇帝。

武则天掌管朝政之后，任用了很多贤臣来治理天下，在历史上以"知人善任"著称，武则天一朝号称"君子满朝"，娄师德、狄仁杰等著名的贤臣均在其列，后来的"开元贤相"姚崇和宋璟也是由武则天提拔起来的。

武则天善于用人还体现在她在用人制度上的改革和创新。她改革科举，提高进士科的地位，举行殿

狄仁杰（630—700），字怀英，并州人，唐代著名政治家。狄仁杰为人正直，疾恶如仇，心系民生，政绩卓著。在他身居宰相之位后，辅国安邦，对武则天弊政多所匡正。狄仁杰在上承贞观之治，下启开元盛世的武则天时代，做出了卓越的贡献。

试，开创武举、自举、试官等多种制度，让大批出身寒门的子弟有了一展才华的机会。

武则天在登基之初，就在洛城殿对贡士亲发策问，派遣10名"存抚使"巡抚诸道，推举人才，一年后共举荐10余人。

武则天对有才能的人不问出身，全部加以接见，量才任用，或为试凤阁舍人、给事中，或为试员外郎、侍御史、补阙、拾遗、校书郎，我国古代试官制度自此始。时人有"补阙连车载，拾遗平斗量，把推侍御史，腕脱校书郎"之语。

武则天虽对有才能的人许以官位，但对不称职的人亦会加以罢黜。由于她明察善断，赏罚分明，当时的人也乐于为她效力。

武则天还进行了文化改革，在文化上创造了一个的"自我作古"全新的时代，其标志就是创造了我国历史上特有的"则天文字"。

则天文字或称则天新字，也称武后新字，是武则天所首创的汉字的总称，在今天看来属于异体字范畴。按照汉字的6种构造条例

"六书"来划分，这些字都属于象形和会意字。

由于武则天的影响力，则天文字不但在我国本土流传了15年，还有部分则天文字传到日本、韩国，甚至成为某些日本人的人名用字。

虽然如今的则天文字已成为死文字，除文史研究外，日常生活中已不再使用，但仍然保存了下来而没有消失。

由于武则天对历史做出过巨大贡献，后人有许多关于她的纪念活动，其中山西文水建的则天庙，就是祭祀武则天的重要场所之一。

这里需要说明的是，由于历史文献对于武则天出生地记载的不统一，造成了武则天出生在不同地区的历史困惑。关于她的出生地主要有3处不同的说法。

一是四川广元说。其主要依据是皇泽寺的《广政碑》，此碑是考证武则天出生于利州即广元的重要证

六书 汉字造字方法。汉代学者把汉字的构成和使用方式归纳成6种类型，即象形、指事、会意、形声、转注、假借，总称六书。六书说是最早的关于汉字构造的系统理论。六书是后来的人把汉字分析而归纳出来的系统。有了六书系统以后，人们再造新字时，都以该系统为依据。

武则天故事——月冷灯孤

据，表明武则天是在其父武士彟任利州都督期间，武则天生于广元。同时，广元民间传说正月二十三为武则天生日，因而有法定的每年9月1日为"广元女儿节"，以此纪念武则天的诞生。

二是山西文水说。山西文水是武则天父亲武士彟的祖籍所在，而我国人历来有认祖归宗的籍贯情结，所以在文水建有祭祀武则天的则天庙。另外，依据正统史书《旧唐书》《新唐书》《资治通鉴》上面的记载，这3种我国历史上的重要文献几乎口径统一地记载着武则天为"并州文水人"。并州为山西太原的古称。

三是陕西长安说。陕西长安为唐王朝国都，武则天的父亲武士彟作为为建立李唐王朝立下了汗马功劳的一介木材商人，唐开国后被封为工部尚书等职。所以"武则天出生在陕西长安"就成了众多历史学者认定的有力证据。

其实，在我国各地为历史上杰出人物建庙立祠并不鲜见，所建祀庙祠堂大多以纪念其创下的丰功伟绩或名士风流之事迹，还有就是因其生于斯而建的纪念殿堂。先不管武则天出生在哪里，人们在山西文水建则天庙祭祀武则天确为事实。

则天庙位于山西文水县城北5千米处的南徐村北面，西傍吕梁山，东靠文峪河，是一处山清水秀的胜地。此庙于坐北向南，规模不大，轴线上从北到南有正殿、乐楼、雕像、山门；两翼建筑有偏殿、配殿、碑廊、鱼池、回音亭等30多间殿宇，占地面积约2.6万平方米。院内柳树成荫，花草遍地，以武则天的特定身份名扬天下。

则天庙始建在唐天宝年间的747年之前，清初改名为"水母庙"，或称"则天水母庙"，后来恢复了"则天皇后庙"的名称，现为"则天圣母庙"。

则天庙为何改名为"水母庙"？其中的一个说法是，宋代以后至明清执政者对武则天谩骂最甚，故官方把她的庙改掉以示贬责。

还有一种说法是武则天与水有关。南徐村附近有条小河称为泌水，是从武氏深井自流而成，千百年来

山门 意为寺院正面的楼门，是寺院的一般称呼。过去的寺院多居山林，故名"山门"。通常寺院为了避开市井尘俗而建于山林之间，因此称山号、设山门。山门一般有3个门，所以又称"三门"，象征三解脱门，也就是"空门""无相门""无作门"。

381

女皇祭祀

武后庙

■ 则天圣母庙

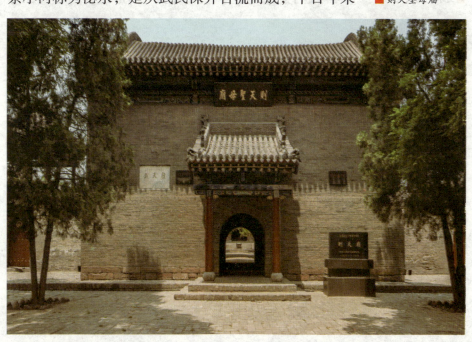

方士 即方术士，或称为有方之士，用现在的话说，就是古代的科学家。一般简称为方士或术士，后来则叫作道士。道士之称始于汉代，《汉书·五行志》中说："道士始去，兹为伤。"是东汉以来，始将方士叫作道士。晋代以后，方士之称渐不通行，而道士之称大著。

浇灌农田数百顷，造福一方。因此，人们把这一井泉称为神福泉，认为是则天圣母赐给家乡的福水，所以改则天庙为水母庙，或称"则天水母庙"。

相传，则天庙原计划建于泌水源头，正当人们作好地基立起梁架时，一夜大风，把全部木架刮到村子西北。村里人见此情景惊恐万状，知县看后也百思不得其解。正在疑惑之时，走来一位鹤发童颜的方士，他说："神皇一朝天，修庙该占乾。"在场人等如梦方醒，于是决定斋戒三日，并正当乾位就地建庙，即则天庙现址。

保存下来的则天庙正殿为金代皇统年间1145年的建筑，但在殿内与顶部仍保存了一对唐代金柱与部分唐瓦唐砖。正殿是庙内建筑群的中心，面阔3间，进深3间，单檐歇山顶。

殿内梁架建造中，采用了三角形组合与杠杆原理

■文水则天庙庙门

分散了顶部对大梁的压力，故大梁跨度很大，经数百年承受压力而未见弯曲，整座建筑被专家评为唐宋建筑中的杰作。

则天庙正殿在营造法式上采用减柱造，殿内只有两根柱子巧妙地用在神龛后侧，梁架、斗拱以及檐下门窗、门墩石雕等，全为金代原制，使大殿显得宽敞舒适。顶部坡度平缓，出格较大，保存了唐代建筑的风格。板门上部"金皇统五年"刻字尚存，是殿宇建成年代。

正殿内神龛属宋金时代的构件。前部斗拱制作华美，神龛上方有一条悬塑走龙。它头小颈细，举步向前，回头顾后，造型生动优美，正是武则天以女人身份登基称帝的典型象征。

在八卦中，乾为天，坤为地。将其推演于家庭之中，则父为乾，母为坤。武则天称帝为真龙天子，但她又是个母亲，位占坤地，所以这里塑的是一条在地上行走的真龙。

武则天彩塑像头戴金色凤冠，身穿云纹霞帔，怀抱如意，端坐龛中。宽额广颐，面目慈祥，一副含蓄的表情，像在与民同乐。

则天庙舞台是一座卷棚顶式的明清建筑。在舞台内壁上保存了清代后期戏剧演出题记71条。这些题记出自演员之手，字迹潦草，章法也差，但却真实反映了晚清这一地区戏剧活动的真实面貌。

从这些题记中可以知道，当时在山西中部的汾阳、祁县、太谷、平遥、清源、文水、介休、孝义8县中，至少有34个戏剧团体，演出剧目最少有71个。这些题记是研究地方戏剧史的珍贵资料。

舞台南面正对山门的是武则天雕像。该雕像取中年女政治家的身态，不穿衮袍，不戴冕冠，凤冠与龙钗都是缩小了比例的象征性头饰，以显露其面部与体态美，总高5米，台高4米，台基边长9.9米。

除此之外，庙内还有武则天的政绩陈列、武则天家族的史料陈列，以及与武则天有关的名胜古迹陈列。在这里，人们不仅可以看到一个时代杰出女政治家的不朽业绩，还可以看到她留下的文化遗产，弥足珍贵。

阅读链接

唐高宗驾崩后，作为才人，武则天居感业寺为尼。在感业寺，武则天写下了一首情诗《如意娘》："看朱成碧思纷纷，憔悴支离为忆君。不信比来常下泪，开箱验取石榴裙。"这首诗写得情真意切，表达了武则天对唐高宗的情思。

武则天和唐高宗是真心相爱，很有感情的。他们既是夫妻，也是政治伙伴，甚至一开始，他们就准备死后葬在一起。在唐高宗驾崩后，武则天写的祭文情真意切，要求一定要和唐高宗合葬。他们的墓是按照合葬墓的规格建造的。从爱情的角度来看，《如意娘》这首诗是武则天的真情告白。

包公祠

包公即包拯，曾以龙图阁直学士权知开封府，因不畏权贵，不徇私情，清正廉洁，当时流传有"关节不到，有阎罗包老"的赞誉。包公一生清正廉洁，刚正不阿，一直是老百姓心目中崇高的清官形象。政治清明时，人们固然怀念他；世道衰败时，老百姓更加怀念他。

包拯是我国老百姓心中的青天，从南到北，在全国许多地方都怀念包公，历代文人还写了不少颂扬包拯的诗词，用诗歌来歌颂他的刚正不阿和清正廉明，表达对他的景仰之情。虽然世事变幻不定，然而，人们对于包公的怀念却是永远的。

古都开封城内的包公祠

在我国大宋王朝的第40个年头，安徽合肥一家包姓名门望族诞生了一个胖小子，是全家盼星星盼月亮才盼来的一脉单传，名为包拯。作为独生子，父母对他宠爱备至，他的童年幸福得像花儿一样。

开封包公祠内包公蜡像

包公祠内包公办案蜡像

　　包拯自幼接受良好的儒家教育，逐渐成长为一名有志青年。在求取功名的道路上，他在19岁那年中了进士甲科，被任命为大理评事、建昌县知县，后来奉调入京任开封府尹。

　　在当时，平民告状都得先通过门牌司才能上交案件，时常被小吏讹诈。包拯一上任就改革诉讼制度，处置恶吏，裁撤了门牌司，为百姓大开方便之门。

　　在开封府任期，包拯不仅断案英明，而且还是一个实干家。不到两年，就被任命为三司使，负责全国经济工作。在经济改革方面，他展现出了过人的天赋，比如改"科率"为"和市"，即朝廷按照公平价格购买农民要缴的上供物资。他还免除部分地区"折变"，即废除农民将粮食变成现钱纳税的规定等措施。由于开展经济工作卓有成效，两年后，包拯被提拔为枢密副使。

　　儒家　又称"儒学""儒家学说"，是我国历史上最有影响的学派。作为华夏固有价值系统的一种表现，儒家并非通常意义上的学术或学派，它是中华法系的法理基础。儒家最初指冠婚丧祭时的司仪，自春秋起指由孔子创立后逐步发展以仁为核心的思想体系。

■ 包公祠照壁

然而，这时的包拯已经是63岁的老人。宋仁宗时代相对和平，枢密副使这个职务也许是皇帝对忠心耿耿的包拯的一种荣誉回报。

一年之后，包拯病逝，首都开封的老百姓莫不悲痛，皇帝亲自到包家吊唁，并宣布停朝一天以示哀悼。当宋仁宗看到包家如此俭朴，又听闻他"居家俭约，衣服器用饮食如初宦时"，不禁感慨万分。北宋著名政治家、文学家、史学家欧阳修曾说，包拯"少有孝行，闻于乡里；晚有直节，著在朝廷"，这个评价是准确的。

包拯纯朴平实、刚直不阿、疾恶如仇、爱民如子，同时他不苟言笑、太过较真、不会处世、人缘不好。然而，他却成为了我国历史上无人企及的崇高与正义的化身，一个至忠至正、至刚至纯的清官标志与忠臣样本，一个被历朝官方推向神坛，又被历代老百姓奉为神明的"包青天"。

人们永远怀念包拯，在我国的文学作品和民间相传的故事当中，衍生出了很多关于他的故事。如在我国戏曲史上，没有一位官吏能够像包拯那样，可以如此频繁地出现在历代的戏剧舞台上，久演不衰，并且成为一类非常独特的戏剧通称，即"包公戏"。

戏剧中的包公，并不等同于历史上的真实人物包拯，而是改编自文学包公的带着某种理想化的包公形象。包公既是一位清正廉明、铁面无私、心智过人、执法如山的清官，又是一个半神半凡的超人。

除了戏剧形象外，自金、元以来，开封就建有包公祠，以纪念这位先贤。包拯在开封府时，倒坐甫衙开封府，抑强扶弱、铁面无私，为百姓伸张正义，成就了一个古今中外、妇孺皆知的美名包青天。

开封包公祠是目前国内外规模最大、资料最全、影响最广的专业纪念包公的场所。它坐落在开封城内碧波荡漾、风景如画的包公湖西畔，是一组典型的仿宋风格的古典建筑群。气势宏伟，凝重典雅。

包公祠占地1公顷，为白墙青瓦构筑的封闭式三合院组成，祠内主

■包公祠二门

墓志铭 一种悼念性的文体，是古代文体的一种。通常分为两部分：第一部分是序文，记叙死者世系、名字、爵位及生平事迹等称为"志"；后一部分是"铭"，多用韵文，表示对死者的悼念和赞颂。

要建筑有大门、二门、照壁、碑亭、二殿、回廊、大殿、东西配殿。

进入大殿内，高3米多、重达2.5吨的包公铜像引人注目，只见他蟒袍冠带，正襟危坐，一手扶椅，一手握拳，仿佛要拍案而起，一身凛然正气，是集历史性、思想性、艺术性于一体的包公写照。两旁陈列着反映包公真实生平和清德美政的历史文物与典籍。

二殿展有包公的《出仕明志诗》《开封府题名纪碑》《包公家训》《包公书法手迹》《墓志铭》等。包公在《出仕明志诗》中开篇写道：

清心为治本，直道是身谋。

此语开宗明义，使一个大义凛然、正气冲天的包公形象跃然纸上。包公家训也是二殿中的重要内容。包公晚年在家训中写道：

■ 包公祠二殿

■ 包公祠碑亭

后世子孙仕宦有犯赃滥者，不得放归本家，亡殁之后，不得葬于大茔之中。不从吾志，非吾子孙。

这更充分反映出包公疾恶如仇、清廉传家的高贵品质。

开封包公祠原有一通《开封府题名记》碑，现存于开封市博物馆，碑高214厘米，宽96厘米，厚24厘米。碑上刻有北宋开国以来，共146年、183任开封府尹的姓名和上任年月。

北宋时期，各级官厅亦各立本厅历任官员题名碑，这是个简单的流水账，记的就是官员姓名官职到任和离任日期。这种"流水账"，西晋时就已经出现，到了北宋，更为盛行。

北宋著名政治家司马光在《谏院题名记》中说，这样做可使后人"历指其名而议之，曰某也忠，某也诈，某也直，某也回"，对官员是一种警诫。对贪渎者，老百姓指着名字大骂像被人戳脊梁骨，有点廉耻的人都不会好过。对尽责者，老百姓的指名褒奖也是道德教化的一种。

■包公祠内包公断案
蜡像

王恽（1228—
1304），字仲谋，
号秋涧。元代著
名学者、诗人、
政治家，一生仕
宦，刚直不阿，
清贫守职，好学
善文。是元世祖
忽必烈、元裕宗
皇太子真金和元
成宗铁木真三朝
谏臣。代表作有
《赞颂题名碑》、
越调平湖乐、双
调沉醉东风及
《秋涧先生大全
文集》100卷。

《开封府题名记》碑显然实现了一定的道德教化
作用。据文献记载，北宋时包公备受敬仰，男女老少
皆知其名。南宋时，他在碑上的名字被仰慕者触摸得
"指痕甚深"。历经元明清民国，指痕更深，变成
"小坑"，名字不存。包公名不在碑而有口皆碑，民
心烛照，足以激发后代官吏之勤修德政。

元代诗人王恽赋诗赞曰：

拂拭残碑览德辉，千年包范见留题。
惊乌绕匝中庭柏，犹畏霜威不敢栖。

此诗颂扬包公和范仲淹的盛德和威名光耀千古，
把贪官污吏比作可恶的乌鸦，即使千百年后，见其碑
犹如见二公其人。

王恽看到石碑时，包公的名字还在，其正气"霜

威"，仍然能够震慑贪渎。直到今天，开封民间仍然有传说："如果你不是贪官，用手指触摸包拯的名字，手指就不会发黑。如果是贪官，触摸后手指就会黑。"

《开封府题名记》碑可补史料空缺和纠史谬误之处甚多，比如有很多人是正史无相关记载而在开封府任职者，石碑补充了以上史传的不足，是极有意义的。

此类文物在全国并不多见，是研究宋史、开封地方史志珍贵的实物资料。它不仅是开封市宝，在我国国宝级石刻中也应占有一定地位。

开封包公祠东西展殿则以图文并茂的形式，展示包公的传说逸闻、历史故事。特别是东殿的群组蜡像《铡美案》与真人大小一样，色彩鲜明、形神俱备、毫发毕现、栩栩如生，备受人们的赞扬。

开封包公祠集中全面地展示了包拯的高尚人格、清德美政、清廉家风及对后世的深远影响。欣赏之余，更使人加深了对包公那跨越时空的敬仰之情。

阅读链接

关于包拯断案的故事，后人演绎的成分较多。这些故事大都反映出人们对包拯这一重要历史人物的缅怀。

相传包拯快出生时，其母照常去附近的凤凰山割草。一天，包母感到肚痛，自知快要临产，急忙回家。哪知每走几步，肚子就痛一阵，每痛一次，就要蹲下一会儿。大约走了一里，痛了13次，蹲了13次。并且在蹲过的地方冒出包墩。这就是当地地名"一里十三包"的由来。

合肥大兴集的包公孝肃祠

　　相传宋仁宗皇帝封包公为龙图阁大学士的时候，还将半个庐州城赏赐给他，谁知包拯却说："臣做官是为国家和黎民百姓，不是为了请赏，所以我不要。"

　　宋仁宗听了暗暗称赞，但觉得一点不赏赐，心里过意不去，于是

■合肥包公孝肃祠大门

合肥包公孝肃祠
包公断案蜡像

就说："那就把包家门前那段人工河赏赐给你吧！"

包拯想，河不比田地，不好分，不好卖，富不了，也穷不尽，就谢恩接受了。说也奇怪，世上的藕，丝都很多，而且藕断丝连，可是包河里的藕，丝却很少，人们说：这是因为包公无私的缘故。于是人们也将这条河叫作包河了。

包拯病逝后，人们在1063年将之葬于合肥大兴集。为了怀念这位公正廉明的"青天"，人们就在这里修建了祀庙。到了明弘治年间的1488年，庐州知府宋鉴在祀庙东段的一个土墩上修建包公书院，故名为包公祠。土墩又叫"香花墩""包墩"，传说是包拯少年时读书的地方。《庐州府志》中称：

香花墩，在城东南门外濠中，是包公青少年读书处，本为公祠，蒲苇数重，鱼凫上下，长桥径渡，竹树阴翳。

龙图阁 宋代阁名，宋真宗纪念宋太宗的专门宫殿。收藏有宋太宗御书、御制文集、各种典籍、图画、宝瑞之物，以及宗正寺所进宗室名籍、谱牒等。北宋包拯曾任龙图阁直学士，故民间戏曲小说中以"包龙图"称之。

■ 包公孝肃祠的正堂

彩绘 在我国自古有之，被称为丹青。其常用于我国传统建筑上绘制的装饰画。我国建筑彩绘的运用和发明可以追溯到2000多年前的春秋时代。它自隋唐期间开始大范围运用，到了清朝进入鼎盛时期，清朝的建筑物大部分都覆盖了精美复杂的彩绘。

明朝弘治初年，庐州知府将原来岛上的小庙拆除，改建为"包公书院"，并称小岛为"香花墩"。到明嘉靖时期，书院得以重修，改名"包孝肃公祠"。包公孝肃祠占地1公顷，由大殿、二殿、东西配殿、半壁廊、碑亭组成。风格古朴，庄严肃穆。祠内陈展有丰富的文物史料。

包公孝肃祠两侧外廊门拱上刻有"廉顽""立懦"4个醒目大字，在"包孝肃公词"大匾下黑漆大门上，书有红底金字的对联，上联是"忠贤将相"，下联是"道德传家"。

包公孝肃祠的正堂，供奉着用檀香木雕刻的包公彩绘像。包公白面、长髯、儒雅、端庄，坐在神坛上，左立捧印文官，右立持剑武吏，案几上放着令箭、朱笔、虎头签、惊堂木等，仿佛升堂在即。令人颇感兴趣的是，这个包公并非黑脸，而是一个白面儒生、额头也没有日月阴阳眼，或许这才是包拯真实的尊容。

正堂内除了包公雕像，还有王朝、马汉、张龙、赵虎四大护卫的站立塑像。正上方悬挂的是李瀚章写的"色正芒寒"的横匾。左边是清乾隆年间庐州知府肖登山所题"节亮风清"的匾额，右边是光绪年间左锡旋所题"庐阳正气"的匾额。

还有摆在大堂一侧的3把铜铡：龙头铡、虎头铡、狗头铡，寒气逼人。

包公孝肃祠正殿之西的回澜轩，东、北临水，古时为官宦、文人避暑饮宴之处。回澜轩又名包公历史文化长廊，是游人了解真实包公的好去处。长廊里以瓯塑、碑刻、书画、刺绣、彩绘木雕等多种工艺集为一体，还有反映包公活动的壁画。向游人展示包公忠、孝、廉的一生。

包公孝肃祠西南之流芳亭，相传包公幼年时常来此读书，故建亭以为纪念。后来建筑物被毁，1981年重新仿建。

包公孝肃祠东南角的廉泉亭，亭中有井，亭内石壁上刻有清末举人李国苇根据传说写的《香花墩井亭记》。此记中说，曾经有一个太守喝了这里的泉水，头痛欲裂，原来他是个贪官；而几位举人饮了此

惊堂木 也叫醒木、界方、抚尺。一块长方形的硬木，有角有棱，使用者用中间的手指夹住，轻轻举起，然后在空中稍停，再急落直下。也是古时县官用它举起拍于桌上，起到震慑犯人的作用，有时也用来发泄，让堂下人等安静下来。

■ 包公孝肃祠廉泉

包公墓园大门

举人 指被荐举之人。汉代取士，无考试之法，朝廷令郡国守相荐举贤才，因以"举人"称所举之人。唐、宋时有进士科，凡应科目经有司贡举者，通谓之举人。至明、清时，则称乡试中试的人为举人，亦称为大会状、大春元。中了举人叫"发解""发达"。习惯上举人俗称为"老爷"，雅称则为孝廉。

水，顿觉水甜如蜜，原来他们都是好人。故此井名为"廉泉"。

此外，包公孝肃祠里还有"直道坊"和"清心亭"，此乃包拯《题郡斋壁》里的诗句："清心为治本，直道是身谋"，他认为清廉是治世的根本，正直是为人的准则。所以包公祠不仅是一个很有特色的游览胜地，又是寓教于游的好地方。

在包公孝肃祠内有一块引人注目的刻石，是人们在包拯墓中清理出来的"宋枢密副使赠礼部尚书孝肃包公墓铭"刻石。"赠"为人去世后的受封。原墓铭和3000字的墓志碑现都存于安徽省博物馆。这块墓铭较《宋史·包拯传》更为详细地叙述了包拯的一生，可以起到补史的作用，极为珍贵。

墓铭中记叙了包拯好几件铁面无私、刚直不阿的事迹，其中有这样两件，说包拯在其家乡任庐州知府时，性情峭直，"故人、亲党皆绝之"。

在当时，包拯的一位亲戚犯了法，被人告到府里，包拯铁面无私，依法处置，打他一顿大板；张尧佐是宋仁宗的宠妃张贵妃的叔父，无德无能，仅凭亲戚关系，宋仁宗一次就授予他4个军政要职。

针对宋仁宗的任人唯亲，包拯专门上了一篇《请绝内降》的奏疏。以后他又接连上奏疏数道，认为这是"兆乱"之举，进而阐述"大恩不可以频假，群心不可以因违"的道理。

由于包拯的据理力谏，终于使宋仁宗"感其忠恳"，不得不削去张尧佐的两个要职。

包公孝肃祠与包孝肃公墓园相连。包孝肃公墓园位于合肥旧城墙外侧包河南畔林区，园内面积1200平方米，墓园内迁安了包拯及其夫人、子孙的遗骨。

包拯曾言，"后世子孙仕宦有犯赃者，不得放归本家，死不得葬大茔中"，因此就有了所有"不肖子

■ 包公墓志铭

包公孝肃祠内的
包公家族墓园照壁

孙，不得入墓"的传说。

包孝肃公墓园格局别致，主副分明，方正严谨中富有变化。墓园的主体建筑和附属建筑堂、亭、室、阙，均以宋代二品官葬制设计，一砖一石一瓦完全符合宋代建筑质地与规格要求。

整座墓园四周还有院墙围护，园内各处皆有神道贯通，建筑群落随形就势，满园苍松翠柏，芳草如茵，古朴幽静。不少建筑上还有百余位书法名家书写的匾额、楹联装点，更增添了墓园的历史氛围和文化底蕴。

包孝肃公墓园由主墓区、碑廊、附墓区、地下墓室等组成。

穿过墓园大门，先映入眼帘的是大型照壁。照壁高4.2米，宽10.2米，上刻有"包孝肃公墓园"6个苍劲有力的楷书大字，是著名书法家方绍武书写。照壁的功能是石阙前的屏障，起隐蔽作用，同时也起到装饰性作用。这方照壁是安徽最大的照壁，其构造完全

石阙　石筑的阙。多立于宫庙陵墓之前，作铭记官爵、功绩或装饰用。式样和牌坊相似，只是没有横梁。阙有木制，也有石制，木制易朽，难于长久保存。

是按宋代官方颁布的建筑设计、施工的规范书《营造法式》建造而成的。

照壁的后面是子母双石阙。阙是古代宫殿、祠庙和陵墓肃穆处所的外部建筑，通常左右各一，也有在大阙旁建一小阙的称"子母双石阙"。

我国建阙的历史可追溯到春秋时期，初为城门，城墙到此而缺以作为门，所以称城阙。墓门建阙约始于西汉。我国的古阙虽然很多，但大都残缺不全。像包孝肃公墓园之内的子母双石阙，只有这一座。子母双石阙的母阙高6.4米，子阙高4.5米。

穿过神门，一条笔直的神道直达包拯墓冢。神道右边立有龟趺螭首神道碑。碑上撰写着包拯生平事迹，内容与墓志铭的内容基本相近。

神道右旁还立有石柱，名叫"望柱"，又称"华表""和表""桓表"和"诽谤之木"。相传立柱之习

华表 我国传统的建筑形式之一，是我国古代宫殿、宗庙、陵墓等大型建筑物前面作为装饰用的一种巨大石柱，原为木制的高柱，其顶端用横木交叉成十字，似花朵状，起某种表识作用，故称之为华表。相传华表既有道路标志的作用，又有为过路行人留言的作用，在原始社会的尧舜时代就出现了。

■ 包公墓园照壁后面的子母双石阙

■ 包公墓神门

享堂 又称祠堂。安置祖之像牌以祭享之，墓上享堂、房屋等建筑是作为死者亲属祭祀先人和长期守孝居住之用，通常守孝要在墓上居住3年之久。这种丧葬形制在当时应比较普遍，但后世很难保存下来。

原是尧舜时竖立于交通要道的木牌，让人在上面写谏言之用的。后来改为石柱，上面刻有多种形状的花纹，并逐渐演变成设在桥梁、宫殿、城垣或陵墓等前作为标志和装饰用的大柱。

设在陵墓前的大柱又称为"墓表"，一般常见的均为石造，柱身雕有蟠龙纹饰，上为云板、蹲兽。包孝肃公墓园的这根望柱，北宋时期二品官就是位应享受的待遇，柱呈八楞形，高3.6米，柱身刻有缠枝牡丹，柱的上端是寿桃型光焰。

神道两旁各有石羊、石虎、石人一对，组成墓前石刻群，名为"石像生"。墓前石刻群既是一个朝代的艺术型制，又表现了一个朝代的政体特征。包拯墓前的石刻群是按照北宋陵寝墓前石刻形制刻制的，其数量、品种则沿用唐制，显示墓主是三品以上官员。

登上几级石阶，迎面是包拯的享堂。享堂是包公墓园的重要建筑，专供祭祀活动之用。享堂正门两侧的抱柱上有一楹联为：

> 正气慑王侯，铡恶除奸传万世；
> 遗风昭日月，蜀山淝水庆重光。

联中"蜀山"指合肥西郊风景秀丽的大蜀山，"淝水"指穿城而过的淝河，从"正气"和"遗风"两个方面颂扬包拯的政绩和品德。

首句中的一个"慑"字，写出了包拯的明察善断，执法如山及对王侯的威慑作用。尾句中的一个"庆"字，点出了人们因怀念包拯而建墓园的欣慰之情，希望包拯的"遗风"得以发扬光大。

享堂正门前也有一副楹联：

> 廉吏可为来者是式；
> 故乡更美公乎其归。

包公孝肃祠内享堂外景

孙叔敖（约前630—前593），名敖，字孙叔，春秋时期政治家。他辅佐楚庄王施教于民，政绩赫然，使农商并举，文化繁荣，翘楚中华。因其出色的治水、治国、军事才能，后官拜令尹辅佐庄王独霸南方，楚国成为"春秋五霸"之一。

上联"廉吏可为"是用典。春秋战国时，楚国有个名为孙叔敖的令尹，他辅助楚王称雄，政绩卓著，赢得楚国百姓的赞颂。

包拯去世后没有给他的后人留下什么财富，致使他的后人过着贫穷困苦的生活，被史籍称为天下第一清官。而和孙叔敖同时期的一些赃官、贪官，他们死后却给自己的后人留下了大笔财产，使他们继续过着锦衣玉食的生活。两者之间，对照鲜明，因而社会舆论感叹道"廉吏不可为"。作者在此反其意而用之：包拯名传后世，光耀史册，所以"廉吏可为"。"来者是式"意思是后来人应当以包拯为楷模。

下联意思是包拯逝世近千年了，他病逝外乡，归葬故里，"公乎其归"既表现包拯对故乡的眷恋，也表现故乡人们对包拯的深情。

享堂飞檐翘角，灰瓦彤柱，高约10米，是一座木结构九脊5开间的宋代建筑风格的殿宇。殿内，20樽

■ 包公孝肃祠内享堂

凿花文饰的柱基上，耸立着20根丹红国漆大柱，撑起椽梁昂枋，使大殿显得气宇轩昂，宏伟壮观。

享堂中央高支神龛，放置着包拯神位。神位前的供桌上设有香台，供瞻仰、祭祀者进香叩拜。神龛上方悬匾3块，中间的匾额上写的是"为政者师"，是清代人王均撰写，当代著名书法家刘炳森所书，左侧为"正气凛然"，右侧为"清正廉明"。

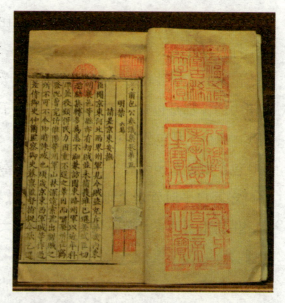

■ 古籍《孝肃包公奏议集》

享堂神龛两端的巨柱上悬一副长联：

十五卷谠论排闾，江河不废仰止高山，正道自千秋，宇宙声名尊孝肃；
九百年明德在世，人物凛然长留生气，凌云应一笑，岁时乡国荐芳馨。

楹联上写"论"，下写"德"，对包拯的一生，做出了极高的评价。皇上念他的功勋，在包拯去世以后就照顾他的子女在朝为官，后来又赐了一位"恩生"，负责管理包公祠、包公墓和有关文物、文史资料，接待来访客人。

"恩生"是世袭的，本人临终前，一定要按照立嫡、立长、立贤的原则确定好继承人。他是一族之

进香 在道教和佛教中，把向神或佛烧香称为进香。这是对诸佛菩萨，还有众天神的重要供养方式。所进的香分两种，一种是实体的香，另一种是心香，就是修炼的决心。

长，大家都听他的。过去的"恩生"都住在香花墩上包公祠的旁边，便于打扫包公祠。

包家的人叫香花墩为"包墩"。包墩是包家的圣地，说是从包墩迁出去的，都是包家的子孙后代，包公子孙没有不知道包墩的。最后一代"恩生"是包公的35世孙包先海。

包孝肃公墓园旁有祭田数亩，"世奉免征"，由世袭的守冢户耕种。守冢户平时管理墓地，禁止牛羊放牧。清明时节，包公子孙扫墓，供应午餐两桌，鸡、鸭、鱼、肉八大盘，另加白酒和挂面，即当租课。

从北宋开始，每年春秋两季，都由庐州府学的校长和合肥的县长率领师生前往包孝肃公墓园祭扫包公墓。由于这项活动，集德育、智育、体育于一体，深受师生们的喜爱，便形成了一种惯例，经久不衰。即使发生元、明、清的多次改朝换代，这项活动也沿袭未改。

阅读链接

包公故事的丰富性，在通俗文学中可以说是独一无二的。其实宋之前著名的廉吏也有不少，就是在同时代的官僚中，包公的地位远不及富弼、韩琦、欧阳修、范仲淹、王安石等人显赫，但为什么包公被作为清官文学的代表在通俗文学中出现？

包拯不畏权贵，不徇私情，清正廉洁，百姓更喜欢直呼"包公"。平民呼唤包公，实际上是对黑暗现实的极度不满而导致的一种心理幻想，凝聚了专制社会下老百姓对于清官的期盼，和对社会公正的向往。

岳王庙

岳飞是我国历史上著名的军事家、战略家和民族英雄。北宋末年，岳飞投军，从1128年遇宗泽起到1141年为止的13年间，率领岳家军同金军进行了大小数百次战斗，所向披靡，"位至将相"。后来以"莫须有"的"谋反"罪名被害。宋孝宗时岳飞冤狱被平反，追谥"武穆"，后又追谥"忠武"，封鄂王。

为了纪念岳飞，我国许多地方都修筑了岳王庙，规模较大的有靖江、杭州、朱仙镇、安阳汤阴、宜丰等地的岳飞庙。这些庙宇，寄托了人们对民族英雄岳飞的深切缅怀之情。

最早的岳庙靖江岳王庙

那是在北宋末期的1103年，在相州汤阴县的一个普通农家，一位妇人即将临盆。相州即现在的河南安阳。相传这个孩子出生的这天，有大禽若鹄，飞鸣于室上，父母因此给他取名岳飞，字鹏举。

岳飞练箭壁画

■岳飞收复建康

　　岳飞少年时为人寡言，常负气节，喜读《左氏春秋》《孙吴兵法》等书。为了进一步探究书中的奥秘，岳飞拜师学习骑射和刀枪之法，练就了一身武艺，堪称"一县无敌"。

　　后来，岳飞投笔从戎。在军中，岳飞目睹了外敌入侵后家乡人们惨遭杀戮、奴役的情形，心中愤慨，意欲随军出征抗击外侵。

　　岳飞的母亲姚氏是一位深明大义的妇女，他看到儿子每天愁眉不展的样子，一下子就明白了儿子的心意，他积极勉励岳飞"从戎报国"，还在岳飞后背刺上"尽忠报国" 4个字为训。岳飞牢记母亲教诲，忍痛别过亲人，投身抗敌前线。

　　在军中，岳飞的勇敢和武艺很快就得到显露。为了更好地抵御外敌，岳飞组建了"岳家军"，并率领"岳家军"同敌军进行了大小数百次战斗，所向披

《左氏春秋》
即《春秋左氏传》简称《左传》，相传是春秋末年鲁国史官左丘明根据鲁国国史《春秋》编成，全书绝大部分属于春秋时的大事件，但全书的完成已经进入战国时期。这些都说明《左传》与《春秋》的密切关系。《左传》既是我国古代史学名著，也是文学名著。

■ 岳家军蜡像

靡，"位至将相"。

岳飞反对主和派秦桧等人的消极防御战略，主张黄河以北的抗敌义军和宋军互相配合，夹击敌军，以收复失地，夺取抗敌斗争的最终胜利。由于岳飞等人的坚决抵抗，金兵在无力攻灭南宋的情况下，准备与宋议和。南宋朝廷中的主和派乘机开始打压手握重兵的将领，尤其是坚决主张抗敌的岳飞和韩世忠二人。此时的金国将领金兀术更是惧怕岳飞，在给南宋大臣的书信中说"必杀岳飞，而后和可成"。

此时的宋高宗赵构，为保南宋朝廷能够偏安一隅，在一天内连发12道金牌，急诏岳飞回师。后来，岳飞以"莫须有"的"谋反"罪名，与长子岳云和部将张宪同时被害。

岳飞回师的消息传出时，中原的百姓们都对岳飞依依不舍，不忍他离去，同时还担心岳飞走后金兵再犯，让他们再一次陷入水深火热的境地当中，所以就想和岳飞一起离开中原。

岳飞爱民如子，不忍心拒绝他们的要求，于是就带着靖江的难民一同南下。当岳飞带着难民经过千里迢迢的艰苦跋涉，来到扬子江边的靖江时，他彻夜难眠，便起身踱出帐篷，借一弯冷月察看四方。

靖江原称马驮沙，又名骥江、骥渚、马洲、牧城，约成陆于三国时期。成陆前仅一孤山屹立江中，后因海潮逆江，泥沙沿孤山之麓积聚而成陆地。

岳飞见靖江一带负江阻海，襟越衔吴，确是一方要地；虽然荒草萋萋，却有山有水，宜粮宜桑，分明是大江怀中的一颗明珠。欣喜之下，心中已有盘算。

第二天，岳飞召集百姓，对大家说："你们不要南下了，就在这里落脚谋生吧。别看它眼下荒芜，将来定是鱼米之乡。我愿这里八百年无水灾，八百年无

张宪（？-1142），南宋抗金名将、民族英雄。岳飞最为倚重的将领之一，始终相随，以列校奋身，官至龙神卫四厢都指挥使、阆州观察使、高阳关路马步军副都总管。宋孝宗即位后，张宪冤狱得以昭雪，被追复为龙神卫四厢都指挥使、阆州观察使，赠宁远军承宣使。

重建的岳王庙

旱灾，八百年无兵灾！"

岳元帅的话鼓励了众百姓，从此，百姓们便在这里安家落户，繁衍生息。在这批避难的中原百姓中，朱、刘、陈、范、马、陆、郑、祁这8个大姓氏，就是靖江最早的居民。

岳飞要走了，老百姓紧紧相随，送了一程又送一程，一直送到了江边的一座桥头才不得不停住了脚步，这座桥后来被命名为"望岳桥"。

岳飞脱下了身上的白袍留给老百姓作留念，后来百姓为了怀念岳元帅，希望岳元帅长生不老，就建成了供奉白袍的白衣堂，再后来又建造了一座生祠。

早先的岳王庙始建于何年何月已无从考证，它既无镏金殿宇，也无巍峨楼阁，与民宅、田畴相依。庙外庄稼生长，庙内饭菜飘香，这多么像一幅经远的民俗风景画，寓示着岳元帅根植民众，又昭示靖江人知恩图报的淳朴品质。

庄严岳庙经历了近千年的风雨仍然不屈地屹立着，它屡毁又屡建，流传下来的弘毅园内的岳庙已是有史记载以来的第四次重建。

■重建的岳王庙碑廊

保存下来的岳庙为重建后的宋式建筑，从望月桥上看过去，整个岳庙就像一本厚实庄重的历史大书，等待着人们打开阅读。

推开岳庙大门，岳庙大殿直扑眼帘，庄严威武之气油然而生。大殿是岳庙的灵魂和中心。穿过绿树鲜花相拥的甬道，门厅前抱柱楹联历历在目。其中有一副对联出自岳飞的《满江红·怒发冲冠》：

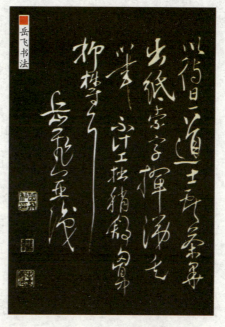

三十功名尘与土，八千里路云和月。

岳飞书法

意思是说，三十多年来虽已建立一些功名，但如同尘土微不足道；南北转战八千里，经过多少风云人生，表达了岳飞理想与现实发生尖锐激烈矛盾时的心情。

在大殿内，正中端坐着岳飞坐像，红缨帅盔，紫袍金甲，足履武靴，其神态英武逼人，但仔细端详，这英武神态中隐有一丝抹不去的苦思与忧戚，是决战前的凝神，还是对百姓前程的焦虑？

据说这是我国唯一带有忧戚神态的岳飞塑像，这忧戚使岳飞元帅更加真切、亲近，难怪靖江人们对岳元帅留下了如此鲜明的记忆，而这些记忆经历了这么多年的风雨没有褪色，这本身就是一个奇迹。

在岳飞坐像上方，匾额上是岳飞的手书"还我河山"，笔势虎虎生风，坐像背面就是那有名的《满江

满江红 词牌名。又名《上江虹》《念良游》《伤春曲》。宋以来始填此词调。其格调沉郁激昂，前人用以发抒怀抱，佳作颇多。传唱最广的是岳飞的《满江红·怒发冲冠》。词中"三十功名尘与土，八千里路云和月"及"莫等闲，白了少年头，空悲切"更是经典。

红》。坐像两侧是岳飞八裨将浮雕，岳云、牛皋等人栩栩如生，仿佛一直陪伴着岳元帅忧国忧民。

大殿的后殿为思岳轩，岳飞像碑位于正中，岳飞的朋友李纲和韩世忠手书的诗文石刻镶于外壁，回廊上岳飞手书的《前出师表》石刻铿然有声。再向前，"尽忠报国" 4块石碑历经战火居然没有湮灭，现在仍嵌在庙门两边的墙壁上，这正应合元帅磨灭不了的爱国情怀。

穿过思岳轩，可看到岳庙大门上有后人书写的"岳庙"两字。出岳庙大门再往南行，就走到了当年父老乡亲挥泪送别岳飞的道路上，马铃叮当，铁甲摩擦的声音犹在耳边回荡。

岳元帅回临安后被以"莫须有"的罪名魂断风波亭。消息传到当时名为马驮沙的靖江，人们又纷纷走上了昔日送别元帅的桥上，遥望江南，泪雨纷飞，于是"望岳桥"又改名为"思岳桥"。

靖江的岳庙原为生祠，建于岳飞在世之时。闻名遐迩的岳飞故乡河南汤阴的岳庙、杭州西湖的岳庙，均在岳飞离世后兴建，因此，靖江岳庙是天下最早的岳庙。

阅读链接

岳飞背上刺有"尽忠报国"，历史上确有其事。《宋史·岳飞传》有记载，当岳飞入狱之初，秦桧等密议让何铸审讯。岳飞义正词严，力陈抗金军功，爱国何罪之有？并当着何铸面"裂裳以背示铸，有'尽忠报国'四大字，深入肤里"。其浩然正气，令何铸汗颜词穷。"尽忠报国"为什么后来误传成了"精忠报国"？这很可能和宋高宗有关系。

岳飞在对抗金兵入侵的战斗中，立下了赫赫战功，为了表彰岳飞，当时的皇帝宋高宗御赐"精忠岳飞"4个字给岳飞，并做成了一面写有"精忠岳飞"的旗帜。以后凡是岳飞出征的时候，都会带上这面写有"精忠岳飞"的大旗。到了明清以后，"尽忠报国"就被人们传为了"精忠报国"。

寄托敬仰的杭州岳王庙

　　1121年，人们为了纪念心目中的英雄岳飞，在西湖西北角的湖畔上建立了一座寺庙，供奉香火，名为"褒忠衍福禅寺"。明代天顺年间，"褒忠衍福禅寺"改为"忠烈庙"，后来由于岳飞被追封为鄂王

杭州岳王庙牌區

■ 杭州岳王庙二门

而称"岳王庙"。

杭州西湖岳王庙历代迭经兴废,仅存的墓、庙为清代重建格局,大致分为忠烈庙、启忠祠、墓园3部分。

墓园坐西向东,忠烈祠和启忠祠坐北朝南。岳王庙大门,正对西湖五大水面之一的岳湖,墓庙与岳湖之间,高耸着"碧血丹心"石坊,寄托着炎黄子孙对爱国英雄岳飞的敬仰之情。

进入岳王庙,头门是一座二层重檐建筑,巍峨庄严,正中悬挂"岳王庙"3字竖匾。继而是一个天井院落,中间是一条青石铺成的甬道,两旁古木参天。

甬道长22.88米,直通忠烈祠大殿。两侧分别是东庑和西庑,东庑是祭祀烈文侯张宪的,西庑是祭祀辅文侯牛皋的,可惜都已移作他用了。

忠烈祠是岳王庙的主体建筑,有门楼、正殿各

天井 四面有房屋,或三面有房屋,另一面有围墙,或两面有房屋另两面有围墙时中间的空地。天井是南方房屋结构中的组成部分,一般设在单进或多进房屋中前后正间中间,两边为厢房包围,宽与正间同,进深与厢房等长。天井不同于院子,因其面积较小,光线被高屋围堵显得较暗,状如深井,故名。

一，配殿二。正殿为重檐歇山顶，殿前庭园空旷，古木萧森。正殿重檐间悬挂着一块"心昭天日"横匾，大殿正门两侧和内廊柱上，镌刻着许多楹联，表达了后世人们对爱国英雄岳飞的无比爱戴，以及对昏君和奸佞的无限愤怒。

正殿约400平方米，殿内正面是岳飞的坐像，高4.54米。只见岳飞头戴红缨帅盔，身着紫色蟒袍，臂露金甲，足登武靴，右手握拳，左手按剑，双目正视，态度严正，英气勃勃，斗志昂扬，令人肃然起敬。岳飞生前是无资格穿蟒袍的，因后封鄂王，所以身着蟒袍。

在坐像上端，悬挂着岳飞手书"还我河山"四字横匾，它是这位民族英雄毕生为之奋斗的目标。此时此刻，不禁令人想起当年岳飞和他高吟《满江红》的英雄气概。在"还我河山"横匾的左右两边各悬一块"碧血丹心"与"浩气长存"横匾，全部是岳飞的手迹。

大殿后面的墙上绘有后世创作的8幅大型彩色壁画，忠实地记录了这位民族英雄气壮山河的一生。

第一幅是《勤奋学习》，描绘了岳飞自幼好

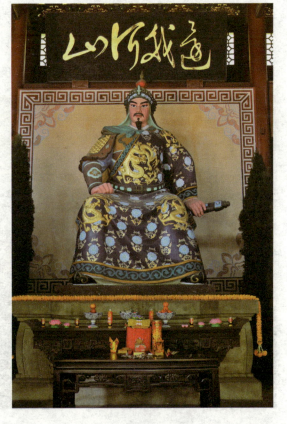

■ 杭州岳王庙正殿岳飞塑像

《孙子兵法》
又称《孙武兵法》《吴孙子兵法》《孙子兵书》及《孙武兵书》等，是我国最早的兵书，也是世界上最早的军事著作，被誉为"兵学圣典"。《孙子兵法》共有6000字左右，一共13篇，36计。是我国优秀传统文化的重要组成部分。

学，喜读《孙子兵法》等书，爱听历史英雄人物故事，少年时就能拉开300多宋斤的强弓。他先向陈广习武，后跟周侗学射，练就了奋勇杀敌的本领。

第二幅是《岳母刺字》，描绘了岳飞早年丧父，全仗母亲抚育。靖康之变，金兵入侵，徽钦二帝被俘，北宋灭亡。岳母送子参军，临行前，岳母为了让岳飞牢记爱国家、爱人民，在岳飞背上刺下了"尽忠报国"4字。

第三幅是《收复建康》，描述了1129年冬，敌人大举南侵，岳飞率部移驻宜兴。第二年春，岳飞从宜兴出击迎战，连战连胜，斩敌数千，缴物万件，一举收复建康。

第四幅是《联结河朔》，描绘并向人们传达岳飞注重团结抗金力量的方针。1132年，岳飞制定了联结河朔忠义民兵共同抗金的方针，各路民兵先后投归，

■岳王庙大殿壁画

成了"岳家军"的骨干和主体，在抗金战场上发挥了重要作用。

第五幅是《还我河山》，讲的是1133年岳飞任江南西路舒蕲州制置使，从临安返江州途中，登高远眺，北望故土，激情满怀，无限感慨，写下了"还我河山"4字，抒发了驱逐金兵、收复失地的壮志。

第六幅是《郾城大捷》，描绘了1140年七月，金兀术调集精兵，以"拐子马"阵向郾城大举进攻。岳飞出城迎战，全军将士手持刀斧，冲入敌阵，上斩敌首，下砍马足，敌军大败，狼狈溃逃，"岳家军"乘胜追击，先锋部队直达朱仙镇，距汴京22.5千米。"岳家军"凯旋，百姓敲锣打鼓欢庆祝捷。

第七幅是《被迫班师》，画中描绘了在1140年岳飞北伐正取得重大胜利的时期，宋高宗赵构决定求和，与秦桧共同策划，一日内连下12道金牌，岳飞扼腕而泣，仰首悲叹"十年之功，毁于一旦"，被迫班师。归途中，中原父老遮道恸哭，拦师诉苦。

第八幅是《风波冤狱》，描绘宋高宗和秦桧在加紧求和的同时，阴谋陷害岳飞。他们收买叛徒，制造"谋反"证据，以"莫须有"之罪名，诬陷岳飞下狱，将岳飞陷害于临安大理寺狱中的风波亭，酿成了千古奇冤。

大殿顶上的天花板，绘有"百鹤图"。图中300余只姿态不同的白鹤，飞翔于苍松翠柏之中，象征着岳飞的浩然正气和坚贞的性格。

正殿西面有一组庭园，入口处有精忠柏亭，这个看上仅剩半个的亭子，民间有寓意南宋只有半壁江山之说。亭内陈列8段柏树的化石，据传是生长在风波亭畔的一株大柏树。

岳飞在风波亭被害后，这株柏树也跟着枯萎，变为化石，僵而不倒达600余年。后人把这些化石聚集起来，建亭陈列，让它永远陪伴着岳飞的忠魂。

其实，这几段化石并不是南宋古柏，是一种松柏科植物的化石，其年龄要比南宋古柏大得多，在1.2亿年以上，古生物学上称为"硅化木"。如果细心

空前绝后的帝陵臣庙

■ 杭州岳王庙岳飞
纪念馆

观察，还会发现柏树化石都没有树皮，显得十分光滑。这些柏树化石在后世还留有一段传说呢！

■ 杭州岳王庙百鹤图

相传太平天国起兵反清，攻入杭州后，不少士兵突然生起病来，由于请医无效，很快传染到全军。忠王李秀成十分着急，但又苦思无计，不觉伏案昏昏睡去。在蒙眬中，一阵阴风过后，只见案前站着一位头戴金盔、身穿白袍的威武将军，只说了"若要兵将身痊愈，请上风波取树皮"两句话，用力一推，李秀成惊醒过来。

李秀成回忆梦中的场景，立即派人往风波亭取来树皮熬药，众将士喝了以后果然药到病除。不久，清军也得了同样的病，争先恐后地取来树皮熬药，结果当然是越喝病越重了。所以，老百姓高兴地说："是岳老爷又显圣了。"这些都反映了人们对岳飞的仰慕之心和怀念之情。

李秀成（1823—1864），初名李以文。太平天国时期著名将领。天京变乱后，他被洪秀全封为"万古忠义"的忠王，他在太平天国后期衰弱的形势下，在军事上连连获胜，中兴了太平天国，李秀成也成为太平天国后期的顶梁柱。

■ 杭州岳庙启忠祠

忠烈庙西侧旧为启忠祠，祭祀岳飞父母及其五子岳云、岳雷、岳霖、岳震、岳霆，以及五媳玉女银瓶。

庭园南北各有一条碑廊，共陈列了碑石125方。北廊是岳飞手书的墨迹刻石、奏折、表章等，最为著名的是《满江红·怒发冲冠》词和岳飞录写的前、后《出师表》等。

南廊为历代名人凭吊岳飞诗词和岳庙历次重修的历史文献。其中明代书画家文徵明尖锐地指出宋高宗是谋杀岳飞的主谋人。

院落东面照壁上，有"尽忠报国"四个朱红大字，是明人洪珠所书。请注意这个国字恰恰少了一点，是当时南宋国土尚不完整，所以洪珠才故意漏写了这一点。另外，这"国"字也非错别字，它是我国书法艺术上一种为顾全言语字构架的常见写法。

奏折 清代官吏向皇帝奏事的文书，因其用折本缮写，故名"奏折"，也称为"折子"。其页数、行数、每行的字数，皆有固定格式和要求。它始用于清顺治年间，以后普遍采用，清康熙年间形成固定制度。至清亡废止，历时200余年。

庭园中间有一石桥，名为"精忠桥"，过精忠桥便是墓阙，造型古朴，是后来在重修时按南宋的建筑风格造的，墓阙边上有一口井，名"忠泉"。

进墓阙重门就是岳飞墓园，在忠烈祠的西侧，墓道两侧有石马石虎石羊各1对，石俑3对，正中便是岳飞墓，墓碑上刻着"宋岳鄂王墓"，左边是岳云墓，墓碑上刻着"宋继忠侯岳云墓"，两墓保持宋代的式样。

继忠侯是宋灵宗于南宋嘉定四年，即1211年追封的，恰逢岳云被害70周年。岳云是岳飞的长子，12岁随父参军，作战勇猛，数立奇功，勇冠三军，但是最终也和张宪一起被害杭州众安桥，年仅23岁。

墓道两旁陈列3对石刻翁仲和两组牺牲，这最早起源于周礼，说是要驱赶一种叫"方良"的动物，唯有种柏树和竖老虎才能达到目的。到了秦代有一位将军叫作阮翁仲，打仗所向无敌，人们为了借助他的勇猛用于守候墓地，所以墓地上才有了石翁仲。

民间还有种说法，马、羊、虎、狗分别表示忠、孝、节、义。岳

杭州岳王庙岳飞墓

飞具备前3项，但因为他曾镇压过农民起义，故岳飞墓前缺少代表义的狗，看来是千秋功罪自有后人评说，而实际上封建礼制历来有森严的封建等级制度，岳飞墓地的石人石兽是完全符合宋代仪规的。

墓前还有一对望柱，上刻有一副对联：

正邪自古同冰炭，毁誉于今判伪真。

墓阙下有4个铁铸人像，反剪双手，面墓而跪，即陷害岳飞的秦桧、王氏、张俊、万俟卨4人。

每年的3月24日岳飞诞辰这天，岳飞的后裔和附近的百姓就会聚集在岳王庙，共同缅怀先烈的英魂。

后来，岳氏后裔向杭州岳王庙捐赠一尊紫砂岳飞塑像，塑像采用宜兴丁山黄龙山紫砂研制而成，型体高75厘米，宽73厘米，厚29厘米，重达约100多千克，伴随着岳飞常守在西子湖畔。

岳飞抗金救国的功绩是永存的，尤其是岳飞的爱国主义精神将千秋万代流传下去。

阅读链接

岳飞是历史上有名的孝子。岳飞把母亲姚氏接到军营中后，唯恐侍奉不周，每晚处理好军务，便到母亲处问安。当母亲生病时，岳飞亲尝汤药，跪送榻前，连走路都微声屏气而行，生恐吵扰了母亲的休息。凡遇率军出征，必先嘱咐妻子李娃，好好侍奉母亲。

岳母病故时，岳飞与长子岳云赤足亲扶灵柩近千里，自鄂州归葬于江州庐山。岳飞认为："若内不能克事亲之道，外岂复有爱主之忠？"可见他的孝心。

河南开封朱仙镇的岳王庙

在我国南宋时期的1140年，屡建奇功的岳飞为了抵御敌军，率领"岳家军"北伐。宋高宗授岳飞为河南河北诸路招讨使，加太保衔，并告诉岳飞："卿在前方专心打仗，我不会干涉军务。"

"岳家军"很快到达河南郾城。岳飞率轻骑驻郾城，命令各将领分兵出击敌兵，诸将相继告捷。

敌军主帅是金兀术，他是金太祖完颜阿骨打的第四

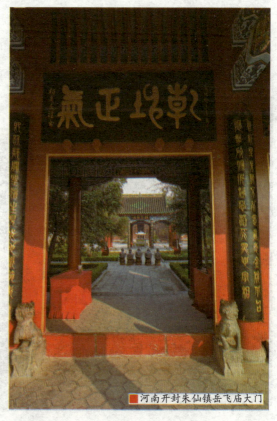

河南开封朱仙镇岳飞庙大门

拐子马 北宋时左右翼骑兵的名称。两拐子或东西拐子即左右翼的意思，见曾公亮《武经总要》前集卷七。南宋岳珂《鄂王行实编年》称金军铁骑，三马为联，贯以韦索，称"拐子马"。

子，名完颜宗弼，足智多谋，骁勇善战。这次他率军南下，本想一举灭掉南宋，谁知遇到"岳家军"，自己连吃败仗。金兀术与诸将商议，以大军进逼郾城，直接与岳飞决战。

南宋朝廷听到消息后非常害怕，要岳飞不要轻易出战。岳飞却看出了金兀术色厉内荏的本质，说："他们这次已经没办法了！"于是，命令士兵出战骂阵。金兀术被激怒了，指挥大军向"岳家军"冲来。

岳飞命其子岳云率骑兵冲入敌阵，并说："如不打胜仗，先将你斩首！"岳云是岳飞的养子，跟随岳飞南征北战多年，战斗中他手握两柄80宋斤重的大铁锤，身先士卒，奋勇杀敌，屡立战功。岳云领兵冲入敌阵，一败敌军。

金兀术手下有一支精锐部队，名叫"拐子马"。这些骑兵的战马都披着重重的铠甲，每3匹马用绳索

■ 河南开封朱仙镇岳飞庙五奸跪忠

河南开封朱仙镇岳飞庙正殿

相连，作战时横冲直撞，势不可当，宋军多次吃了"拐子马"的亏。

但岳飞对此早有研究，胸中自有对付"拐子马"的良策。他命士兵徒步冲入敌阵，不要抬头，只用刀砍马足，砍倒一匹马，与之相联的两匹马也动不了，笨重的铠甲和绳索反而成了累赘，这些"拐子马"很快失去战斗力，全军覆没。

金兀术见"拐子马"覆灭，忍不住痛哭流涕地说："自我起兵多年，全凭'拐子马'冲锋陷阵，战无不胜，这下全完了！"他又亲率军队前来复仇，岳飞奋勇当先，带领40骑冲入敌阵，再次大败敌军，金兀术只得败退而走。

郾城大捷以后，岳飞判断金兀术不甘失败，必定回兵向北攻打已占领颍昌的岳飞部将王贵，急命岳云率军火速奔赴颍昌支援王贵。岳云到了颍昌不久，金兀术果然到了那里，王贵与岳云合力迎战。

岳云率800骑兵冲在最前面，两翼的步兵从左右两边掩杀过去，一场血战过后，"岳家军"又获大胜，并杀死了金兀术的女婿夏金吾和副将粘罕索勃董，金兀术又大败逃走。岳飞领兵乘胜追击。

洪皓 (1088—1155)，饶州鄱阳人，是北宋著名的爱国重臣。在南宋任礼部尚书时，出使金国，被扣留在荒漠15年，坚贞不屈，艰苦备尝，全节而归，被誉为第二个苏武。归赠太师魏国公，卒谥"忠宣"，世传洪皓父子四人"一门三丞相四学士"，皆为正一品。

金兀术逃至离汴京45里的朱仙镇后，为了阻挡"岳家军"的追击，构筑了防守汴京的最后一道防线。

岳飞领兵赶到朱仙镇，不给金兀术以喘息的机会，派将领率北嵬军，即岳飞的亲兵部队向敌军冲。在这次战斗中，"岳家军"个个奋勇争先，大败敌军。正如《云麓漫钞》记载：

韩、岳兵尤精，常时于军中角其勇健者，别置亲随军，谓之背嵬，一入背嵬，诸军统制而下，与之亢礼，犒赏异常，勇健无比，凡有坚敌，遣背嵬军，无有不破者。

金兀术狼狈逃往汴京。郾城、颍昌、朱仙镇三战三捷，"岳家军"击溃了金兀术所率的军队主力，从此威名远扬、声威大震。

当时宋使洪皓在家书称："顺昌之败，岳帅之

■ 开封朱仙镇岳飞庙拜殿

■ 开封朱仙镇岳飞庙拜殿

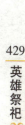

来，此间震恐。"宋高宗得知朱仙镇等大捷后，为了求和，竟然在一日之内连发12道金牌，诏令岳飞班师回朝。

岳飞精韬略，善运筹，博采众谋，团结民众，行师用兵善谋机变，作战指挥机智灵活，不拘常法，强调运用之妙，存乎一心。他严于治军，重视选将，信赏明罚，爱护士卒。其军以"冻死不拆屋，饿死不掳掠"著称，常能以少胜众，敌军叹称："撼山易，撼岳家军难！"

明成化年间的1470年9月，人们为了纪念岳飞，就在他生前最后一次战役的所在地，即朱仙镇建立起一座岳王庙。

朱仙镇岳王庙占地1.8万平方米，坐北朝南，外廊呈长方形，三进院落。经明、清两代的多次整修和重建，整个殿堂恢宏庄严，碑亭林立，刻绘塑铸丰富多彩。据《祥符县志》引明成化年间的碑记云：

集岳庙始建于鄂，再建杭，三建于汤阴，今建于梁城南之朱仙镇。在鄂者王开国地；王冤白时，已建于杭者王墓存焉；在汤阴者王田之邦；而朱仙镇者王之功于杭者王墓存焉；在汤阴者王者也。

朱仙镇岳飞庙曾吸引了于谦、清乾隆皇帝等历史名人到此祭奠并留墨。它与汤阴、武昌和杭州岳飞庙统称为"全国四大岳飞庙"，享誉中外。

朱仙镇岳飞庙原殿前有楹联曰：

若斯里朱仙不苑，知当日金牌北召，三字含冤，定击碎你这极恶滔天黑心宰相；

即比邻关圣犹生，见此间铁骑南旋，万民哭留，必保全我那尽忠报国赤胆将军。

朱仙镇岳王庙在后来还进行过多次修葺，已修复山门、门前照壁和"五奸跪忠"铸像。庙内以碑碣最为有名，有《道紫崖张先生北伐》《满江红·怒发冲冠》等碑，字体苍劲奔放，为碑中上品。

阅读链接

岳飞在军中一直都有"勇冠三军"的威名，相传岳飞可以"挽弓三百斤，弩八石，能左右射"。岳飞曾经在与敌人作战时，杀敌将黑风大王。

后来，敌人王善、曹成聚集兵马，号称50万，岳飞部下只有800人，手下士兵都十分害怕。这时岳飞却十分镇定，说："我给大家破了他。"然后左手拉着弓，右手拿着矛，冲击敌阵，结果王善部队大乱，岳飞乘势大败敌军。

岳飞家乡汤阴的岳王庙

岳飞出生于河南安阳汤阴，20岁从军，率军抗击金兵，六战六捷，让金兵心惊胆战。后来被投降派以"莫须有"的罪名杀害于杭州。家乡人民对岳飞寄予了无限的敬仰之情，就在安阳汤阴为岳飞建

汤阴岳王庙精忠坊

空前绝后的帝陵臣庙

■ 汤阴岳王庙正门

立了一座祠堂，称为"精忠庙"，也称"宋岳忠武王庙"，但是人们更喜欢将其称为"岳王庙"。

安阳汤阴岳王庙坐北朝南，外廊呈长方形。临街大门为精忠坊，是一座建造精美的木结构牌楼，斗拱形制九踩四昂重翘。

精忠坊之正中阳镌有明孝宗朱祐樘赐额"宋岳忠武王庙"。两侧"八"字墙上用青石碣分别阳刻"忠""孝"两个大字，为明万历年间彰德府推官张应登所题，字高1.8米，遒劲端庄，格外醒目。

穿过精忠坊，便见山门前并排跪着5个铁像，是秦桧、王氏、万俟卨、张俊和王俊。5个跪像铸于明正德年间，均是蓬首垢面，袒胸露脐，反缚双手，面目可憎。人们痛恨这5个背叛民族、陷害忠良的奸佞，将他们铸成铁像，长跪岳飞庙阶下，面皆朝北，与大殿中的岳飞塑像面面相对。

山门对面，5个跪像之后，是施全祠。施全祠明

推官 我国古代官名。唐代始置，于节度使、观察使、团练使、防御使、采访处置使下皆设一员，位次于判官、掌书记，掌推勾狱讼之事。宋时三司下各部每部设一员，主管各案公事；开封府所属设左、右厅，每厅设推官各一员，分日轮流审判案件。

柱上的楹联是：

<blockquote>
蓬头垢面跪阶前，想想当年宰相；
端冕垂旒临座上，看看今日将军。
</blockquote>

　　这副对联充分表达了人们的爱与恨、敬与憎。山门坐北朝南，3开间式建筑，两侧扇形壁镶嵌有滚龙戏水浮雕，门前一对石狮分居左右，古朴庄严。

　　山门檐下一排巨匾，上书"尽忠报国""浩然正气""庙食千秋"3块巨匾，是书法家舒同、楚图南、肖劳的手迹。明柱上嵌有魏巍撰写的楹联：

<blockquote>
存巍然正气；
壮故乡山河。
</blockquote>

　　施全祠面阔3间，内悬"宋义烈将军施全祠"横

宰相 我国古代最高行政长官的通称。"宰"的意思是主宰，商代时为管理家务和奴隶之官；周代有执掌国政的太宰，也有掌贵族家务的家宰、掌管一邑的邑宰，实已为官的通称。"相"，本为相礼之人，字义有"辅佐"之意。宰相连称，始见于《韩非子·显学》，但只有辽代以其为正式官名。

■汤阴岳王庙跪像

■ 汤阴岳王庙正殿

匾。后壁上镶嵌着"尽忠报国"4个1.6米见方的朱红石刻大字。

后来又铸施全铜像于内，施全身着铠甲，手举利剑，怒目握拳，对祠前秦桧等奸党呈镇压之势。施全像左侧，为宋义士隗顺像。

在山门内有道仪门，是1825年经过重修之后保存下来的。仪门有3拱，中门两侧置有抱鼓。仪门前两道高大的碑墙把这里辟为东西两个小院，这里古柏苍劲，碑碣林立，东有肃瞻亭，西有觐光亭。

院中各有亭子一座，东面曰"肃瞻"，西面曰"觐光"。在林立的碑刻中，有明清帝王谒庙诗篇，有明代重修扩建古庙胜迹的纪实，更多的是历代文人学士颂扬英雄的诗词歌赋。历代诗词歌赋石刻尚存近200块。

穿过御碑亭，便是岳庙的主体建筑正殿。该殿面阔5间18.30米，进深3间11.60米，斗拱形制为五踩重翘重昂，硬山式建筑，高10米。总体来看体态稳重，气势恢宏。

殿门楣上悬有5块巨匾，分别是"乃武乃文""故乡俎豆""忠灵示泯""百战精威""乾坤正气"。其中"百战神威"和"忠灵未泯"为清帝光绪和太后慈禧所题。

正殿中央为岳飞彩塑坐像，高丈余，英武魁伟，正气凛凛。岳飞塑像上方所嵌草书"还我河山"贴金匾额为岳飞所书，其字雄浑激昂，洋溢着岳飞对收复失地的壮志豪情。坐像两侧镶嵌中国人民解放军张爱萍将军题写的楹联：

朱仙镇血战丧敌胆，风波亭长恨遗千秋。

正殿的四周墙上，悬挂着许多著名书画家颂扬岳

■ 汤阴岳王庙碑亭

空前绝后的帝陵臣庙

岳云（1119—1142），字应祥，号会卿，是民族英雄岳飞的长子，是我国历史上少有的少年将军。1142年除夕和父亲岳飞及张宪一起惨遭杀害，年仅23岁。宋孝宗为岳飞父子平反昭雪，追授岳云为安远军承宣使、武康军节度使及安边将军等职，并追封为继忠侯。

飞的书画墨宝。大殿两侧的东西庑中，为岳飞史迹陈列室。

在正殿的西北隅，是岳飞生前的部将祠，祠中立有牛皋、杨再兴等岳飞的一批得力部将塑像，生动地再现了他们生前的英武形象。

张宪祠面阔3间，内塑张宪持枪戎装像，壁间陈列有张宪生平事迹简介和表现其"陈州大捷""陈词斥奸"的展板。

岳珂祠位于正殿东北隅，面阔3间。祠内有岳飞孙子、岳霖第三子岳珂塑像。壁间陈列有岳珂的著作部分章节、生平简介及展现其著书辩诬的展板。

五贤祠祠内有周同、宗泽、韩世忠及其夫人梁红玉、何铸的塑像，他们或师或友，都是岳飞一生经历中的重要人物。

在大殿的后院，是寝殿、岳云祠、四子祠、岳珂

■ 汤阴岳王庙正殿岳飞塑像

祠、孝娥祠、三代祠等。

寝殿面阔5间，进深两间。殿内原塑有岳飞和夫人李氏的塑像，在后来进行修复时，内增塑"岳母刺字"组塑而改为贤母祠。

贤母内四周壁间镶嵌有岳飞手书"出师表""满江红""墨庄""还我河山""宝刀歌"等碑刻及后人歌颂岳飞书法赞词的碑碣近70块。

寝殿上方悬有著名书法家商向前、沈鹏等题写的匾额和魏传统等的楹联，殿内陈列着著名的书法珍品《出师表》石刻，有刻石140余方。

在贤母祠前东庑是岳云祠，面阔3间。祠内有岳云手握双锤戎装披挂塑像。壁间有岳云生平事迹简介和反映岳云攻占随州，大战颍昌的展板陈列。

贤母祠西庑是四子祠，面阔3间。祠内有岳飞次子岳雷，三子岳霖，四子岳震，五子岳霆塑像，两侧

■ 汤阴岳王庙碑刻

岳珂（1183—1243年），字肃之，号亦斋，晚号倦翁，相州汤阴人。岳飞之孙，岳霖之子。南宋文学家。历光禄丞、司农寺主簿、军器监丞、司农寺丞。宋宁宗时，以奉议郎权发遣嘉兴军府兼管内劝农事，有惠政。自此家居嘉兴，住宅在金佗坊。

壁间挂有四子木刻像、简介及岳霖为父祖昭雪的记事。

贤母祠西北隅是孝娥祠，面阔3间。祠前有卷棚抱厦，祠内有岳飞之女孝娥蜡像。

孝娥原名岳银瓶，是岳飞的小女儿，性情刚烈，听闻父亲遇害之后，就想要奔赴朝廷进行申辩，但是因为受到阻碍而没有取得半点结果，于是抱着银瓶投井而死，人称"银瓶小姐"，又因其死于父难，后人称为"孝娥"。

三代祠位于岳飞庙的东北隅，是一独立庭院。主殿面阔3间，进深2间。祠内供奉岳飞曾祖父母、祖父母和父母三代的牌位。岳飞的曾祖父叫岳成，曾祖母杨氏；祖父叫岳立，祖母许氏；父亲叫岳和，母亲姚氏。

在我国乃至于全天下，岳飞都是一位彪炳千秋的民族英雄，他那同仇敌忾、"尽忠报国"的故事世代相传。而岳飞家乡汤阴的岳王庙，为世人展现了他重要的历史功绩。

阅读链接

岳飞虽是武将，但他文采横溢，有儒将风范。他的文才自不必说，数十首诗词足以说明。他爱好读书，书法颇佳，时人称"室有邺架""字尚苏体"。他还喜欢与士子文人交往，"往来皆高士"他是寂寞英雄，满腔抱负，无人赏识，"欲将心事付瑶琴"，却无奈，"知音少，弦断有谁听？"他写的《小重山》不似《满江红》那样豪情万丈，可却是借琴弦抒发着心中无言的呐喊。

岳飞的一生，为南宋抗金，浴血沙场，赤胆忠心，不为功名，只希望可以得遇明君，慰藉平生。

在我国的历史上，尤其是唐宋时期，出现了许多经天纬地的治世之才，他们为国家倾献了自己的全部才智和生命。这些名臣上定国策，下抚百姓，勤勤恳恳，尽职尽责，为世人做出了表率。

唐代伟大诗人白居易，忧国忧民，关心普通老百姓；唐代宰相李德裕，宋代宰相李纲、赵鼎及宋代大学士李光、胡铨，也都是心系民生的良臣；一生尽人臣之力事君的北宋三朝宰相韩琦；以天下为己任的政治家范仲淹；等等。他们都在人们的心中留下了不可磨灭的形象。人们怀念他们，为他们建立祠堂，世代祭拜他们。

名臣祭祀

名臣庙

坐落在重庆忠州的白公祠

那是在公元818年冬，唐代大诗人白居易被皇帝任命为忠州刺史。白居易脱去司马青衫，换上刺史红袍，但是心情却不高兴。因为即将任职的忠州是一个偏远而荒凉的地方，自然环境十分险恶。

白居易画像

为了改善忠州这片土地上老百姓的生活，白居易劝农民努力生产，并且重新制定纳税法，减轻徭役、刑罚，违法乱纪的人渐

刺史 我国古代官职名。汉武帝时始置，"刺"，检核问事之意。刺史巡行郡县，分全国为13部，各部置刺史1人，后通称刺史。刺史制度在西汉中后期得到进一步发展，对维护皇权、澄清吏治、促使昭宣中兴局面的形成起到了积极的作用。

渐变少了。

　　白居易勤政为民，以"救生民病"为己任。一天，他准备去城西的龙昌寺与清禅师探讨治郡之道，途中遇到一个年轻妇人抱着头破血流的孩子呼天抢地地痛哭，一个须发皆白的老者泪流满面地安慰着她。

　　白居易停下来问清缘由，原来老者带着女儿、外孙下山进城，外孙不小心跌落山崖身亡，当年这个地方已经摔死过好几个人。面对伤心欲绝的父女，白居易热泪盈眶、心如刀绞，摸出3两银子叫他们好好掩埋孩子。

　　道别之后，白居易立即打道回府，一连几天茶不思饭不想，决定为民开路。老百姓纷纷捐钱捐物，有钱出钱，有力出力。在修路期间，白居易经常带着府吏到工地指挥、设计、查看，而且还在龙昌寺前的巴子台上栽柳、种竹、种花。

　　俗话说："人心齐，泰山移。"几个月后，一条100多级的"天路"竣工了，这就是远近闻名的白公路。忠州城男女老少都来庆贺，吹吹打打好不热闹。

空前绝后的帝陵臣庙

■忠州白公祠牌楼

820年，朝廷一纸诏书，白居易被提前召回长安担任尚书司门员外郎。临走的时候，白居易恋恋不舍特地到开元寺上方台阁题诗留念：

二年留滞在江城，草树禽鱼尽有情。

回到长安后，白居易总是惦记着忠州，甚至梦游忠州。忠州人民崇敬他，把他同刘晏、陆贽、李吉甫并称为"四贤"，在宋代修建了四贤阁以作纪念。

白居易惦记忠州，忠州人民也世世代代没有忘记他，在他去世800多年之后，明代忠州知州马易从敬重白居易，他深知白居易在忠州为官时深受民众爱戴，遂倡议建祠祭祀。马易从在倡建白公祠的时候曾期望：

后之君子，从而恢拓之，与巴山蜀水共长也。

员外郎 我国古代官职之一，原指设于正额以外的郎官，有"定员外增置"之意。晋武帝始设员外散骑常侍，员外散骑侍郎，简称员外郎。明清时，此官职配置于朝廷或地方之辅助部门，品等为从五品。清亡后该职废除。

于是，忠州人们于1630年在城西巴台旁为他建造了一座祠堂，今天的人们把它叫作"白公祠"。白公祠于清道光年间的1830年进行了扩建。

扩建之后的白公祠分为两级台地，临江依山而建，气势恢宏，门前一坡两丈有余的磴道，左是参天大树，右为高耸的栈楼。

拾阶而上便是白公祠的大门，大门为三楼四柱3间牌楼，匾额横书"白公祠"3个大字，两侧有一副楹联：

> 遗泽被山川万民长忆贤刺史；
> 宏篇映日月百世同仰大诗人。

这副楹联道出了万民心声。大门左右一对雄狮，为大门平添了几分威严。

■ 忠州白公祠白居易塑像

进入大门，便见一半圆形莲池，满池绿水，生机盎然，与园中花草相映成趣，小小莲池，给白公祠平添几分景致。当年白居易在此游览之后挥笔写下了《龙昌寺荷池》：

> 冷碧新秋水，残红半破莲。
> 从来寥落意，不似此池边。

进入白公祠西尽头，是一片珍稀木莲树林。木莲树生长山谷间，巴民

■ 忠州白公祠内的华表

也称其为黄心树。大者高5丈，涉冬不凋，身如青杨，有白文，叶如桂，厚大无脊，花如莲香，四月初始开，自开至谢，仅20天，是白居易在忠州为官时最为钟情的树种。

在木莲树身上，白居易看到了自身命运的投影，因此题下3首绝句：

如折芙蓉栽旱地，似抛芍药挂高枝。
云埋水隔无人识，唯有南宾太守知。

红似胭脂腻如粉，伤心好物不须臾。
山中风起无时节，明日重来得在无。

已愁花落荒岩底，复恨根生乱石间。
几度欲移移不得，天教抛掷在深山。

白居易感叹美丽而哀愁的木莲树，类同自己的生命状态。"云埋水隔无人识""天教抛掷在深山"，道出了他当时的心态。

进入大门右拐为"白园"，门联为"浮云不系名居易，造化无为字乐天"，其巧妙地嵌入了"白居易"的名和号，此联是白居易逝世时唐宣宗为其所作挽诗中的两句。

白园内建有洗墨池，白公铜像，东西两侧用花墙隔开，地势东高西低。南面房舍依坡而建，为船楼建

444

绝句 又称截句、断句、绝诗，4句一首，短小精悍。是唐代流行起来的一种诗歌体裁，属于近体诗的一种形式。绝句分为律绝和古绝。律绝是律诗兴起以后才有的，要求平仄。古绝远在律诗出现以前就有了。

筑，其中白居易生平展览室陈列着白居易的谱系、生活纪年，到忠州为官时的各项政绩。

醉吟阁为四柱三层楼，到此可凭栏远眺，这是一座结构复杂的亭阁，16根圆柱承托1个主楼和4个门楼，可供游人进出登高望远。

亭阁正下方是唐代龙昌寺遗址，这里山势高耸，得月最先，俯望长江如玉带，对岸青山茂林，修竹历历，坐在顺势而建的长廊里，习习江风拂面，凉爽宜人。后来由于兴建水库，散建境内各处的"国宝"汉阙，全部搬迁放置在白公祠内。

汉阙是汉代存于世的唯一地面建筑，全国仅29座，忠县就有5座，占全国六分之一还多，真是名副其实的"汉阙之乡"。

经过阙园拾级而上，便可见因水库修建而搬迁复建于祠内的明、清古建筑关帝庙、老官庙、太保祠。这3座古建筑均是忠县规模较大、保存较为完好的祠庙建筑。为后人追溯忠县忠义文化和悠久的历史提供了一个寻踪平台。

阅读链接

白居易是唐朝著名大诗人，他的诗歌语言通俗平易、生动自然、朗朗上口。这是与他平易近人的人格紧密相连的。

白居易的邻居是一个上了年纪的老妇人，老妇人没有什么文化，但是白居易十分尊重她。白居易每天在家里不断地写诗，写好修改过后都会念给老妇人听，老妇人听不懂的地方或是嫌他的语言烦琐时就会说出来，白居易便拿回家继续修改，再念给她听，这样直到老妇人没有意见为止，所以，白居易的诗大多通俗易懂、深入人心。

有琼台胜景之称的五公祠

五公祠位于海南省海口市琼山区国兴街道海府路，是海南人民为纪念唐宋两代被朝廷贬至海南的5位历史名臣而修建的纪念性供舍。始建于明万历年间，清光绪年间的1889年，雷琼道台朱采主持重修，后又多次修缮，现仍是熠熠生辉。

五公祠供奉的5位历史名臣是：唐代名相李德裕，宋代宰相李纲、赵鼎，宋代大学士李光、胡铨。

朱采（1833—1901），字亮生，又字云亭，号冶仙，浙江嘉兴人，清末诗人，会武术，明弈理。1833年任山西汾州知府，累官广东雷琼道，在雷琼道台任上主持重修了五公祠。著有《清芬阁集》12卷。

海口五公祠里的李德裕塑像

他们万里投荒，不易其志，为海南岛的文化教育、经济的发展做出了不朽的贡献，所以海南人民历代建祠祭祀他们。

五公祠由观稼堂、学圃堂、五公精舍等组成，并和苏公祠、洞酌亭、粟泉亭、洗心轩、游仙洞、两伏波祠及其拜亭连成一片，占地面积6.6万平方米。

五公祠为楼阁歇山顶建筑，建筑风格有鲜明的海南地域特征，带有南洋建筑的痕迹，也深受岭南建筑的影响。是全面了解海南历史、政治、文化发展的名胜古迹，具有较高的艺术和历史价值。

五公祠正门悬挂着"五公祠"金字匾额，楼上挂有"海南第一楼"，落款署"光绪十五年嘉兴朱采"。两侧楹联写道：

唐嗟未造，宁恨偏安，天地几人才置诸海外；
道契前贤，教兴后学，乾坤有正气在斯楼中。

楼内大厅挂"安国危身"横匾，匾下供奉五公神位并展出五公史迹。楼内大厅圆柱挂两副楹联，分别是：

只知有国，不知有身，任凭千般折磨，益坚其志；
先其所忧，后其所乐，但愿群才奋起，莫负斯楼。

于东坡之外，有此五贤，自唐宋迄今，公道千秋垂定论；
处南首级中，别为一郡，望烟云所聚，天涯万里见孤忠。

这些楹联惊天地、泣鬼神，正气浩然，雄姿勃发，充分表达了五公的高风亮节和刚正不阿的品质及精神。

五公祠建筑物古色古香，庭院内卵石铺路，古木参天，名花夹道，香气扑鼻，素有"琼台胜景"之称。祠内五公石雕栩栩如生，满面思绪。

清代雷琼道台朱采也是个诗人，他当时修建五公祠时增建了学圃堂和五公精舍，目的在于兴办学堂，讲学明道，发展文化教育事业。据朱采撰写的《五公祠记》记载：

五公祠琼台胜境

右侧建学圃堂，聘海内硕儒讲学其中，又建横宅一连四间，名五公精舍，为学子研习之地，本道契五公，教兴后学之意。

后来琼州道尹朱为潮在《重

修五公祠记》记载：

五公祠学圃堂

> 五公精舍仿学海堂例，选全琼庠生，秀才三十名，研习经史词章之学，聘宁波郭晚香在学圃堂讲课。

朱为潮文中的"郭晚香"是浙江宁波人，晚清著名学者。朱采在增建学圃堂和五公精舍后，向当时任两广总督的张之洞推荐聘请郭晚香来海南讲学，郭晚香来琼时带来了8000多卷古版文献书籍，置于海南第一楼上，学圃堂就是郭晚香当时讲学的地方。

五公精舍和东斋分别是学生和老师的宿舍。两厢房均为素瓦红木建筑，典型明清风格。庭园内花木繁茂，四季凝荫，景色绚丽，环境幽静。

郭晚香病逝后，五公精舍称为藏书馆，珍藏着郭

两广总督 在清朝的正式官衔为"总督两广等处地方提督军务、粮饷兼巡抚事"，是清代封疆大臣中级别最高的，总管广东和广西两省的军民政务。两广设置总督在清代已成定制，总督作为封疆大吏的地位也已确立。

苏东坡（1037—1101），苏轼，字子瞻，又字和仲，号东坡居士。宋代文学最高成就的代表之一，"唐宋八大家"之一。其文汪洋恣肆，豪迈奔放，与韩愈并称"韩潮苏海"；其诗题材广阔，清新雄健，善用夸张比喻，独具风格，与黄庭坚并称"苏黄"。有《东坡七集》《东坡易传》《东坡乐府》等传世。

■ 五公祠观稼堂

晚香的遗书。后来历经洗劫，图书所剩无几。后来学圃堂和五公精舍被政府重新修缮一新，陈列着海南部分文物，有明代禁钟、黎族古代铜鼓、宣德炉等，学圃堂中还陈列有汉代以来的铜钟和铜鼓等古文物。

五公祠左侧是观稼堂，原名为观稼亭，据《琼山县志》记载：观稼亭建于明万历年间的1615年，是一座六角飞檐大亭。"观稼"二字，寓意为"观浮粟泉水旺盛，灌溉金穗千亩"之意。堂取此名，是为纪念苏东坡"指凿双泉"，造福桑梓乡里的丰功伟绩。

北宋绍圣年间的1097年，东坡被贬海南儋州。他在花甲之年偕小儿苏过从惠州起程到海口，借寓金粟庵。在金粟庵逗留期间，他发现当地百姓饮用河沟脏水，便实地勘察地下水源，并教导百姓凿井之法，并亲自"指凿双泉"，一泉曰"金粟"，一泉曰"浮粟"，现金粟已毁，浮粟犹在。浮粟泉水味甘洌，泉

■海口苏公祠

水常冒水泡浮在水面如粟，故名"浮粟泉"。

观稼亭在明末清初时被毁，1704年琼州知府贾堂深感观稼亭对教化当地百姓黎民、思忆先贤丰功伟业具有异常深远的意义，便在旧址重建。1834年又经扩建，形成当时海南最大的亭榭。据清人张育春撰写的《重修观稼亭记》记载：

> 亭前为平坂，旁泡清泉，有溪流一道，自东环流而西，两旁绮丽交错，阡陌纵横，士大夫游息于此，比之裴中立绿野堂，洵城北一名胜。

1889年，朱采在修建五公祠时，又重修了观稼亭，并改名为观稼堂。他在《五公祠记》中记载道：

> 五公祠左附观稼堂，循旧例藏琼崖历代名贤文物遗著。

自朱采重修五公祠后，观稼堂也就成为海南文人学子品茶赋诗与

■ 海口苏公祠内的
苏东坡塑像

进行学术交流的地方。

　　苏公祠与五公祠毗邻，祠内陈列一批苏东坡诗词碑刻，祠前有碑坊、拱桥、荷池、风亭。

　　苏公祠是为了纪念苏东坡而建的，他北返之后，海南学子经常在他曾借寓过的金粟庵饮酒赋诗，进行学术交流，怀念这位"一代文宗"，久之便把该处题名为"东坡读书处"。元代在此基础上开设"东坡书院"，大书法家赵孟頫为之题匾。

　　东坡书院几经变迁，至明初毁废，但遗迹尚存。明万历年间的1617年，琼州副使戴禧在原址重建，并改书院为"苏公祠"，奉祀苏东坡与其子苏过。

　　清顺治、乾隆年间，又对苏公祠进行了重修，清光绪时期，朱采在修建五公祠时对苏公祠进行了较大规模的整修，并增建山门等建筑，因而苏公祠基本上都是清光绪年间建修的规模。

赵孟頫（1254—1322），字子昂，号松雪，松雪道人，又号水精宫道人、鸥波，中年曾作孟頫。元代著名画家，"楷书四大家"之一。能诗善文，懂经济，工书法，精绘艺，擅金石，通律吕，解鉴赏。代表作品有《赤壁赋》《鹊华秋色图》等。

苏公祠山门口陈列的石雕是明代修建苏公祠时的原物，山门口悬挂明太祖朱元璋赞海南诗句"南溟奇甸"横匾。苏公祠正厅陈列着苏东坡及其子苏过和学生姜唐佐的牌位。大厅圆柱悬挂朱为潮所撰的楹联：

此地能开眼界；

何人可配眉山。

苏公祠的东面有琼园，园内有浮粟泉、粟泉亭，以及琼园中的洗心轩和游仙洞等名胜。清著名金石家汪垢为浮粟泉撰联"粟飞藻思；云散清襟"，并将之镌刻在旁边。后又有人在"浮粟泉"匾下增刻了"神龙"二字。

浮粟泉历经近千年沧桑，从不枯竭，不论大旱或大涝水位都保持现状不变。传说取水之人只要在井旁用脚一踩，井底下如源源不断地冒出水泡，那么来年一定会财源滚滚，生活蒸蒸日上。

在很早以前，海府地区的财主和商人每到除夕都会到此踏上几脚，祈求来年生意兴隆、财源广进，并雇用人力或牛车把该水拉回家饮用。后来经研究发现，该水属矿泉水，含有多种人体需要的矿物质。

苏东坡"指凿双泉"之后，琼州郡守陆公品饮浮粟泉水后，赞其泉水甘甜，便在井泉旁建亭。后来苏东坡遇赦北返，再借寓五公祠时，陆公品邀苏东坡为亭命名和赋诗。于是，苏东坡为此亭命名"洄酌亭"，并写了《洄酌亭诗并叙》，告诉人们不要仅

苏公祠内的浮粟泉

郡守 我国古代官名。郡的行政长官，始置于战国。战国各国在边地设郡，派官防守，官名为"守"。本系武职，后渐成为地方行政长官。秦统一后，实行郡、县两级地方行政区划制度，每郡置守，治理民政。

仅只是饮用这清泉，更重要的是要从中品出真味。

明代时洞酌亭被毁，清乾隆年间，琼州学使翁方纲在原址重建，清同治时期，郡守戴肇辰又整修该亭。洞酌亭基本上保留了清代修建时的风格。清代海南学者王国宪重刻的《洞酌亭诗并叙》陈列在五公祠碑廊里。

粟泉亭始建于1612年，在清代时被列为八景之一的"苏亭蘸翠"。粟泉亭历代有建修。

琼园是人们在扩建五公祠时增辟的一组园林古迹群，主要建筑有洗心轩与游仙洞。琼园两字取"南溟奇甸，琼台胜境"之意。洗心轩是一间亭榭式的古建筑，四周辟廊。正门走廊圆柱悬挂着清代琼州道尹朱为潮主持修建洗心轩时撰写的楹联：

■ 苏公祠内的粟泉亭

> 一水可曾将耳染；
> 纤尘绝无上心来。

这副楹联意义深远，它的来源包含着一个传说。据传朱为潮修建琼园时，应如何规划，同僚众说纷纭，莫衷一是，使他对此一时难以下定主意。

有一天，朱为潮亲率同僚到实地勘察地形，众官又为此争论不休，加上正是酷热的晌午时分，使得他烦躁不已。于是，

■ 苏公祠内的洗心轩

他走到浮粟泉边，叫随从取水止渴，并用泉水洗脸清热。

突然间朱为潮感到大脑豁然一亮，琼园的规划在大脑中已清晰成形。他便决定在琼园建一中心建筑，并命名为"洗心轩"，以此告诉后人，在心烦意乱的时候，到此游一游，喝上一口清心爽口的浮粟泉水，心中所有的烦恼与杂念将远离而去。洗心轩在后代又多次重建，但是基本上保留了原有的风格。

游仙洞是根据民间传说用海南火山岩垒砌而成的人工假山。据说宋朝年间有一道士，自幼出家修道，修炼多年，总不能成仙得道。

有一天，道士在梦中见到一神仙点化说：大海中有一神龟，在你垂暮之年访得此龟，并在其首坐化，定能成仙。醒后，道士苦思不解其意，便决定外出云游寻访。

道士苦经10多年，踏遍了东南沿海，总悟不到梦境

道士 信奉道教教义并修习道术的教徒的通称。道士作为道教文化的传播者，又以各种带有神秘色彩的方式，布道传教，为其宗教信仰尽职尽力，从而在社会生活中，也扮演着引人注目的角色。道士之称始于汉朝，当时义同方士。在道教典籍中，男道士也称乾道，女道士则相应地称坤道。黄冠专指男道士时，女道士则相应地称为女冠。

■ 苏公祠思贤

伏波将军 古代对将军个人能力的一种封号。"伏波"意为降伏波涛。汉武帝时，战事频仍，将军广置，第一位出任伏波将军的即汉武帝时候的路博德。历朝历代曾出现多位被授予伏波将军的人，最著名的伏波将军是东汉光武帝时的马援。

中的神龟。后来他来到雷州，听说苏东坡被贬在海南，便决定到岛上游一游，顺便结识和请教于这位大学者。

这天，当道士踏上这块神奇的荒岛时，顿然一悟，海南的地形正酷似他梦中的神龟，于是他便到儋州拜访苏东坡，请教龟首在何处。

经过几个月的交往，这位道士为苏东坡的博学所折服，而苏东坡也深被道士的精神与决心所感动，于是告诉他说：琼州地形似神龟，郡城琼山是龟首。道士便辞别了苏东坡来到琼山探访他梦中的龟首。

几经折磨，道士终于发现了五公祠正是他魂牵梦绕要找寻的地方，于是他便在游仙洞这地方结茅苦修。他的意志与决心感动了玉皇大帝，一天玉皇大帝派来了一位神仙把他引接到天界授予了神位。

因为这位道士是在此得道成仙，神游而去，为纪念这位道士坚韧不拔的意志，朱为潮便在此建起这座假山，并命名为"游仙洞"。

两伏波祠为纪念西汉的路博德、东汉的马援两位伏波将军而建，是海南较早的古迹之一。

海南最早建伏波庙是在宋代，位于城北3千米的龙岐村。明万历年间，琼州副使戴熹又在城西边的教场演武亭建"汉二伏波祠"。清代朱采在主持修建五公祠时，把汉二伏波祠迁建在五公祠内，并改名为"两伏波祠"，同时增建了拜亭，之后该祠有几次较大规模的重修。

　　路博德是我国汉代西河平周人，汉武帝元鼎年间，南越国发生内乱，并反叛汉王朝，汉武帝令路博德为伏波将军，领军出桂阳，下湟水，最后挫败越军，平定了南越的反叛。为加强汉王朝对南越的管理，路博德把其地设置了儋耳、珠崖、南海、苍梧、郁林、合浦、交趾、九真、日南9郡，其中儋耳、珠崖两郡就在海南的儋州与琼山。

　　路博德南征的意义和贡献是极其深远和重大的。南越的平定为边疆的稳定和经济的发展提供了良好的社会环境；9郡的设置，确定了我国南方的版图，使封建中央政权开始了对南疆的开发，促进了各民族之间的融合和发展。

　　马援是东汉开国功臣之一，我国历史上著名的军事家。他在汉光武帝刘秀统一天下之后，虽已年迈，但仍请缨东征西讨，西破羌人，南征交趾，北击乌桓，因功封新息侯。其"老当益壮""马革裹尸"的气概甚得后人的崇敬。

五公祠牌位

　　"两伏波祠"因山构筑，坐北向南，分3进，铜门、中厅、正殿按中轴线布局，经12级台阶及1个平台至祠门。祠高高耸立，居高临下，雄伟壮观。祠门匾额"伏波祠"3字，隶书，浑厚苍劲，由全国书法协会副主席、著名书法家刘炳森重新题写。石联"东西辅汉勋名著，前后登坛岭海遥"，是清光绪年间兵部侍郎吴应栓撰并书。

进入大门有一天井，两边有古碑廊，有明清时期重修的碑及诗碑。再登上5级台阶至中厅有新碑廊。将已佚的诗碑补上并雕刻现代名人题词。从中厅又经一小天井进入正殿，正殿硬山顶，面宽进深各3间，抬梁与穿斗混合梁架结构，石柱八角形，这些建筑都保留了清初建筑风格。正殿中间有木图，雕刻精致，金碧辉煌，阁内敬奉着汉代先后挥师岭南建立卓越功勋的两位伏波将军，路博德在左，马援居右。该祠大门、中厅、正殿沿梁下四周墙壁，都绘有壁画，山水花鸟，人物故事，琳琅满目。这是雷州民间泥水匠师的杰作。

在五公祠区，还保留着许多珍贵的文物，其中宋徽宗赵佶手书《神霄玉清万寿宫诏》碑，其"瘦金体"书法刚劲清秀，对研究道家学说和书法都有重要参考价值。著名清官海瑞的古唐诗书法，也很受人们的喜爱。

阅读链接

唐代名相李德裕被贬来琼有不少有趣的传说。相传李德裕为相时，一日夜里曾梦见一位老者对他说："七九之年我们将相会于万里外。"后来，李德裕果真客死在远离京都万里之外的流放之地海南。

关于李德裕之死也有这样的传说：850年年底，他到城南一小道院，遇到一位老道人挂一葫芦在墙上。贫病交加的李德裕便问其是否装有什么药物，老道人回答说："皆人之骨灰耳，自党朋之争，朝士被黜贬而死，贫道怜之，贮其骸灰于此，以俟其子孙来访。"当晚李德裕回寓所就心痛而死，终年63岁。

被后世保存完好的范公祠

在北宋端供年间的989年农历八月初二，北宋武宁军节度掌书记范墉家里出生了一个小男孩，范墉给儿子取名为范仲淹，字希文。范墉先娶陈氏，继娶谢氏，范仲淹为其第三子。

范仲淹画像

范仲淹在2岁的时候，父亲病故了，为了生计，他的母亲谢氏带他改嫁到了山东淄州长山县的朱氏家中。长山县即现在的山东邹平县长山镇。

少年时代的范仲淹，在朱家经常受到虐待，他的母亲感到非常伤心，便把他护送到博山的荆山寺读书学习。在这里，他不分昼夜刻苦学习，数年间不曾解

■范公祠牌坊

开衣服好好睡觉,有时候发昏疲倦,就用冷水冲头洗脸,经常连顿稀粥都吃不饱,每天要到太阳过午才开始吃饭,他不畏穷苦终成博学之人。

范仲淹从政后,在宋仁宗时担任右司谏,又与韩琦共同担任陕西经略安抚招讨副使,采取"屯田久守"方针,平定西夏李元昊的叛乱。后主持"庆历新政",提出多项改革建议,使暮气沉沉的北宋政权开始有了起色,为后来的王安石变法奠定了基础。

范仲淹被贬后,曾捐助自家田地1000多亩,设立义庄,将地租用于赡养同宗族的贫穷人。他给义庄订立章程,规范族人生活。他去世后,他的二儿子范纯仁、三儿子范纯礼又续增规条,使义庄维持下去。

范仲淹设立的义庄以慈善为目的,建立在独立财产基础上,以财产运作来支持慈善,又具有相当的独立性。这些特点表明,范氏义庄可以被看成我国历史上一个初具雏形的基金会。

后人敬佩范仲淹的政绩和节操，便在他少年读书学习的地方建祠纪念。据《长山县志》记载，1065年，在同乡人知县韩泽的倡议并主持下修建了一座祠堂，命名为"范公祠"。

　　范公祠地处山东邹平境内长山镇城南，孝妇河畔的河南村，坐北面南，是一组以范泉为中心的古代建筑群。虽然这个地方建筑面积不大，但因高下相间，随势安排，布局合理，错落有致，确能给人以古色古香、古朴典雅之感。

　　范公祠左右分立"先忧""后乐"碑，门联是：

　　宰相出山中，划粥埋金，二十年长白栖身，看齐右乡贤，依然是苏州谱系；

　　秀才任天下，先忧后乐，三百载翰卿著绩，问济南名士，有谁继江左风流。

　　范仲淹的人生信条是"先天下之忧而忧，后天下之乐而乐"。这副对联对范仲淹一生的经历和业绩作了全面的概括和评价。

■范公祠大门

范公祠分前后两院，前院为大殿，后院为享殿。前院大殿采用歇山式建筑，灰砖青瓦，斗拱飞檐，殿内塑有范公坐像。

大殿前东西两侧，各植银杏1株，高达10丈。院内还有古槐3株，其中一株树老干空，老干内又生出一株新槐，枝叶繁茂，蔚为奇观，人称"怀中抱子"。

后院享殿雕梁画栋，茂林修竹，清静幽雅。享殿下有匾额两块，一为"长白书院"，一为"菜根味舍"。

范泉位于范公祠的中心，为秋谷群泉之冠。秋谷一带可称水乡，距范公祠不远，峨岭东麓有明末大臣张晓"香火院"，亦名"观音庵"，庵内有清泉，名"观音泉"，再南有"双泉""沙泉"等。以上诸泉皆已干涸，甚至遗迹无存，唯有范泉泉水涓涓不绝。

范泉池长6.7米，宽5.4米，深2.6米，四周有石栏为护，在东西栏板上均刻有篆书"范泉"二字。

范泉的泉水自底涌出，甘冽清澈，累累若贯珠，忽大忽小，忽聚忽散，满池珠矶，晶莹夺目，与济南的珍珠泉有异地同景之感。

范泉中泉水涌出后分3路，一路流入范公祠以南的因园，一路流入

范公祠以北的怡园，一路经过后乐桥流入博山城区沿街伏流。当时的范泉水体景观，可以说是美观至极，为范公祠平添了无限的风韵。

范泉的西面是影壁"山高水长"，它始建于明代，是范公祠中的重要文物之一。影壁为悬山式一字形石影壁，上覆石雕冠，下刻须弥石座，四周镶嵌石框，中间为石刻。

该影壁长3.5米，高2.3米，东面雕刻"山高水长"4个擘窠大字，泼墨作书笔走龙蛇，遒劲洒脱，它是明代淄川大书法家张中发于明天启年间的1625年写下的书法杰作。

根据史料记载，当时的大书法家张中发邀请亲朋好友到范公祠游览名胜贤址，触景生情，深为范公"先天下之忧而忧，后天下之乐而乐"的高风亮节所感动。

张中发在酒足饭饱之后，仍念念不忘范公的高尚

影壁 也称照壁，古称萧墙，是我国传统建筑中，建于大门内部或者大门外，用来做屏蔽作用的墙壁。和普通墙壁略有不同，其功能更侧重于屏蔽、装饰。影壁墙上一般都会以吉祥图案的浮雕装饰，供人欣赏。影壁作为汉族建筑中重要的单元，它与房屋、院落建筑相辅相成，组合成一个不可分割的整体。

463

名臣祭祀

名臣庙

■ 邹平范仲淹苦读之所

范公亭

情操，于是就地取材，捞取范泉池中的扎草一把为笔，在范公祠内的墙壁上写下4个大字"山高水长"，其语意是对范公高风亮节的赞扬。

范仲淹曾在颂扬东汉著名隐士严子陵，他曾经这样写道："云山苍苍，江水泱泱，先生之风，山高水长。"在这个地方又以范公之言，咏诗赋景，赞扬范公"先天下之忧而忧，后天下之乐而乐"的高风亮节，是相当妥帖的。

当时，长山镇的有识之士将其复制在影壁之上永久纪念，影壁中"山高水长"4个大字左侧的题跋，是大书法家张中发的弟弟张志发所撰。影壁落成已经有400多年了，但是依旧保护完好。

范公亭始建于明代，原亭坐落于范泉池以南，由于年久失修，早已颓废。后人整修范公祠时，将范公亭迁建于范泉以北。范公亭重檐八角，曲栏回廊，丹窗朱户，造型精巧，颇宜体憩。

敬一堂是明代建筑物，后来被改为陶琉展厅。山东博山的陶瓷生产，历史悠久，开始于隋唐，兴盛于宋金，属磁州窑系。世所珍重的绞胎，粉杠瓷代表了宋金时期北方民窑的最高工艺水平。

博山的三彩青釉印花，黑白釉刻花，雨点釉和茶叶末釉的烧制相当精美，产品以日用生活器皿为主。明代洪武初年，博山即为宫廷生产琉璃贡品，清代康熙年间，内务府就从博山招募琉璃工匠进京服役，专门为达官贵人制作饰品。

当时博山生产的琉璃产品主要有：簪花、帽结、珠环等，有白、绿、蓝、水晶等花色，后来又有了新的发展。目前，博山美术琉璃厂生产的各种琉璃制品更是独具特色。

以山东画派闻名的内画工艺品闻名于天下，名贵色料鸡油黄、鸡肝石等雕琢类产品更可谓独一无二，琳琅璀璨的琉璃精品远销世界各地，成为我国工艺美术产品中的奇葩。而范公祠保存的画作，为世人展示了范仲淹的一生。

在范公祠堂内，设有大型范仲淹故事壁画，这幅大型壁画，是根据范仲淹的主要生平经历创作而成

簪花 汉族妇女头饰的一种，用作首饰戴在妇人头上，增加了一种生机勃勃、生动活泼的生命气息。除了鲜花以外，有绢花、罗花、绫花、缎花、绸花、珠花等。这一习俗在我国已有两三千年的历史。古时喜庆之日，朝廷百官巾帽上也饰簪花。

465

名臣祭祀

名臣庙

■ 范文正公祠

■ 范仲淹蜡像

的，它用12幅故事画，概括地展现了范仲淹的一生。

第一幅上部的画面为《出生徐州》，描绘的是范仲淹出生在徐州，即当时的"武宁军"。范仲淹2岁时父亲病逝，他便随母亲改嫁，来到了长山县的朱氏家中。少年时期的范仲淹是在一种十分艰苦的境遇中度过的。

下部的画面为《荆山攻读》，是表现他在博山的荆山寺刻苦攻读的情景。

第二幅《泉边晨诵》，是表现范仲淹在范泉边勤奋学习的情节。当时范仲淹日常生活也非常艰苦，经常吃不上饭，他就以喝粥充饥。一位官员的儿子和他是同学，非常同情他，便把他学习勤奋、生活艰苦的情况告诉了父亲。父亲便叫儿子把官府为自己准备的饭菜送一份给他，他婉言谢绝了，并说："我吃粥惯了，一吃好吃的，就要以吃粥为苦了。"就这样他在应天府书院寒窗苦读了5年。

第三幅是《进士及第》。经过5年"人所不堪""自刻益苦"的生活，范仲淹于1015年考中了进士，这年他26岁。他做官后，清正廉洁，办事公正，深得百姓的拥护和爱戴。

第四幅是《慨然自荐》，描述范仲淹考中进士做官后，一直在低职位上徘徊，没有对国家重大问题的参决权，意志得不到发挥，才能得不到展示，他就在1022年也就是34岁时，向当时的枢密副使张知白毛遂自荐，以图大展宏图，实现自己的强国、富民之梦。于是，范仲淹受命到泰州西溪盐仓带领广大灾民治理海堤。

第五幅是《数次上书》和《几度遭贬》，描绘了范仲淹大胆直言，抨击时弊，几度遭贬的情景。1027年，范仲淹升任秘阁校理，出于以天下为己任的责任感，曾几次大胆直言批评章献太后垂帘听政带来的弊端，因此而被贬为通判。

章献太后去世后，范仲淹又被召入京，任左司谏，但不到一年，又因批评宋仁宗皇帝废除皇后，被贬知睦州。后来晋升为国子监，但又因批评宰相吕夷简用人不当，再次被贬知饶州，可以说是三起三落。

第六幅和第七幅，画面上部所展现的是岳阳楼

秘阁 古代官名。北宋于988年在崇文院中堂建阁，称秘阁，收藏三馆书籍真本及宫廷古画墨迹等，有直秘阁、秘阁校理等官。宋神宗"元丰改制"时，对职官制度进行了一次重要改革，将秘阁并归于秘书省。

国子监 我国古代隋朝以后的中央官学，为我国古代教育体系中的最高学府，又称国子学或国子寺。明朝时期行使双京制，在南京、北京分别设有国子监，设在南京的国子监被称为"南监"或"南雍"，而设在北京的国子监则被称为"北监"或"北雍"。

■ 山东范公亭公园

范仲淹画像

和范仲淹的名篇《岳阳楼记》的全文。下部的画面《万民敬仰》和《苏州治水》是表现范仲淹以百姓疾苦为己任，带领百姓在苏州治理水患的情节。

范仲淹被贬到地方为官，仍以百姓的饥苦为己任，想百姓之所想，急百姓之所急，百姓的事就是自己的事，为百姓办了许多好事。在苏州治理水患时，他带领百姓挖渠、筑堤、引导太湖水入海，并治理了其他的江河、湖泊，消除了水患，受到了百姓的敬仰和爱戴。

第八幅描绘的是在1040年，宋王朝与西夏关系日趋紧张，因战事需要，范仲淹被调任为陕西经略使，协助军事长官韩琦，负责北部地区的军事防务。他亲自到边关延州视察，看到的是不容乐观的景象，便向朝廷提出要求，将自己调往边关延州，亲临战场指挥作战。朝廷批准了他的请求。

范仲淹到了延州之后，首先抓了边军整训，在精兵的同时，严整军纪，并对边关城塞进行了修复和重建，使边关局势有了很大改观。

第九幅《严戒边城，使之持久可守》，这幅画面表现了范仲淹对敌战略的正确。为了坚守边关，他加紧安排修筑城塞，1042年他亲自指挥修建了马铺城，切断了西夏与少数民族的往来，使西夏官兵处于孤立无援的地位，不敢轻举妄动。

由于范仲淹守边有功，朝廷又将他提升为观察使。为了确保边关万无一失，他曾3次辞让观察使，受到了宋兵和边关的尊敬和爱戴。

第十幅是《应召赴阙》和《天章阁献计》。1043年，范仲淹55岁，由于他在边关抵御外来侵略立下了汗马之功，朝廷又将他提升为参知政事。这次升迁，为范仲淹实现自己青年时代改革朝政、富民强国的理想创造了一个良好的条件。

1043年9月，宋仁宗在天章阁召见了范仲淹。天章阁是真宗皇帝所建，属于内禁重地，从来没有在此召见过朝臣，此次召见范仲淹，足见仁宗皇帝对他的重视和对他寄予的厚望。范仲淹提出了著名的《答手诏条陈十事》的改革方案。

第十一幅是《庆历新政》，这幅画面是表现范仲淹与改革家们大展宏图，改革朝政的情节。范仲淹在《答手诏条陈十事》中，与韩琦合议提出了"明黜陟，抑侥幸，精贡举"等10项改革内容。这些内容抓住了宋真宗和宋仁宗两朝政治积弊的要害。"庆历新

庆历新政 宋代庆历年间进行的改革。1043年，范仲淹、富弼、韩琦同时执政，欧阳修、蔡襄、王素、余靖同为谏官。范仲淹与富弼提出明黜陟、抑侥幸等10项以整顿吏治为中心的改革主张。由于新政触犯了贵族官僚的利益，因而遭到他们的阻挠，各项改革被废止。

469

名臣祭祀

名臣庙

■范仲淹书法

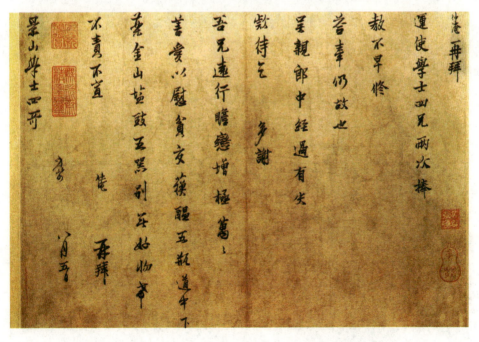

"政"方案颁布实施后，首先改革的是官制，后来全面展开。

第十二幅是《朋党之灾》和《著书教子》。轰轰烈烈的"庆历新政"进行了不到一年的时间，由于改革触动了保守派官僚的自身利益，加之这次改革准备不足，也带来了某些负面影响，在奸臣和宦官的勾结下，很快就以失败而告终，范仲淹因此而被罢免参知政事。

范仲淹被贬之后，先后又在邠州、邓州、青州等地做过地方官。在这期间，他仍然为官清廉，尽职尽责，千古名篇《岳阳楼记》就是在这一时期写成的。

其中写道的"先天下之忧而忧，后天下之乐而乐"，可谓震古烁今，被世代的人们广泛传诵，成为激励后人的经典之句。

1051年，63岁的范仲淹已是老病一身，他向朝廷请求到颍州任职，借以休养，朝廷批准了他的请求。

1052年，范仲淹带病上路，但身体每况愈下，不得不中途在徐州诊治。同年夏天，因病与世长辞，终年64岁。

范仲淹64年前在徐州出生，64年后又在同一地方与世长辞，用自己坦荡的一生，将生命的起点和终点连在了一起，画成了一个蕴含丰富的句号。

阅读链接

范仲淹在睢阳一座庙里读书时，有一天宋真宗路过那里，听到这个消息后，全校师生大为轰动，都认为普通老百姓能亲睹"天颜"这是千载难逢的好机会，所以蜂拥上前围观，只有范仲淹一人留下来继续读书，人家问他这么难得的机会，你为啥不去看看，范仲淹回答说："将来再见他也不迟。"

正是由于范仲淹的这种勤学好读，所以他学到了很多真才实学，成了国家的栋梁。